臨場感あふれる解説で、楽しみながら歴史を"体感"できる

世界史劇場

河合塾講師 神野正史【著】

オスマン帝国の滅亡と翻弄されるイスラーム世界

Mustafa Kemal Atatürk

ベレ出版

はじめに

　本「世界史劇場シリーズ」では、これまで3巻にわたってイスラームの歴史を追ってきました。

- 第1巻『イスラーム世界の起源』　　（創成期）7 〜12世紀
- 第2巻『イスラーム三國志』　　　　（隆盛期）12 〜17世紀
- 第3巻『侵蝕されるイスラーム世界』（衰退期）17 〜19世紀半ば

　7世紀初頭、「神」の御旗に集いし者どもは一時は向かうところ敵なし、破竹の勢いで三大陸に君臨し千年にわたって“我が世の春”を謳歌したものの、神の定め給うた「盛者必衰の理」に抗うこと叶わず、欧州が近代に入ってほどなく衰えはじめました。

　そしていよいよ時代は「帝国主義時代」へと突入します。

　帝国主義時代（1870年代 〜20世紀前半）は、 本シリーズではちょうど『天才ビスマルクの策謀』から『第一次世界大戦の衝撃』『ロシア革命の激震』を経て『ナチスはこうして政権を奪取した』のころに相当する時代です。

　この時代は「武力のみが無制限にモノを言う」時代であり、強者にはどんな悪虐非道も赦されるのに対し、弱者には何の権利も選択肢も与えられず、ことごとく強者にねじ伏せられ、踏みにじられ、搾取され、亡びの道を免れ得ぬ、酷烈峭刻たる時代です。

　そんな時代がイスラームの衰退期とぶつかったのは、イスラームにとってこの上ない不幸でした。

　ついこの間まで栄華を極めていた「オスマン帝国」は昔日の面影も見えぬほどに衰え、「サファヴィー朝」「ムガール帝国」はすでに亡く。

　そんなイスラーム世界に土足で上がり込んできた欧州の横暴を前にして為す術もありませんでした。

　オスマン帝国は身包み剥がされ、手足を捥がれて亡びゆき、サファヴィー朝のあとを受けたカージャール朝も列強に翻弄され、吸い尽くされて潰え、特にムガール帝国亡きあと統一王朝を失ったインドはイギリスの隷属民族として猖獗を極めました。

イスラーム成立より千年にわたって隆盛し、欧州（ヨーロッパ）に対してつねに優位に立ってきたイスラームともあろうものが、"ユーラシア大陸の西の果ての辺疆（へんきょう）に棲む森の民"ごときに遅れを取るどころか、なすがままに翻弄されてしまったのはなぜでしょうか。

　じつは、そこにこそ、現在に至るまでイスラームが近代化できずに悶絶する理由が隠されています。

　イスラームにふたたび復権の陽の目はあるのか。

神野正史

２０２３年４月

本書の読み方

　本書は、初学者の方にも、たのしく歴史に慣れ親しんでもらえるよう、従来
からの歴史教養書にはない工夫が随所に凝らされています。

　そのため、読み方にもちょっとしたコツがあります。

　まず、各単元の扉絵を開きますと、その単元で扱う範囲の「パネル（下図参
照）」が見開き表示されています。

　本書はすべて、このパネルに沿って解説されますので、つねにこのパネルを
参照しながら本文を読み進めていくようにしてください。

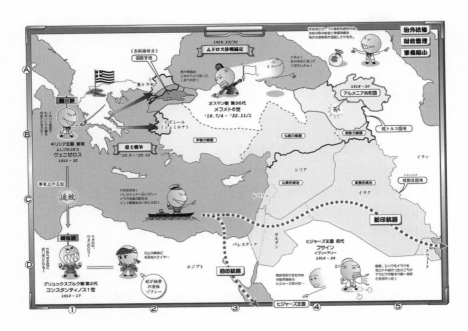

　そうしていただくことによって、いままでワケがわからなかった歴史が、頭
の中でアニメーションのようにスラスラと展開するようになります。

　ぜひ、この読み方をお守りくださいますよう、よろしくお願いします。

　また、その一助となりますよう、本文中にはその随所に (A-3) などの「パネ
ル位置情報」を表示しておきました。

これは、「パネルの枠左の英字と枠下の数字の交差するところを参照のこと」という意味で、たとえば（A-3）と書いてあったら、「A段第3列のあたり」すなわち、前ページパネルでは「メフメト6世」を示しています。

　なお、本パネルの中の「人物キャラ」はてるてる坊主みたいなので、便宜上「てるてる君」と呼んでいますが、このてるてる君の中には、その下に「肩書・氏名・年号」が書いてあるものがあります。

オスマン朝　第36代
メフメト6世
'18.7/4 - '22.11/1

　この「年号」について、注意点が2つほど。

　まず、この年号はすべて「グレゴリウス暦」で統一されています。

　したがいまして、イスラームを解説したパネルであっても「ヒジュラ暦」ではありませんし、日本の歴史が描かれたパネルであっても「旧暦」ではありません。

　また、この「年号」は、そのすぐ上の「肩書」であった期間を表しています。

　したがいまして、同一人物でも肩書が違えば「年号」も変わってきますのでご注意ください。

　たとえば、同じ「ムスタファ＝ケマル」でも、その肩書が、
「帝国陸軍大尉」とあるときは、その在任期間（1905〜15）が、
「帝国陸軍将軍」とあるときは、その在任期間（1916〜19）が、
「共和国大統領」とあるときは、その在位期間（1923〜38）が記されています。

　また、本文下段には「註欄」を設けました。

　この「註」は、本文だけではカバーしきれない、でも歴史理解のためにはどうしても割愛したくない、たいへん重要な知識をしたためてありますので、歴史をより深く理解していただくために、本文だけでなく「註」の説明文の方にも目を通していただくことをお勧めいたします。

　それでは、「まるで劇場を観覧しているかの如く、スラスラ歴史が頭に入ってくる！」と各方面から絶賛の「世界史劇場」をご堪能ください。

CONTENTS

第1章　オスマン帝国の断末魔

Column コラム

第1章 オスマン帝国の断末魔

序幕

610−1870年
イスラーム史概観

7世紀初頭に生まれたイスラームは大きく分けて、① 創成期（〜12世紀）　② 隆盛期（〜17世紀）、③ 衰退期（〜1870年代）　④ 帝国主義期（〜大戦）　⑤ 現代──と5段階に分けることができる。

本書では、このうちイスラーム史 第4期の帝国主義時代を扱う。

本書は、『世界史劇場』シリーズ「イスラーム篇」の4巻目にあたるものです。

　そこでまず、本論に入る前にここに至るまでのイスラーム史について、右ページの年表を参照しながら簡単に振り返ってみましょう。

　前巻までを既読の方は本幕は飛ばして「次幕」からお読みください。

—————————— 第1巻「イスラーム世界の起源」 ——————————

　まず「第1巻」では、7〜11世紀を中心とした約500年間のイスラーム世界を描き出しました。

　西暦610年、砂漠の片隅にポツンと生まれたかと思ったら、わずか100年ほどでアジア大陸・アフリカ大陸・ヨーロッパ大陸と三大陸を股にかける大帝国へと発展し得たのはいったいなぜか。

　通常、これほど短期間のうちに巨大化した組織というのは、やはり短期間のうちに一気に崩壊していくというのが世の常ですが、イスラーム帝国に限っては以降さらに100年にわたる繁栄を誇ることができたのはなぜか。

　そこには歴史から学ぶべき重要な"秘訣"がいくつも隠されているのですが、その詳細については「第1巻」に譲るとして、そうした栄華も"時の流れ"には勝てず、9世紀に入るとさしものイスラームも崩壊の萌芽が始まり、10世紀にはそれが本格化します。

　ここまでつねに「ひとつ」でありつづけたイスラーム帝国が、いよいよ9〜10世紀の200年をかけてバラバラに分解していく時代を迎えたのです。

　しかし、羅貫中の言葉を借りるまでもなく、「天下の大勢たるもの、分かるること久しければ必ず合し、合して久しければ必ず分かる（＊01）」。

　そうした分裂が一段落すると、11世紀ごろから今度はつぎの100年かけてふたたびイスラーム世界は統合へと向かいました。

　その中心的役割を担ったセルジューク朝はあれよあれよという間にイスラーム世界の諸国を併呑、統一を指向していきます。

_____

（＊01）羅貫中による『三国志演義』の冒頭の言葉。

14

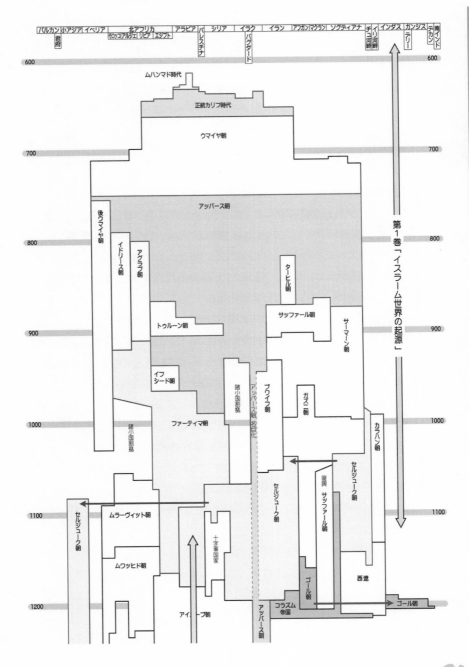

バルカン｜小アジア｜イベリア｜北アフリカ｜アラビア｜シリア｜イラク｜イラン｜アフガン｜マクラン｜ソグディアナ｜チグリス河畔｜インダス｜ガンジス｜南インド｜デカン

君府　｜モロッコ｜アルジェ｜リビア｜エジプト　パレスチナ　バグダード

600 — 600
700 — 700
800 — 800
900 — 900
1000 — 1000
1100 — 1100
1200 — 1200

ムハンマド時代
正統カリフ時代
ウマイヤ朝
アッバース朝
後ウマイヤ朝
イドリース朝
アグラブ朝
トゥールーン朝
ターヒル朝
サッファール朝
サーマーン朝
イフシード朝
ブワイフ朝
ガズニ朝
カラハン朝
諸小国割拠
アッバース朝、名目化
ファーティマ朝
諸小国割拠
セルジューク朝
セルジューク朝
復興サッファール朝
セルジューク朝
ムラーヴィット朝
十字軍国家
ムワッヒド朝
ゴール朝
西遼
アイユーブ朝
アッバース朝
コラズム帝国
ゴール朝
ゴール朝

第1巻「イスラーム世界の起源」

「第2巻」では12〜17世紀を中心とした約500年間のイスラーム世界を紡ぎ出しました。

一時は飛ぶ鳥を落とす勢いで諸国を併呑し、このまま全イスラーム世界を再統一するかに見えたセルジューク朝でしたが、その夢が達成されない(＊02)うちに解体が始まり、セルジューク朝の旧領から多くの地方政権が濫立し、ふたたびイスラーム世界は混沌へと戻っていきます。

しかも、そのタイミングでイスラーム世界にモンゴル帝国が侵寇してきたため混乱に拍車がかかりました。

ここで、イスラームの歴史段階を「支配民族」の視点から振り返ってみると、イスラームの開教からアッバース朝が覇を唱えていたころ(7〜9世紀)までは支配民族はアラブ系でしたが、その解体が本格化した10世紀ごろからこれに代わってイラン系が、11〜12世紀にはトルコ系が幅を利かせるようになっていました。

そのころ天下を轟かせたセルジューク朝もトルコ系です。

ところがこれが衰えたあと、13世紀に入ってモンゴル帝国が侵寇するようになると、一時トルコ人を押し退けてモンゴル系が猛威を振るうようになりました。

しかし、初めイスラームを否定しイスラームを蹂躙したモンゴルも、14世紀にはイスラームと同化しはじめ、15世紀にはオスマン帝国・マムルーク朝・チムール帝国・サイイド朝など、イスラーム世界はふたたびトルコ系を支配民族として統合へ向かい、16世紀にはオスマン帝国・サファヴィー朝・ムガール帝国という三大帝国を中心として回るようになりました。

こうして、たった4人の信者から始まったイスラームは、開教より1000年を経て絶頂期に入ったのです。

(＊02)このとき、イスラーム世界においてセルジューク朝に呑み込まれなかったのは、ほとんど北アフリカのイスラーム諸国(ファーティマ朝・ムラーヴィッド朝など)だけでした。

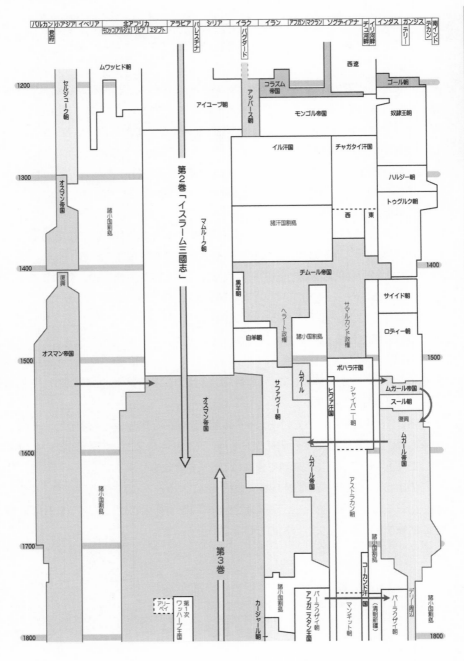

　そして「第3巻」は、17世紀〜1870年代までのイスラーム世界を取り上げました。

　ここに至るまでのイスラーム世界は、内部的には分裂と統合を繰り返してきたものの、対外的にはつねにこれを拡大・発展させつづけ、ついに17世紀の後葉にはイスラーム世界を代表する二大帝国（オスマン帝国^{デブレット}とムガール帝国^{グーラカーニー}）がほぼ時を同じうして最大版図となり^{（＊03）}、その絶頂は極まります。

　しかし、絶頂を極めた者にはかならず衰亡が訪れるもの^{（＊04）}。

　「例外のない原則はない」と言われますが、この原則に限ってはひとつたりとも例外はありません。

　イスラーム世界にとって、17世紀はその転機^{ターニングポイント}となった時代でした。

　たとえば、イスラーム世界最大最強であったオスマン帝国^{デブレット}ですら1683年の第2次ウィーン包囲の失敗から劣勢に入ると、あとは滅亡までの"負のスパイラル"に落ち込み、そのオスマンと双璧を成すムガール帝国^{グーラカーニー}のアウラングゼーブ帝も晩年（17世紀後半）から収拾つかない混乱に陥って、アウラングゼーブ帝は自らの無能を呪うほどに帝国^{グーラカーニー}は荒廃しました。

　さらに、この二大帝国に挟まれていたサファヴィー朝に至っては18世紀の前葉までにあっけなく解体して、18世紀いっぱい、イラン周辺は"戦国時代"に突入する様相を呈します。

　一応、18世紀末になってカージャール朝が再統一を果たしたとは言え、それも束の間、ムガール亡きあとのインドを押さえたイギリスと、"海^{（＊05）}"を目指して南下中のロシアに睨まれて衰微していくことになります。

　このようなイスラーム混迷の中、19世紀に入ると「産業革命^{インダストリアル・レヴォリューション}」を興したヨーロッパ諸国がイスラーム世界の侵蝕を本格化させ、イスラームの衰亡に拍車をかけることになったのでした。

（＊03）オスマン帝国が1672年、ムガール帝国が1687年のことです。

（＊04）逆にいえば、滅びたくなければ絶頂を極めてはなりません。
　　　　過ぎたるは及ばざるが如し、極度の繁栄は確実に我が身を亡ぼすことになります。

（＊05）ロシアが目指した"海"とは「不凍港」のこと。

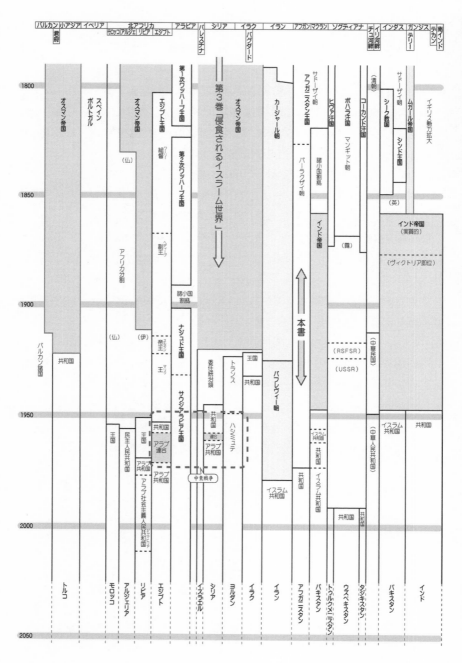

さて。

このようなイスラーム盛衰の歴史を踏まえたうえで、本書はこのつづきの歴史を語っていくことになります。

しかしながら、「ひとたび傾いた国を建て直す」のは至難の業です。

国家矛盾がいよいよ "弥縫策(びほう)" では追いつかないほど大きくなってくると、最後の手段として "聖域なき構造改革(＊06)" が必要となりますが、どこの国でもこの "聖域(サンクチュアリ)" を侵すことは不可能に近いためです。

そのうえ、この国家再建を疎外している "聖域(サンクチュアリ)" が「人間が造ったもの」であれば、これにメスを入れる一縷(いちる)の望みもありますが、イスラームの場合それが「イスラームそのもの」であったりするため事態は絶望的です。

彼らの発展と繁栄を支えた「イスラーム」そのものが、今は彼らの "足枷(あしかせ)" となって彼らの再生を阻(はば)んでいるというのは "歴史の皮肉" というべきでしょうか。

本書では、そうした状況に置かれた1870年代以降のイスラーム世界が悶絶する歴史を追っていくことになります。

—— なお、本書では、『世界史劇場シリーズ』の

・『イスラーム世界の起源』　　を「第1巻」or「創成期」

・『イスラーム三國志』　　　　を「第2巻」or「隆盛期」or「前々巻」

・『侵蝕されるイスラーム世界』を「第3巻」or「衰退期」or「前巻」

…と呼ぶことがありますので、あらかじめご承知おきください。

それでは、いよいよ次幕から本編の開幕です。

（＊06）小泉純一郎内閣（2001〜06年）が掲げたスローガン。国を建て直すためには、表面的な改革では追いつかないため、抜本的な改革を謳ったもの。

第1章 オスマン帝国の断末魔

第1幕

神の御加護はどこに?
欧州形勢逆転
（ヨーロッパ）

イスラーム創建当時は「向かうところ敵なし!」であったイスラームは、自らの強さを「信仰の正当性」「神の御加護」に求めた。しかし、近世に入ってイスラームが劣勢に陥ると、そうした考えが自分にブーメランとして突き刺さってくる。

「なぜ神は我々を加護せぬのだ!?」

私に帰依するならば
現世においては繁栄を
来世においては楽園を
約束しよう!

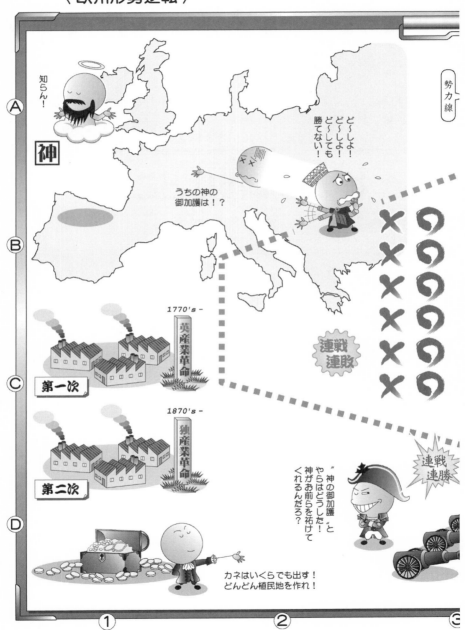

〈 欧州形勢逆転 〉

22

610〜1870年

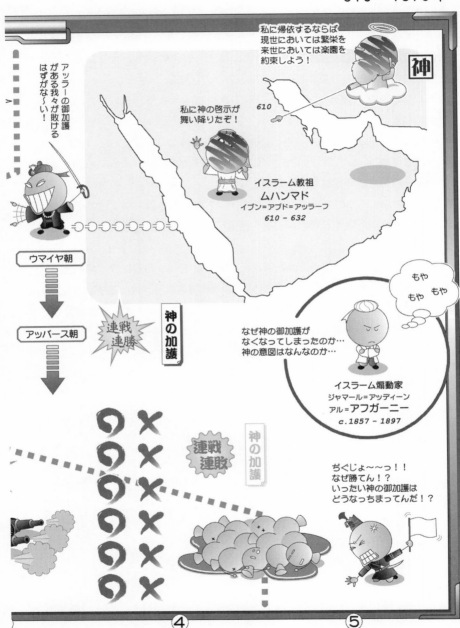

④　　　⑤

前巻では、千年にわたって繁栄を謳歌したイスラーム世界が急速に衰退していく過程を学んでまいりました。

　永らくイスラーム世界に君臨してきたオスマン・サファヴィー・ムガール三大帝国ですらつぎつぎと姿を消していき、中でも最強を誇ったオスマン帝国は滅亡こそ免れていたもののすでに"半身不随^{デブレット}"の状態。

　あれほど強勢を誇ったイスラーム帝国ともあろう者がどうしてこんな為体^{ていたらく}になってしまったのでしょうか。

　イスラームの教えでは「全智全能の 神^{アッラー} に絶対帰依（＊01）していれば、神^{アッラー} の御加護^{おんちょう}と恩寵^{あずか}に与ることができ、現世においては繁栄が、来世においては楽園が約束される」はずではなかったか（A-5）。

　じつは、オリエント文明の古^{いにしえ}より西アジア以西の世界では「戦争の勝敗はそれぞれの民族が信仰する神の御加護の優劣によって決する」という通念がありました（A-3/4）。

　たとえば「α神を信仰するA民族」と「β神を信仰するB民族」が戦^{いくさ}となったとき、A民族が勝つとB民族は「我が神βの御加護はどうなっているんだ！？」とβ神を呪い、「α神^Aの方が頼りがいがある！」と憎っくき敵民族の信仰していたα神に宗旨替えする──なんてことも珍しくありませんでした。

　その後裔たるアラブ人も同じ価値観を持っていましたから、イスラーム創成期（第1巻）・隆盛期（第2巻）に"向かうところ敵なし"だったころには、その論理によって息巻きます。

「我々には全智全能の 神^{アッラー} の御加護があるのだ、敗けるはずがない！」（A-3/4）
「お前たちが戦^{いくさ}に勝てぬのはお前たちの信仰が間違っているからだ！
　お前たちもイスラームに帰依^{きえ}せよ！」

　ところが、17世紀に入ってイスラームの敗勢が濃くなってくる（第3巻）とそれまで自分たちが発していた言葉がすべて"ブーメラン"となって我が身に返ってきます。

「おいおい、"神^{アッラー} の御加護"とやらはどうした！？

（＊01）そもそも「イスラーム」という言葉が「絶対帰依」の意。

神とやらがお前らを祐けてくれるんじゃないのか！？」（D-2）

「お前たちが敗れるのは、お前たちの信仰が間違っている証拠なのだろう！？」

　学問的に言えば、イスラーム諸国が欧州勢に敗れるようになったのは、イスラーム世界がちょうど文明の衰退期に入った最悪のタイミングで近代化を成し遂げた欧州^{ヨーロッパ}が攻め寄せたからであり、イスラームが技術革新を興^{おこ}していなかったからであり、政治・経済の近代化が成されていなかったからです。

　しかし、ムスリムたちはそうは考えません。

　たとえ、自軍^{こちら}が木造帆船、敵軍^{むこう}が装甲蒸気軍艦（＊02）だろうが、自兵^{こちら}が駱駝^{らくだ}に半月刀^{シャムシール}、敵軍^{むこう}が重火器で攻めたてようが、否、たとえ敵がB-29で絨毯爆撃^{じゅうたん}をかけ、戦艦大和が46cm砲弾を雨霰^{あられ}と降り注がせようが、はたまた、スターデストロイヤー・宇宙戦艦ヤマト・ホワイトベース（＊03）が編隊を組んで攻めてきて、ターボレーザー砲・波動砲を浴びせかけ、ＭＳ^{モビルスーツ}を放とうが、こちらに

（＊02）装甲を鉄（or 鋼）で施された蒸気軍艦のこと。

（＊03）それぞれ『スター・ウォーズ』『宇宙戦艦ヤマト』『機動戦士ガンダム』に登場する架空の宇宙戦艦。

は"全智全能の 神 の御加護"があるのですから、たかが人間が造った近代兵器
ごときに敗けるはずがない——と考えます。

　しかし、目の前の"現実"がそれを否定します。

——敗けるはずがない我々がなぜこうも連戦連敗するのだ！？（D-5）

——神 の御加護はいったいどうなっているのだ！？

——我々はちゃんと六信五行（＊04）をしているのに！？

　イスラーム隆盛期にあっても、局地戦で単発的に敗れることはありましたが、
そうしたときは「こちらにこれこれの落ち度があり、 神 はそのことを懲らしめ
給うたのだ！」とかなんとか、いろいろ"言い訳"も利きましたが、こうも重要
局面での連戦連敗（C/D-4）がつづくと、そうした言い逃れも通りません。

　彼らの抱く「戦の勝敗は神の優劣」という"絶対法則"に彼らは打ちひしがれ
ます。

——なぜ 神 は我々を御加護し給わず、異教徒どもに力添えするのか！？

　こうした社会不安が高まったとき、いつも頭をもたげてくるのが「原理主義」

連戦
連勝

"神の御加護"と
やらはどうした！
神がお前らを祐けて
くれるんだろ？

（＊04）ムスリムが信ずるべき６つの信条と、実行するべき５つの義務のこと。
　　　　「六信」のうち１つでも欠ければムスリムの資格なく、「五行」が欠ければ敬虔とは言えな
　　　　いものの信者であることは否定されません。詳しくは、「第１巻」参照。

（＊05）そのため、本人の意志も自覚も信仰心もない赤ん坊のころに洗礼して、これを信者として
　　　　しまう習慣があります。その批判の中から生まれたのが「バプテスト教会」。

です。

「それは我々（ムスリム）が『クルアーン』の聖句を、

一言一句、忠実に守っていないからである！」

イスラームは、キリスト教のように「洗礼（バプテスマ）さえすれば信者と認められ(＊05)、罪を犯しても懺悔をすれば神の慈悲によって赦（ゆる）される」というものではなく、「六信を心から信じなければ信者（ムスリム）と認められず、『クルアーン』に記された神（アッラー）の教えを日々敬虔（けいけん）に守っている者にのみ神の御加護と恵みを与える」というかなり厳格な信仰(＊06)を持っていますから、これを厳密に把（と）えれば、「戒律を守っていない者には御加護は与えない」というのは、理屈的にはそうかもしれません。

しかし実際問題として、『クルアーン』に書かれている禁忌（タブー）はあまりにも厳格で、これをすべて一言一句違（たが）うことなく生活することはかなり厳しい。

本気で『クルアーン』に書かれた聖句を一言一句、大マジメに守ることを国民に強いたものが「イスラム国」や「ターリバーン」であり、これでは民はい

―――――――――――――――――――――――――――――――――

(＊06)したがって、イスラームにはキリスト教のような「洗礼」という概念がありません。イスラームは「儀式（洗礼）」を重んずるのではなく、「心（信仰）」を重視するためです。「"形だけの儀式（洗礼）"を済ませれば信者として認める」のではなく、「"心（信仰）"が伴っていなければ信者として認めない」という立場です。

たたまれない。

　そのため信者は、日々の生活においてときに戒律を破ることはあっても、あくまで『クルアーン』の教えを"理想"としつつ、現実社会と折り合いをつけながら生きています。

　たとえば、それを表すこんな言葉があります。

──　三人の回回（＊07）は回回だ。

　二人の回回も回回だ。

　しかし、一人の回回は回回ではない。

　これは「ムスリムは他人の目があるときには戒律を守るが、誰も見ていないところでは礼拝はサボるし、断食は破るし、豚肉も食すし、酒も呑むことも珍しくない」ということを言っています。

　とはいえ、それを以て「戦に勝てないのはお前らの日ごろの不信心のせいだ！」と責められても……。

　この難問になかなか納得のいく答えを見出すことができぬまま、信者たちの苦悩がつづきましたが、ここにひとつの「答え」を出す者が現れました。

　その人物こそが、次幕の主人公となる「アフガーニー（C-5）」です。

なぜ神の御加護が
なくなってしまったのか…
神の意図はなんなのか…

イスラーム煽動家
ジャマール＝アッディーン
アル＝**アフガーニー**

（＊07）中国語で「ムスリム（イスラーム信者）」のこと。
　　　9世紀、モンゴル高原から中央アジアに西走した「ウイグル族（回紇／迴鶻）が信仰していた宗教」の意だと考えられています。

第2幕

同志よ、団結せよ！

アフガーニーの足跡

イランに生まれ、学を志したアフガーニーは、近世に入ってからのイスラームの劣勢を「神による御加護の一時停止」と見做し、神の御加護が "再稼働" するためにはイスラーム世界の結束が必要だと「汎イスラーム主義」を主張した。

彼はイスラーム世界を救わんと諸国行脚に向かう。

『固き絆』

この機関誌を通じてムスリム同士の団結を訴えるのだ！

アフガーニー

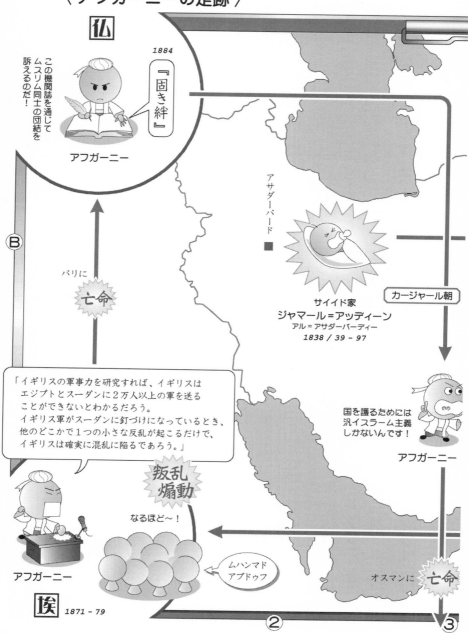

〈 アフガーニーの足跡 〉

仏

1884

『固き絆』

この機関誌を通じて
ムスリム同士の団結を
訴えるのだ！

アフガーニー

B

パリに

亡命

アサダーバード ■

サイイド家
ジャマール＝アッディーン
アル＝アサダーバーディー
1838 / 39 - 97

カージャール朝

国を護るためには
汎イスラーム主義
しかないんです！

アフガーニー

「イギリスの軍事力を研究すれば、イギリスは
エジプトとスーダンに２万人以上の軍を送る
ことができないとわかるだろう。
イギリス軍がスーダンに釘づけになっているとき、
他のどこかで１つの小さな反乱が起こるだけで、
イギリスは確実に混乱に陥るであろう。」

叛乱
煽動

なるほど～！

ムハンマド
アブドゥフ

アフガーニー

オスマンに

亡命

埃 1871 - 79

② ③

30

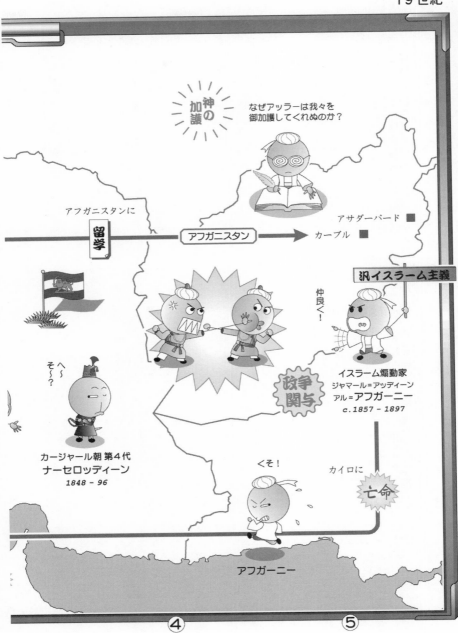

アフガーニーは、本名を「ジャマール゠アッディーン（B/C-2）」といいます。

彼はイランのアサダーバード（B-2）で生まれ[＊01]、学を志してアフガニスタンに留学（B-3/4）してカーブル（B-5）でイスラーム神学を学びましたが、やはり「神(アッラー)の御加護を享けたイスラーム軍がなぜこうも異教徒(ズィンミー)に連戦連敗するのか？」は重要な研究テーマでした（A/B-4/5）。

そこで彼はひとつの結論に達します。

——開祖ムハンマド以来(このかた)、我々は異教徒(ズィンミー)に対してつねに勝利を重ねてきた！

それは言うまでもなく、神(アッラー)の御加護のおかげである！

それが昨今の敗勢著(いちじる)しきは何故か！

それは、我々が神(アッラー)の御加護を失ったからに他ならない！

ここまでは原理主義者(ウスーリーユーン)と同じですが、イスラーム神学の立場からはどうしてもそうなってしまうためです。

問題は「なぜ神(アッラー)は敬虔なる信者(ムスリム)に対する御加護をお解きになられたのか？」という点です。

そこでアフガーニーは主張します。

——考えてもみよ！

我々が勝利を重ねていたころ（前パネルB-3）は、正統カリフ時代・ウマイヤ朝・アッバース朝とイスラーム帝国はつねに〝ひとつ〟であった！

それが今やどうだ！？

アッバース朝の解体のころから無数の国々に分裂し、
信者(ムスリム)同士で憎しみ合い、争い、戦(いくさ)に明け暮れているではないか！

これこそが神(アッラー)のお怒りの淵源であり、神(アッラー)はこうした惨状をお嘆きになり、
我々(ムスリム)への罰として御加護を一時停止されておられるのだ！

もしそうであるならば、神(アッラー)の御加護を再開してもらうために為すべきことは

（＊01）「アサダーバード」という地名はアフガニスタンにもあり、一説にはこちらのアサダーバード生まれとの説もありますが、彼の親類縁者がイランにいることは判明しており、これはおそらく彼自身の述べた嘘（本文で詳説）を根拠としたものと思われます。
ただし、両親は生粋のシーア派イラン人ではあるものの、その両親が「アフガニスタン滞在中に彼が生まれた」という可能性は否定できませんが。

ただひとつ。

　さすがに「すでに濫立(らんりつ)しているすべてのイスラーム教国を政治的に統一する」などということは世迷言(よまいごと)(＊02)としても、せめて「全信者(ムスリム)は"同じ神(アッラー)に帰依する同志"であることを自覚し、些細(ささい)な宗派の違いや民族・文化の違いで憎しみ合うこと争うことをやめ、一致団結すること」です。

　これを「汎(パン)イスラーム主義(B/C-5)」といいます。

　理屈はさておき、強大な敵と戦うためには「自陣営の団結」は欠かせないのは事実で、たとえば帝国主義列強に睨(にら)まれたときの日本の明治政府も、イの一番に考えたのが「日・清・朝による三国合従(がっしょう)(団結)」でした(＊03)。

　それを彼は、信者(ムスリム)にも理解しやすいようにもっともらしい"理由付け"を行っただけなのかもしれません。

　もっとも、中国の戦国時代では「蘇秦の合従策(がっしょう)」も失敗、日本の戦国時代で

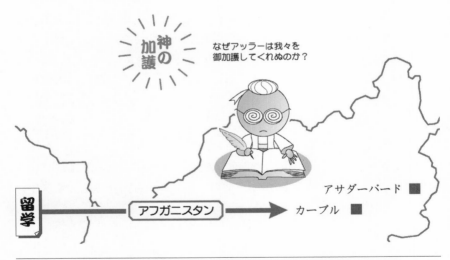

（＊02）もっとも、この"世迷言"を大マジメに実現しようとした組織こそ、21世紀初頭イラク・シリア周辺で猛威を揮った「イスラム国（ＩＳＩＳ）」です。

（＊03）これは清（李鴻章）からの理解は得られたものの、朝鮮の無理解により失敗します。
　　　　詳しくは『世界史劇場 日清・日露戦争はこうして起こった』をご参照のこと。

は「織田信長包囲網」も失敗、時代が下って明治政府の「日・清・朝合従策」も失敗に終わったように、古今東西「合従策」は合従側の足並みが揃わないため成功した例は稀です。

　したがって、ご多分に漏れず"イスラーム版合従策"ともいうべき「汎イスラーム主義」も歴史の荒波の中で露と消えゆくことになります。

　閑話休題。

　こうしてアフガーニーは、自らの思想をイスラーム圏の人々に説いて廻るべく、遊説生活に入ります。

　まず彼が説いたのが、彼にとって最初の留学地であるアフガニスタン。

　当時ここは王権をめぐる内紛が絶えませんでした（B/C-4）から、彼らにこそ「汎イスラーム主義」を実践してもらわなければなりません。

　しかしながら、如何せん　彼はシーア派イラン人（＊04）。

　アフガニスタン人から見れば"外国人"であり、そのうえ宗派まで違う（＊05）となれば、アフガニスタンの内政問題に唐突に異宗派の外国人がやってきて、

「まあまあ、私たちは同じムスリムなのですから、ここは仲良くしましょう！」

…などと言われても、「なるほど本当にあなたのおっしゃる通りですね」などとなるわけがありません。

「余所者は黙ってろ！」

「だいたい貴様、イラン人ならシーア派じゃねぇか！

　ぶち殺すぞ！！」

…となること請け合い。

　聞く耳を持ってくれるどころか命すら殆うい。

　そこで彼は、自ら「アフガーニー（アフガン人）」と称して遊説に励むことになりました（＊06）が、結局彼の声はアフガニスタンの民の心に届かず、アフガニスタンを追放されてしまいました。

（＊04）前述したように、「アフガニスタン人」説もありますが。

（＊05）アフガニスタンはスンニ派。

（＊06）アラビア語圏では「名前＋アル＋出身地」と称することがありますが、その場合、出身地の語尾は「ī（イー）」と変化します。（Afgan → Afgānī）

そののち彼は各地を転々としていましたが、やがて 1871 年、エジプト（ D-1 ）にたどり着くと、秘密結社「固き絆協会」を設立してしばらくここに活動拠点を得ます。

彼のエジプトでの詳しい活動は「次章　第 2 幕」に譲るとして、やがて（ 1879 年 ）エジプトを追われることになると、ふたたびしばしの流浪を経て今度はフランス（ A-1 ）に現れ、ここで機関誌『固き絆（ A-1/2 ）』を発刊して全世界のムスリムに「汎イスラーム主義」を呼びかけています[*07]。

その後、彼の生まれ故郷であるカージャール朝（ B-3 ）で活動しました[*08]が、それによって帝国から睨まれることになったため、今度はオスマン帝国に匿まってもらうことになりました（ D-3 ）。

このように、各地を流れ流れた彼でしたが、ここオスマン帝国が彼にとって "人生の終着駅" となろうとは、当時の彼は知る由もなかったことでしょう。

汎イスラーム主義

仲良く！

政争関与

イスラーム煽動家
ジャマール=アッディーン
アル=アフガーニー

(*07) 機関誌『固き絆』の「1884 年 9 月 25 日号」で、アラービーパシャの乱が鎮圧された後のエジプトに対して、もう一度立ち上がるように訴えています。

(*08) 詳しくは、本書「第 3 章 第 1 幕」をご覧ください。

Column 神の御加護

──我々には 神の御加護があるのだから、
　　　　戦に敗けるはずがない！

　ムスリムのこうした考え方に、現代日本人は違和感を抱くかもしれませんが、幕末から昭和初期の日本でも「 神の統べる神州・日本が敗けるはずがない！」という精神論が渦巻いたもので、こうした考え方はムスリムたちのそれと同じです。

　平時には「 神など信じぬ！」と広言して憚らぬ者が、ひとたび窮地に陥ればたちまち神にすがる ── などということは巷間よく耳にする話です。

　たとえば、「 その知謀、湧くが如し 」と謳われた理論派・秋山真之にしても、彼がまだ前線で指揮を執った経験もなかった "青二才" のころは、自信に満ちた口調でこう言っています。

──凡そ天祐なるものの多くは、人為を尽くしたるのちの真正の天祐には非ずして、双方の過失・欠点により起こりたる天祐多きよう相覚え申し候。

　つまり、「 そもそも本当の意味での "神の祐け" などというものはない。それは敵軍が過失を犯したり、欠点があるときに味方軍にはそう見えるだけのこと 」と、理論派の秋山らしく神の存在を全否定しています。

　ところが日露戦争が始まり、自分が前線に立って作戦担当としての責任が自らの双肩にのしかかってくるようになると、その重圧からたちまち情緒が不安定となって、「 日露戦争では人智外の力（ 神の存在 ）を感じた 」と神にすがるようになり、戦後は軍を除隊して宗教に没頭するようになっています。

　人の心は弱いもの、自分の力が及ばない大きな壁が目の前に立ちはだかったとき、どうしても "強大な存在" にすがりたい気持ちが湧いてきますが、結局は「 天は自ら助くる者を助く 」だということを肝に銘じて歩まなければなりません。

第3幕

帝国の"紐帯"を求めて

スルタン＝カリフ制の利用

アブドゥルハミト2世は、即位するやミドハト憲法を停止して近代化を潰し、政治体制を専制体制に引き戻す。しかし改革の必要性自体は感じており、そこで彼は教育改革・インフラ整備・軍事改革・外交調整などを行う一方、新たな"紐帯"として「カリフ位」を利用しようと試みる。

スルタン

カリフ位は
朕が継承する！

かりつ

オスマン朝 第10代
スレイマン大帝

〈 スルタン＝カリフ制の利用 〉

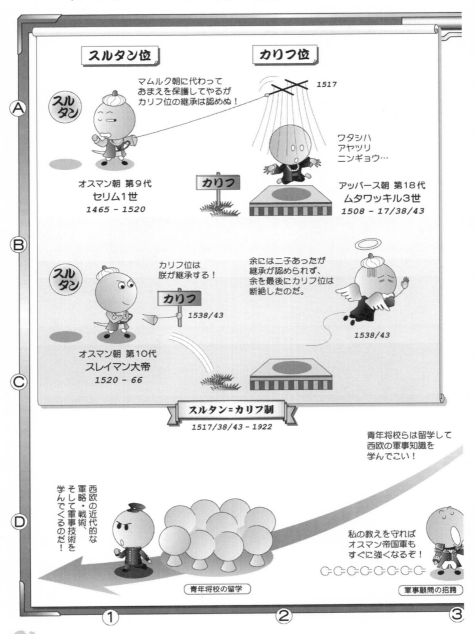

スルタン位

カリフ位

スル
タン

マムルク朝に代わって
おまえを保護してやるが
カリフ位の継承は認めぬ！

1517

ワタシハ
アヤツリ
ニンギョウ…

カリフ

オスマン朝 第9代
セリム1世
1465 - 1520

アッバース朝 第18代
ムタワッキル3世
1508 - 17/38/43

スル
タン

カリフ位は
朕が継承する！

カリフ

1538/43

余には二子あったが
継承が認められず、
余を最後にカリフ位は
断絶したのだ。

1538/43

オスマン朝 第10代
スレイマン大帝
1520 - 66

スルタン＝カリフ制
1517/38/43 - 1922

青年将校らは留学して
西欧の軍事知識を
学んでこい！

西欧の近代的な
軍略・戦術
そして軍事技術を
学んでくるのだ！

私の教えを守れば
オスマン帝国軍も
すぐに強くなるぞ！

青年将校の留学

軍事顧問の招聘

① ② ③

1870～80年代

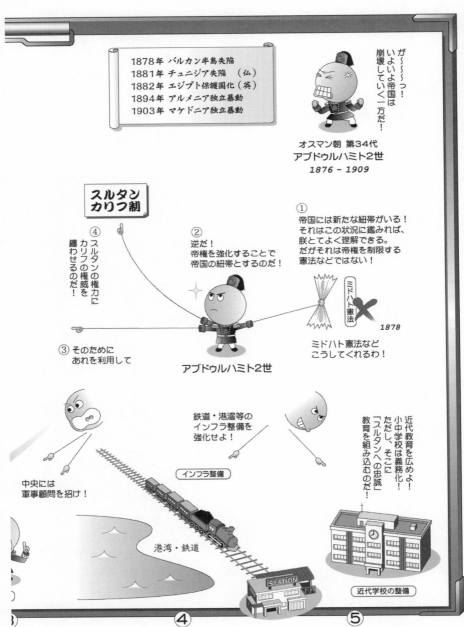

1878年　バルカン半島失陥
1881年　チュニジア失陥　（仏）
1882年　エジプト保護国化（英）
1894年　アルメニア独立暴動
1903年　マケドニア独立暴動

が～～っ！
いよいよ帝国は
崩壊していく一方だ！

オスマン朝 第34代
アブドゥルハミト2世
1876 - 1909

スルタン
カリフ制

① 帝国には新たな紐帯がいる！それはこの状況に鑑みれば、朕とてよく理解できる。だがそれは帝権を制限する憲法などではない！

ミドハト憲法 ✗
1878

② 逆だ！帝権を強化することで帝国の紐帯とするのだ！

ミドハト憲法などこうしてくれるわ！

④ スルタンの権力にカリフの権威を纏わせるのだ！

③ そのためにあれを利用して

アブドゥルハミト2世

中央には軍事顧問を招け！

鉄道・港湾等のインフラ整備を強化せよ！

近代教育を広めよ！小中学校は義務化！ただし、そこに「スルタンへの忠誠」教育を組み込むのだ！

【インフラ整備】

港湾・鉄道

STATION

【近代学校の整備】

第１章　オスマン帝国の断末魔
第２章　アリー朝の断末魔
第３章　カージャール朝の断末魔
第４章　インドの自治運動

こうして各地彷徨の末にアフガーニーが流れ着いたころのオスマン帝国（デブレット）はといえば、急速に解体が進んでいました。

露土（ロシアトルコ）戦争（1878年）でバルカン半島における領土をほとんど失ったのを皮切りに、その3年後にはチュニジアを失陥（1881年）し、さらに翌年にはエジプトがイギリス保護国（1882年）となって完全にオスマンから切り離されることになりました（A-4）。

こうした傾国にあってモノを言うのが"君主の器"です。

このとき「名君」が立てば再建の見込みも立ちますが、「愚帝」「暗君」であればもはや滅亡は避けられません。

前幕で触れたカージャール朝もやはり「国家存亡の機にあって時の皇帝（シャー）が"自分の小遣い稼ぎのために国家利権を売る"ような愚帝」でしたが、案の定、彼の死後ほどなく滅亡しています。

その因果律は"逆もまた然り"で、その国の命運から"君主の器"が計れるほどです。

たとえば、極東三国（清・朝鮮・日本）は19世紀後葉（＊01）に入るや、欧米列強に睨（にら）まれて一斉に存亡の機に立たされましたが、その際、朝鮮はいうに及ばず大国・清ですら亡国の道をたどったのに、貧乏島国・日本だけがこれを生き延びることができました。

この事実は、それぞれの君主が愚帝（同治帝）・暗君（高宗）・名君（明治天皇）であったことを示しています。

もし明治天皇が愚帝であったなら、日本もまた清・朝鮮と同じ運命をたどったことでしょう。

こうしたことを踏まえたうえで、このころのオスマン皇帝（スルタン）アブドゥルハミト2世（A-5）を鑑定してみれば、哀しいまでの「愚帝」。

つまり、彼が即位したこの時点ですでに帝国（デブレット）の滅亡は決定的となったと言い換えることもできます（＊02）。

（＊01）世紀（01〜00年）を3つに分けた区分法で、前葉（01年〜33年ごろ）・中葉（34年ごろ〜66年ごろ）・後葉（67年ごろ〜00年）に分けられます。

（＊02）事実、帝国は彼が廃位（1909年）されてからわずか13年で亡んでいます（1922年）。

もっとも、自分が「愚帝」などとは夢にも思わぬ（＊03）アブドゥルハミト２世本人は大マジメに「帝国の権威を恢復せん！」と粉骨砕身尽力していますが、その意欲は痛々しいまでに空回りするばかり。

彼には、当時「帝国が置かれた状況」「自分の置かれた立場」というものがまったく理解できていませんでしたから、それも詮なきこと哉。

たとえば、彼が即位した年（1876年）は、遅まきながらオスマン帝国にも憲　法（＊04）が生まれ、ようやく近代化に向かって"よちよち歩き"をし始めていたころでした。

ところが、即位後の　彼　の"初仕事"はこれを叩き潰すこと（B/C-5）。

立憲者である大宰相ミドハトを更送、追放、処刑し、憲　法を停止し、議会を閉鎖して「第一次立憲制」を解体（＊05）、まるっきり時代の流れに逆行しています。

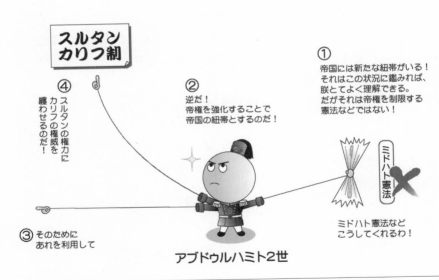

（＊03）愚者は「自分の器量を客観的に査定する」ことができないため、彼らの中には自らを「優秀」だと信じて疑わない者が一定数います。アブドゥルハミト２世もこのタイプでした。

（＊04）所謂「ミドハト憲法」のこと。正確には「憲法（アナヤサ）」ではなく「基本法（カーヌーニー・エサーシー）」ですが。

（＊05）詳しくは、前巻『侵蝕されるイスラーム世界』（第４章 第８幕）を参照のこと。

この彼の行動は、喩えるなら「明治憲法が発布された明治の世にあって、憲法を潰し、幕藩体制に戻す」のと同等レベルの愚挙なのですが、「歴史の流れ」がまったく見えていない彼にはそのことがどうしても理解できません。

　彼の眼に映っているのは、あくまで"古き佳き全盛時代の帝国（デブレット）"であり、ただただその再現だけを夢見ていたのでした。

　しかしながら、帝国（デブレット）が傾き、解体に向かっているのは「帝国（デブレット）の体制が古くなって時代に合わなくなってきたから」です。

　帝国（デブレット）が生き残る唯一の道は、「改革（近代化）を断行して、我が身を時代に合わせ、歴史の流れに乗る」以外にありません。

　先の例でいえば、日本はそれ（明治維新）を成し遂げることができたから生き残ることができ、清朝は３度それ（＊06）を試みながらことごとく失敗して亡び、オスマン帝国（デブレット）もまた５度（＊07）の失敗を経て、まるで清朝の後を追うようにして清滅亡から10年後に亡びることになります。

　しかし、アブドゥルハミト２世はただただ近代化推進を唱える賢臣・義臣を"獅子身中の虫"として徹底的に粛清しつづけ、時代の読めない愚臣・佞臣（ねいしん）で側近を固めていきましたから、これから彼の実施する政策はことごとく裏目、逆効果、ヤブ蛇となっていきます。

――歴史の流れに逆らう者は"歴史の神（クレイオ）"によって例外なく葬り去られる。

　この「鉄の歴史法則」はここでも貫徹されるのでした。

　ただ、彼の名誉のために付け加えるならば、彼とて「改革の必要性がまったくない」と思っていたわけではなく、たとえば内政面では、

・義務教育の導入や、中学・専門学校・大学などの近代的学校の整備（D-5）

・鉄道・電信・造船などのインフラ整備（D-4）

・軍事顧問の招聘（D-3）

・青年将校の留学・近代兵器の導入などの軍事改革（D-1/2）

（＊06）「洋務運動」「変法自強運動」「光諸新政」の３回。
　　　　詳しくは『世界史劇場 日清・日露戦争はこうして起こった』をご参照ください。

（＊07）「チューリップ時代」「セリムの新制」「マフムートの新制」「タンジマート」「青年トルコ革命」の５回。詳しくは『世界史劇場 侵蝕されるイスラーム世界』をご参照ください。

…など、いくつかの近代化に着手しています。

　しかし残念ながら、彼のやったことはどれも「洋務運動」であって「明治維新」ではありませんでした。

　これでは近代化の効果がほとんどない[＊08]どころか、むしろ帝国の寿命を縮めることになるのは歴史が証明しています[＊09]。

　外交面では、露土(ロシアトルコ)戦争の傷も癒えぬ中、ロシアの脅威から身を護るため外国との同盟を模索しています。

　オスマンといえば、古(いにしえ)より[＊10]フランスとの関係が深い国でしたから、アブドゥルハミト２世も初めはフランスへの接近を試みたものでしたが、当時のフランスはロシアとの友好を模索中[＊11]であり、フランスから袖(そで)にされた彼

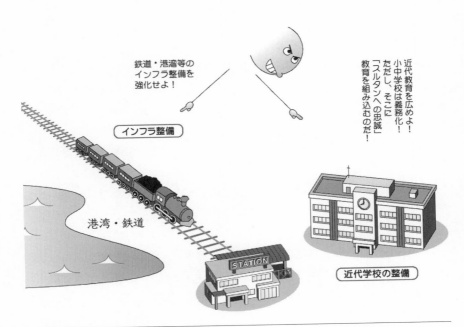

鉄道・港湾等の
インフラ整備を
強化せよ！

インフラ整備

港湾・鉄道

STATION

近代学校の整備

近代教育を広めよ！
小中学校は義務化！
ただし、そこに
「スルタンへの忠誠」
教育を組み込むのだ！

（＊08）なぜ効果がないのかについての詳細は本旨から外れますのでここでは触れません。
　　　　詳細については『世界史劇場 日清・日露戦争はこうして起こった』をご参照ください。

（＊09）たとえば、洋務運動のときもこのときも「帝国を支える若者を育てるため」に導入された
　　　　近代教育で育った若者が「帝国を亡ぼす革命分子」として育っています。

（＊10）具体的には、1535年の「ベオグラード条約」（スレイマン大帝）以降。

は今度は当時この露・仏と敵対していたドイツに接近。

　ドイツもまた、中東進出の足掛かりとしてオスマン帝国との親睦を図っていましたから、ここに両者の利害は一致、独・土は急速に接近することになりした。(＊12)

　ドイツの熱烈ぶりたるや、独帝ヴィルヘルム２世御自ら２度（1889/98年）にわたって訪土するという形になって現れ、以降、蜜なる関係を育んでドイツの掲げる「３B政策」を認めてバグダード鉄道の建設も始まります。

　しかし、この動きこそが「帝国滅亡の"一里塚"」となっていくのですから、ここでもアブドゥルハミト２世の打つ手が裏目に出ていることがわかります。

　さらにアブドゥルハミト２世がこだわったのが、「帝国の"紐帯"(＊13)の再建」。

　組織の解体を止めたいなら"結束"が必要になりますが、結束のためには何よりもまず、その"紐帯"となるものが必要となります。

　国家の"紐帯"となるものは、国により時代により「君主」であったり「民族」であったり「宗教」であったり様々(＊14)ですが、オスマン帝国の場合は多民族国家であったため「民族」を紐帯とは成し得ず、「皇帝」と「宗教」を"紐帯"としてこれまで発展してきました。

　しかしそれも、「皇帝」の権威が失墜し、「宗教」が内部抗争を始めたために、これらが"紐帯"としての役割を演じられなくなってきていました。

　それが帝国の崩壊を招いているのですから、これらをふたたび"紐帯"として復活させてやればよいという理屈になります。

　そこで、彼が目を付けたのが「スルタン＝カリフ制（C/D-1/2）」。

　じつは、イスラームの開祖ムハンマドの"後継者"として始まったカリフ制は、その後「正統カリフ時代」「ウマイヤ朝」「アッバース朝」と継承されていきましたが、13世紀には"平安の都(＊15)"が陥落して、以降はマムルク

（＊11）これが実を結ぶと「露仏同盟」となります。

（＊12）このあたりのことは次幕のパネル参照。

（＊13）"紐帯"については、本幕コラム「紐帯とは？」をご参照ください。

朝の保護下で細々と命脈を保っているような状態となっていました。

　そのマムルク朝も最後のカリフ（ムタワッキル３世）（A/B-2/3）の御世に亡ぶと、今度はオスマン帝国の保護下に入りました（＊16）が、18世紀に入ると、これを根拠として「じつは、カリフ位はアッバース朝からオスマン家に継承されていたのだ」と何の歴史的な証拠もない〝都市伝説〟が語られるようになり、アブドゥルハミト２世はこれに縋ったのでした（B/C-4）。

　政治権力の衰え甚だしい皇帝が、新たに「カリフ」という宗教権威を纏うことで、これを補完しようという狙いです。

　しかし、それでもまだ弱いと考えたアブドゥルハミト２世は、さらに「汎イスラーム主義」を利用しようと考えたのでした。

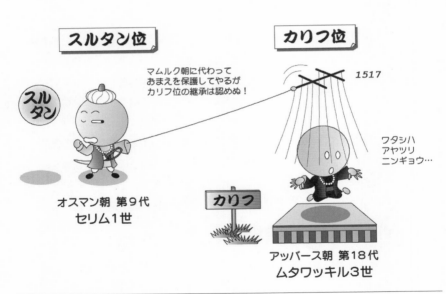

第１章　オスマン帝国の断末魔

第２章　アリー朝の断末魔

第３章　カージャール朝の断末魔

第４章　インドの自治運動

（＊14）その国の〝紐帯〟を強調して表現したいときは、それぞれ紐帯となるものを冠して「君主国家（専制国家）」「民族国家」「宗教国家」などと呼ばれます。

（＊15）バグダードの正式名称。バグダードは通称。

（＊16）セリム１世（A/B-1）の御世にカリフを保護下に置き、スレイマン大帝（C-1）の御世に最後のカリフが亡くなり（B/C-2/3）、以降、カリフの後継者がいなくなっていました。

Column 紐帯とは？

　「ファシズム」という言葉自体は広く人口に膾炙していますが、その語源を知る者は多くありません。

　じつは「ファシズム」の語源は、古代ローマの権力の象徴「束桿」です。

　ファスケスというのは、「青銅の斧に白樺の棒を束ねて皮紐で縛ったもの」で、古代ローマにおける"権力の象徴"です。

　洋の東西と古今を問わず、権力者は「権力の象徴」を持っていることが多く、たとえば古代中国では九鼎・玉璽、中世欧州では王冠・宝珠・王笏、イスラーム（アッバース朝）なら杖と外套、日本なら三種の神器（剣・鏡・勾玉）などが有名ですが、「ファスケス」はこれらのレガリアに当たります。

　ちなみに、イタリア国旗が「緑・白・赤」であることについて、類書ではよく「国土・正義・熱血」あるいは「自由・平等・友愛」を表しているなどと書かれていますが、こうしてブレがあるのは後から取って付けたこじつけ（※）であるため、本来の隠された意味はファスケスの「青銅斧（緑）・白樺棒（白）・革紐（赤）」です。

　※たとえば、日本の『君が代』の「君」がおそらく朝敵だった阿曇磯良であったものを（多説のうちの一説）、明治の世になってこれを時代に合わせて「天皇」とこじつけたのと同じです。

　そのことを踏まえたうえで、"紐帯"をこの「ファスケス」で喩えるなら、放っておけばバラバラになる青銅斧と白樺棒をひとつに束ねている「革紐」に当たります。

　さしずめ中央の青銅斧が「皇帝」、その周りを囲んでいる白樺棒が「国民」といったところでしょうか。

　それらを束ねる"皮紐"の役割を担うものとして、アブドゥルハミト2世が狙ったのが本幕の「スルタン＝カリフ制」と次幕の「汎イスラーム主義」だったというわけです。

第4幕

帝の本心
汎イスラーム主義の利用

アブドゥルハミト2世は、解体しつつあるオスマンを繋ぎ止める次なる手として「汎イスラーム主義」を利用することを考える。政争に敗れて落ち延びてきたアフガーニーを囲い、これを「汎オスマン主義」にすり替えて用済みとなったらアフガーニーは殺す。しかしこうした彼の努力はすべては無に帰すことになる。

アフガーニー

幽閉

〈 汎イスラーム主義の利用 〉

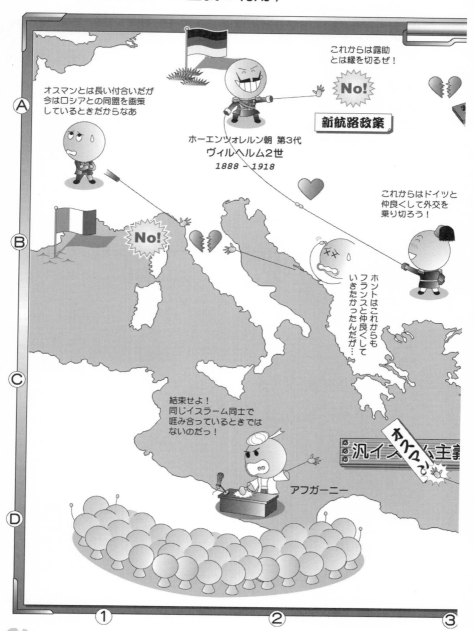

48

1890年代

独露再保障条約を
一方的に破棄
してきやがった！

うぁのれ！
ドイツ野郎め！

独露再条約
1890

ロマノフ朝 第17代
アレクサンドル3世
1881 - 94

くそ！
ナーセロッディーンめ！
いづれブッ殺してやる！

うちで匿って
あげましょう！

アフガーニー

ぜひ！
我が国で先生の理念
を広めてください！

アブドゥルハミト2世

汎イスラム主義を
汎オスマン主義に
塗り変えてやるのだ！

義

てめえ、斯帝ナーセロッディーン
暗殺の黒幕だそうだな！

そんな大それたことをしでかす
反逆者には死んでもらうしか
あるまい！

アフガーニー

幽閉

オスマン朝 第34代
アブドゥルハミト2世
1876 - 1909

③　　　　　④　　　　　⑤

49

このようにアブドゥルハミト2世は、根拠のない「スルタン＝カリフ制」
などを引っぱり出してでも皇帝の権威復活に躍起となりましたが、それ
でも帝国の解体を喰い止めることはできず、そこで彼はちょうどそのころ祖国
（カージャール朝）を追われたアフガーニー（C‑5）を匿ってやることにしまし
た（1892年）。

　もちろん「彼の生い立ちに同情したから」ではなく、「利用価値がありそうだ
から」。

──なんとかヤツの主張（汎イスラーム主義）を

　　我が国の "紐帯" とできないものか。

　たしかにオスマン帝国は民族も文化も言語もバラバラかもしれませんが、そ
れでも圧倒的にムスリムが多いのですから、アブドゥルハミト2世は「ムスリ
ム」を "紐帯" として帝国の結束を図りたいと考えてはいました。

　しかし、現実にはムスリム同士の内部対立が激しく、これを何とかしたい。

　そこで彼が目を付けたのが、アフガーニーの主張する「汎イスラーム主義」
だったわけです。

　アブデュルハミト2世（C‑4）は彼を保護すると、国内で「汎イスラーム主
義」を進めさせます（C‑3）。

　ただし、アブドゥルハミト2世の本心は「イスラーム世界全体の結束（汎イス
ラーム主義）」ではなく、あくまで「オスマン帝国の結束（汎オスマン主義）」
でしたから、「汎イスラーム主義」の業績を「汎オスマン主義」で塗り潰そうと
する（C/D‑3）ため、両者は間もなく対立するようになりました[＊01]。

──天に二日なし、土に二王なし。

　織田信長が足利義昭を擁したときも、曹操が献帝を庇護したときもそうで
あったように、権力者が権威者を利用しようと取り込みを図っても、「国に二君
なし」でなかなかうまくいくものではありません。

　案の定、このときもアブドゥルハミト2世とアフガーニーはほどなく意見対
立するようになり、ついには彼は軟禁、誅殺[＊02]されてしまうことになり

（＊01）アフガーニーが弟子に命じて斯帝ナーセロッディーンを暗殺させたのが契機。

ました（D-5）。

　享年58。

　アフガーニーの命運はここに尽きることとなりましたが、彼（アフガーニー）が思想家として最初に活動を始めたアフガニスタンは混迷に混迷を極め、それは現代に至るまでつづくことになり、次に活躍したエジプトは彼の煽動を契機としてイギリスの保護下に陥ちてそこから永らく屈辱の歴史を歩むことになり、さらにイラ

（＊02）正確な死因は不明ながら、おそらくは獄中にて毒殺。

ンは滅亡・半植民地化の道を驀進（ばくしん）していくことになりました。

　彼が「よかれ」と思って活動し、彼の思想の下で動いた国の末路はどれも悲惨です。

　もちろん、結果だけを見てそれらがすべてアフガーニーの責任に帰するわけではありませんが、この流れに拍車をかけたこと、また彼の言動に大きな自己矛盾があったことも事実です。

　たとえば、イランでは「すべての信者（ムスリム）が大同団結して欧米列強と戦おう！（汎（パン）イスラーム主義）」と叫びながら、その一方で、自らの"理想"のために人々を煽（あお）って信者（ムスリム）同士の殺し合い（＊03）を助長させています。

　これはレーニン・スターリンらがやらかした「人々の幸せな生活（社会主義）を実現するために邪魔な人々を片端から皆殺しにする！（ジェノサイド）」というのと同じくらいの大きな自己矛盾であり、その結果がカージャール朝の混乱を助長させたとも言えます。

　また彼は「兵法」にも疎（うと）い。

　彼は機関誌『固き絆（きずな）』の中で、エジプトに対して

「（マフディーの乱で）イギリス軍がスーダンに釘付けになっている今こそ、

　神の与えた千載一遇の好機である！

　今こそエジプトでも叛乱を起こすべし！

　さすれば、イギリスはスーダンとエジプトの叛乱を同時に相手せねばならなくなり、撤退せざるを得ないであろう！

　おまえたちはどうしてそんなことにも気が付かないのか！」

…と煽（あお）っていますが、この論が通用するのは、イギリスが「エジプトとスーダンに戦力分散」した場合であって、もしイギリスに「各個撃破で対処」されれば終わりですし、あの老獪（ろうかい）なイギリスがそうしないわけがありません。

　「どうして気が付かないのか」ではありません、そんなことをしても各個撃破に出られては意味がないと誰もが知っているからです。

　事実、イギリスはエジプトとスーダンの同時多発叛乱に対して各個撃破で対

（＊03）ナーセロッディーン暗殺などはその好例です。

処してこれを鎮圧、これがエジプトがイギリスの保護下に陥落する契機となりました。

兵法に疎いアフガーニーが兵法を語ってエジプトを唆した結果がこれです。

しかし、それよりもさらに“致命的”なことは、彼が「政治」というものの根本がまったく理解できていなかったことでしょう。

そもそも「政治」というものは、人間がごとき浅知恵で思い付いた理想や理念を適用すれば、それで万事うまくいくというほど甘いものではありません。

「うまくいかない」どころか、ほとんどの場合「収拾つかない混乱」に陥るのがオチです。

これが理解できなかったロベスピエールは政治に自らの理想（徳治政治）を導入しようとして、祖国と市民を“生き地獄（恐怖政治）”に引きずり堕としました。

新の王莽は周制を理想としてこれを国策に反映させ、たちまち国を破滅させましたし、Ｋ．マルクスが頭の中だけで組み立てた理想「社会主義」をレーニン・毛沢東・金日成・ポルポトらが現実社会に実現しようとしたら、億単位の罪なき人々が殺戮されていく“この世の地獄”が出現しただけでした。

「政治」を理解できていないアフガーニーが「政治」を語って国を引っ掻き回したのですから、彼が係わった国がことごとく混乱を深めていったのも必然のことといえます。

老子（李耼）の言葉が心に沁みます。

── 大国を治むるは小鮮を烹るが若し(＊04)

（人間がごときの浅知恵で政治を引っ掻き回すと碌なことにならない。）

（＊04）老子『徳経』第60章より。

　「政治」というものは人間ごときではとても手に負えない"怪物(リヴァイアサン)"であって、少しでも扱いを誤ればたちまち制御を失い、暴走機関車となって乗客(国民)を大量に死に追いやることになりますから、本来その扱いには慎重の上にも慎重を要します。

　老子の言うように"小鮮を烹(に)る"が如く、少し手を加えてはその効果と弊害を図って政策を微修正することを繰り返し、数十年単位の長い時間をかけて根気よくゆっくりとやらねばなりません。

　しかしながら、ほとんどこうした政策は取られません。

　その理由の最たるもののひとつは、こうした政治の本質がまったく理解できていない政治家の無能。

　もうひとつには民主主義の構造欠陥。

　現代の民主主義国家では議員に歳費を払います。

　そのため、"職業化"した彼らが選挙直後に考えることは、「天下国家の安寧」ではなく「"職"を失わないため次の選挙に勝つこと」であり、必然的に"次の選挙までに効果が目に見える形で現れる近視眼的・性急な政策"をやりたがります。

　仮にこれらふたつの条件をクリアしたとしても、19世紀末のオスマン帝国・ロマノフ朝・清朝などのように、だいたい政治改革が叫ばれるようになるのは"すでに手遅れ"に近い状態になっていることが多く、悠長な政策など打っていたら政策効果が出る前に国自体が亡んでしまうため、早急(さっきゅう)な成果が期待される政策を行わざるを得ません。

　こうした様々な裏事情によって"遠大にして深遠な政策"を打つことができず、国家・王朝というのは200年保てば御の字、ほとんどの国は「300年」という時を壁を超えることができずに亡んでいきます。

　実際、「四千年の歴史」「五千年の歴史」と事あるごとに歴史の長さを自賛する中国ですが、秦が初めて天下を統一して以来、300年つづいた統一王朝はただのひとつもありません。

第５幕

憲法さえあれば！

青年トルコの蠢動

国が傾くと「改革」が叫ばれますが、これに対して「このままでよい！」という守旧派・反動派が抵抗を示して〝揺り戻し〟が起きることは世の常（前幕）。しかし、結局は歴史の流れに抗うことは能わず、改革派が力を握るのですが、そのころにはすでに改革は〝手遅れ〟ということがほとんど。このときのオスマンも…。

余に逆らった者がどうなるか！
教えてくれるわ！

赤い皇帝

オスマン朝 第34代
アブドゥルハミト2世

〈 青年トルコの蠢動 〉

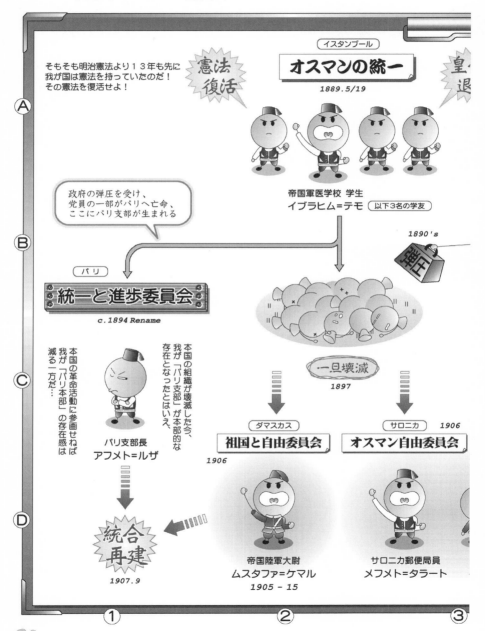

そもそも明治憲法より１３年も先に我が国は憲法を持っていたのだ！その憲法を復活せよ！

憲法復活

（イスタンブール）

オスマンの統一

1889.5/19

皇
退

帝国軍医学校 学生
イブラヒム＝テモ　以下3名の学友

1890's

弾圧

政府の弾圧を受け、党員の一部がパリへ亡命、ここにパリ支部が生まれる

（パリ）

統一と進歩委員会

c.1894 Rename

一旦壊滅
1897

パリ支部長
アフメト＝ルザ

本国の組織が壊滅した今、我が「パリ支部」が本部的な存在となったとはいえ、本国の革命活動に参画せねば我が「パリ本部」の存在感は減る一方だ…

統合再建
1907.9

（ダマスカス）

祖国と自由委員会
1906

帝国陸軍大尉
ムスタファ＝ケマル
1905 - 15

（サロニカ）　1906

オスマン自由委員会

サロニカ郵便局員
メフメト＝タラート

① ② ③

1890年代

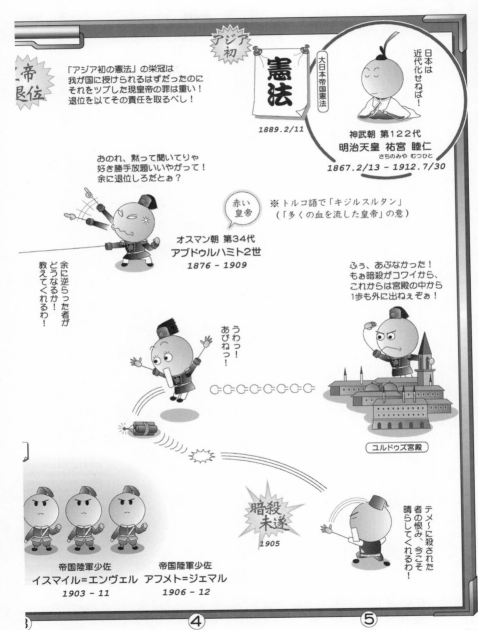

帝退位

「アジア初の憲法」の栄冠は
我が国に授けられるはずだったのに
それをツブした現皇帝の罪は重い！
退位を以てその責任を取るべし！

アジア初

憲法

大日本帝国憲法

1889.2/11

日本は
近代化せねば！

神武朝　第122代
明治天皇　祐宮　睦仁
さちのみや　むつひと
1867.2/13 - 1912.7/30

おのれ、黙って聞いてりゃ
好き勝手放題いいやがって！
余に退位しろだとぉ？

赤い
皇帝

※トルコ語で「キジルスルタン」
（「多くの血を流した皇帝」の意）

オスマン朝　第34代
アブドゥルハミト2世
1876 - 1909

余に逆らった者が
どうなるか！
教えてくれるわ！

ふぅ、あぶなかった！
もぉ暗殺がコワイから、
これからは宮殿の中から
1歩も外に出ねぇぞぉ！

うわっ！
あびねっ！

ユルドゥズ宮殿

暗殺
未遂
1905

テメ〜に殺された
者の恨み、今こそ
晴らしてくれるわ！

帝国陸軍少佐
イスマイル＝エンヴェル
1903 - 11

帝国陸軍少佐
アフメト＝ジェマル
1906 - 12

③　　　④　　　⑤

と ころで、アブドゥルハミト２世がアフガーニーを匿うことになった３年
ほど前の1889年、地球の裏側では帝国を揺るがすことになる出来事が
生まれていました。

　それが「大日本帝国憲法（A-4/5）」の発布です。

　いったいなぜ「トルコからはるか遠く離れた極東の島国（日本）で生まれた憲
法が帝国を揺るがす」ことになるのでしょうか。

　その理由は多元的かつ複合的ですが、その大きな理由のひとつにアブドゥル
ハミト２世に圧殺されていた立憲派の熱狂があります。

　そもそもオスマン帝国には「大日本帝国憲法」より遡ること13年も前に
"アジア初（＊01）"ともされる「ミドハト憲法」がありました。

　しかし、それがまともに機能しはじめる間もなくわずか１年ほどで時の皇帝
（アブドゥルハミト２世）によって潰されてしまいました。

──我々の方が先に憲法を創っていたのに！
──日本に倣って我々も憲法を復活させよう！（A-1/2）

　こうして帝国軍医学校の一学生にすぎなかったイブラヒム＝テモ（A/B-2）と
その学友３名によって「憲法復活」を掲げる組織が創られました。

　それが『オスマンの統一（A-2/3）』です。

　古くは「青年トルコ（党）」と呼ばれ、最近では「統一派」と称されることに
なる『統一と進歩委員会』の前身です。

　『オスマンの統一』が生まれた年（1889年）が、大日本帝国憲法が発布され
た年と同年であるのは偶然ではなく、こうした歴史的背景があったからでした。

　しかし『オスマンの統一』は、「憲法の復活！」だけでなく「皇帝廃
位！」まで叫んだため、皇帝の逆鱗に嬰れて大弾圧を受けるようになってしまい
ます（B-3）。

　そのため、テモを筆頭として『オスマンの統一』のメンバーがつぎつぎと逮

（＊01）じつは、"アジア初の憲法"には、「大日本帝国憲法」説と「ミドハト憲法」説の二説があ
　　　ります。ときどき「大日本帝国憲法は誤り！」と断じている方を見かけますが、誤りです。
　　　正しくは、「どちらが正しくて、どちらが誤り」ということではなく、歴史家の解釈の違
　　　いに拠る──ということになります。詳しくは、前巻『侵蝕されるイスラーム世界』第４
　　　章 第８幕のコラム欄をご参照ください。

捕・流刑となって、組織が散り散りになっていく中、構成員のひとりだったアフメト＝ルザは難を逃れてパリに亡命しましたが、彼はここでも活動をつづけ、その名も「統一と進歩委員会」と改めます（B/C-1）。

　これが「パリ支部」となりました（A/B-1）が、それも束の間、ほどなくイスタンブール本部（＊02）が潰滅する（B/C-2/3）と、ここパリに本部機能が移されることになりました。

　こうして、アブドゥルハミト 2 世の弾圧は「赤い皇帝（＊03）（A/B-4）」と揶揄されるほど厳しく、革命側はどんどん追い詰められていきます。

　そこで、革命派は起死回生として「皇帝暗殺」を目論みました（D-5）。

　しかしながらこれは、アルメニア人革命家が皇帝に向かって爆弾を投げ付けたものの、敢えなく失敗（C-4）。

　しかもこれを契機として、暗殺を怖れるようになった皇帝は宮殿（C-5）に引き籠もって一歩も外に出なくなってしまったため、以降、皇帝の暗殺はほ

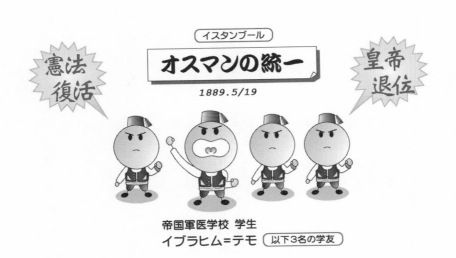

（＊02）枝分かれする前の「オスマンの統一」のこと。

（＊03）「赤い」というのは血の色を表し、「血塗られた」「流血の」という意味合いが込められています。

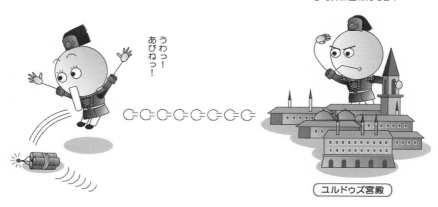

ふぅ、あぶなかった！
もぅ暗殺がコワイから、
これからは宮殿の中から
1歩も外に出ねぇぞ！

うわっ！
あびねっ
っ！

ユルドゥズ宮殿

とんど不可能になり、革命派は天を仰ぎます。

　もはや万策尽きたか！

　そう思われた矢先、革命派が一気に息を吹き返す契機を与えたのは、またして
も「日本」でした。

　ここに至るまでトルコが11度にわたる「露土戦争」（＊04）を繰り返しなが
ら、逆立ちしても勝てなかった宿敵ロシア。

　しかし、その憎っくきロシアが「日本に敗れた！」との情報が飛び込んできた
のです。

　もちろん「日露戦争（1904〜05年）」のことです。

　これにはトルコ人も熱狂！

　じつは、トルコ人には "日土同祖論"、すなわち――

「中央アジアの奥地に棲んでいた民族のうち、

　西へ西へと移住してアジア大陸の最西端の半島に住みついたのがトルコ人で、

（＊04）詳しくは、前巻『侵蝕されるイスラーム世界』第4章 第1幕のコラム欄をご参照くださ
　　　い。

　　東へ東へと移住してアジア大陸の最東端の列島に住みついたのが日本人」

…とする考え方があったため、日本がロシアに勝利したことを我がことのよう

に歓ぶと同時に、「同祖の日本人にできて我々にできないことなどあるはずがな

い！」という想いに駆り立てられ、

── 日本人はロシアに勝てたのに、なぜ同祖である我々は勝てないのか。

── 日本とトルコの違いは何か？

　考えあぐねた彼らが出した答えが「憲法の有無」でした。

── 日本には近代憲法「大日本帝国憲法」がある！

　　それこそが小国・日本を強くし、大国・ロシアをも倒した理由だ！

　　我々とて少し前まで三大陸にまたがる大帝国であったのだ、

　　素養がないわけではない！

　　にもかかわらず我々が燻りつづけているのは憲法がないからであって、

　　憲法さえ持てば昔の栄光を取り戻すことができるに違いない！

　革命派を覆っていた重苦しい空気は一気に掻き消され、熱狂が湧き起こり、

各地に散り散りになっていた「青年トルコ人」たちが結集しはじめ、翌1906

年にはぞくぞくと政治結社が生まれます。

　　たとえば、ダマスカスでは帝国陸軍大尉 M.ケマル（D-2）が「祖国と自由

委員会（C/D-2）」を、サロニカでは郵便局員メフメト゠タラート（D-2/3）が

「オスマン自由委員会（C/D-2/3）」を結成し、その中心メンバーの中には20

世紀前葉のトルコを牽引することになる陸軍少佐のアフメト゠ジェマル（D-4）

やイスマイル゠エンヴェル（D-3/4）が名を連ねており、「統一派」がふたたび

纏まりを見せはじめます(＊05)。

　　しかし、せっかくのこうした動きも、各地で各個がばらばらに動くかぎりは、

王朝にとってもさしたる脅威でもありません。

　　そこで翌1907年には、これらの革命結社が統合され、「統一と進歩委員

会」として再建されることになり（D-1）、歴史が動きはじめます。

　　ひとたび動きはじめた歴史を止めることは何人たりともできません。

──────────────────────────────

（＊05）そうした人々や結社が総称されて「青年トルコ（人/党）」と呼ばれるようになりました。

Column 親日トルコ人

現在トルコは「親日国」として知られて、その契機のひとつが本文でも述べた「日露戦争」ですが、じつはそれ以前よりトルコ人は日本にたいへん好感を持っていました。

その契機こそが「エルトゥールル号遭難事件」です。

事の起こりは、1889年、アブドゥルハミト2世が明治天皇に親書を送るため、巡防艦「エルトゥールル」を派遣したことでした。

しかしながら、「エルトゥールル」は艦齢26年の木造老朽艦のうえに、これに地球を半周させることすら無謀と危ぶまれていたのに、不運にもその帰路、嵐に遭ってしまいます。

「エルトゥールル」は強風に煽られて岩礁にぶつかり、たちまち沈没。

遭難を知った日本人は、近隣村民が総出で救助活動を行ったばかりか、貧しい寒村であったにもかかわらず、なけなしの米・芋・鶏肉を遭難者に振る舞い、手厚く看護します。

このことがトルコに知られたことで、トルコ人の日本に対する好感を強めていくことになりました。

それから100年後。

イラン・イラク戦争（1980〜88年）の最中、イラク大統領 S．フセインが「1985年3月19日20時以降、イラン上空を飛ぶ航空機を無差別に撃墜する」と宣言したことがありました。

しかし、突然のこととて200名以上の在斯日本人が期日までに脱出する手立てがなく、万策尽きて天を仰いだとき、これに危険を冒してまで救いの手を差しのべてくれたのがトルコでした。

日本人は首をかしげて訊ねます。

——あなたがたはどうしてそんなに親切にしてくれるのですか？

「どうして？

あなたがた日本人は我々が困っていたとき、同じように助けてくれたではありませんか。あのときの恩は忘れません。」

第1章 オスマン帝国の断末魔

第6幕

立憲制の成立

青年トルコ革命の勃発

力によって制せんとする者は力によって制せらるる。不満の声を力づくで押さえ込めば、その声は消えゆくのではなく蓄積され、やがては爆発する。

こたびのオスマンでは、それは「青年トルコ革命」という形となって現れた。そのため、無鉄砲と思われた蜂起もあっけなく成功する。

軍隊を送り込めば
叛乱軍に合流しちまうし、
こんな圧倒的な世論…
もう認めるしか…

〈 青年トルコ革命の勃発 〉

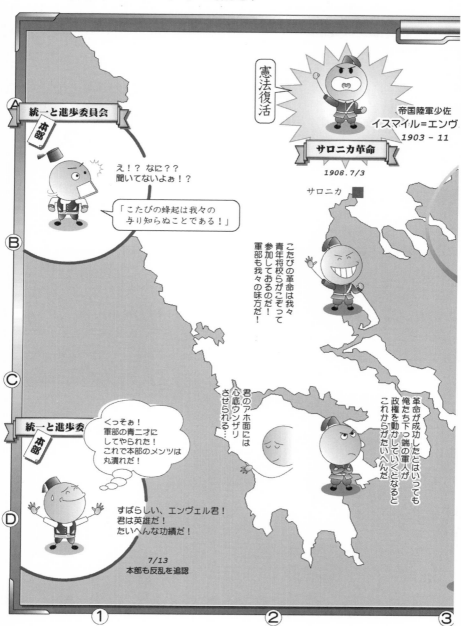

憲法復活

帝国陸軍少佐
イスマイル＝エンヴ
1903 - 11

サロニカ革命
1908.7/3

サロニカ

統一と進歩委員会
本部

え！？ なに？？
聞いてないよぉ！？

「こたびの蜂起は我々の
　与り知らぬことである！」

こたびの革命は我々
青年将校らがこぞって
参加しておるのだ！
軍部も我々の味方だ！

君のアホ面には
心底ウンザリ
させられる…

革命が成功したとはいっても
俺たち下っ端の軍人が
政権を動かしていくとなると
これからがたいへんだ

統一と進歩委
本部

くっそぉ！
軍部の青二才に
してやられた！
これで本部のメンツは
丸潰れだ！

すばらしい、エンヴェル君！
君は英雄だ！
たいへんな功績だ！

7/13
本部も反乱を追認

① ② ③

1908年

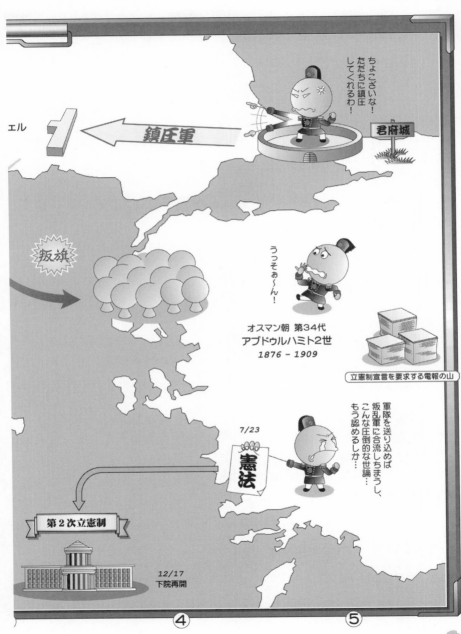

こまで見てまいりましたように、アブドゥルハミト2世はその即位以来30年、徹底した反動政治を行って翳(かげ)りを見せていた皇帝権(スルタン)の確立に尽力し、近代化運動を抑え込んできました。

その表面的成果だけを見れば、ここまで彼の政策は首尾よく運んでいるように見えます。

しかしながら、彼のやっていることはただ自分の首を絞めているにすぎません。

喩(たと)えるなら、火に焼べたやかんから勢いよく噴出する蒸気を止めようとして、蒸気の出ている口をすべて熔接して塞(ふさ)いでいるようなもの。

そんなことをすれば、たとえ一時的に蒸気の噴出を止めることができたとしても、行き場を失った蒸気エネルギーはいつか「爆発」という形となって甚大な被害を出すに決まっています。

しかし、アブドゥルハミト2世にはこんな簡単な理屈も理解できず、ただただ30年間、蒸気(近代化の動き)を無理矢理抑え込んできましたが、当然その間、やかんの中(社会)にはエネルギー(不満)が溜まりつづけていましたから、あとは"きっかけ"さえあれば(＊01)爆発(革命)という形となって現れることになります。

その"きっかけ"となったのが「日露戦争」です。

日露戦争での日本の勝報が伝わるや、あとは堰(せき)を切ったかように、革命の動きが加速し(＊02)、1908年にはついにサロニカ(A/B-2/3)で革命が勃発しました。

これが所謂(いわゆる)「青年トルコ革命(サロニカ革命)(A-2/3)」です。

しかし、このときの革命は「統一派(イッティハッチ)」の合意によって行われたものではなく、「統一派(イッティハッチ)」の一幹部にすぎなかったエンヴェル大佐(A-3)が本部の諒解(りょうかい)を得ることなく独断で始めたものでした。

(＊01)たとえば、氷を作るためにはただ「水を冷やせばよい」というものではなく、何かしらの"刺激(外部からのエネルギー)"が必要となります。もしそうした刺激をまったく与えずに冷却すると、氷点下に落ちても凍らないという現象(過冷却)が起き、そうした過冷却水は指ではじくなどの刺激を与えてやるだけで一気に氷結が始まります。これと同じように、歴史が動き出すためには、いつも何かしら"刺激"となる出来事が必要になります。

　したがって、このとき「革命勃発！」の報に一番驚いたのが「統一と進歩委員会」で、まさに"寝耳に水"（A/B-1）。

「エンヴェルのやつめ！
　本部の許可なく、勝手なことをしでかしおって！」

「まだ組織の再建をしたばかりで地盤も固まっておらぬのに、
　革命を起こすなど時期尚早だ！」

　蜂起の失敗により"火の粉"が我が身に降りかかることを恐れた本部はただちに「こたびの蜂起、我々の与り知らぬことである！（B-1/2）」と声明を発表します。

　つまり、エンヴェルは革命の成功を確信して事を起こし、委員会本部は失敗を確信して事態の収拾に躍起になったことになりますが、「歴史」はどちらに軍配を上げたのでしょうか。

憲法復活

帝国陸軍少佐
イスマイル＝エンヴェル

サロニカ革命

サロニカ

（＊02）前幕で見てきた、1906年の「祖国と自由委員会」「オスマン自由委員会」の結成、1907年の「統一と進歩委員会」の再建を指しています。

じつは、革命が成功するかどうかの "要(かなめ)" は、革命時の「軍部の動向」を見ればわかります。

名誉革命、フランス革命、ロシア革命その他諸々、革命とはいつもかならず、軍部が政府の命に従って革命鎮圧に向かえば失敗、軍部が革命側に付けば成功します。

こたびの蜂起でも例外ではありません。

── 報告！

サロニカで革命勃発！

その報を受けた皇帝アブドゥルハミト2世(スルタン)はただちに派兵（A-4）させましたが、なんとその鎮圧軍がそのまま革命側に付いてしまったのです。

── 軍部が革命側に付いた！

このことは革命の成功率が一気に上がったことを意味します。

そのうえ、輿論(よろん)は圧倒的に革命を支持(＊03)。

軍部に見放されたのでは、皇帝(スルタン)と雖(いえど)も如何(いかん)ともしがたく、アブドゥルハミト2世は天を仰ぎ、力での制圧を諦めて革命との妥協を図り、「憲法の復活」を宣しました（C/D-4/5）。

革命は拍子抜けするほどあっさり成功してしまい、革命の動きを否定していた統一派本部(イッティハッチ)はあわててこれを追認（D-1）したものの、メンツは丸つぶれ。

エンヴェル＝パシャは統一派(イッティハッチ)の中ではけっして高い地位にあったわけではありませんでしたが、この実績により一気に統一派(イッティハッチ)の中心人物に踊り出ることになります。

とはいえ、まだ息を抜くときではありません。

皇帝(スルタン)の気の変わらぬうちにこれを既成事実とするため、ただちに総選挙が実施されて下院が再開（12月17日）、その年のうちに「第2次立憲制」時代に

（＊03）皇帝の下には、革命勃発と同時に毎日毎日ものすごい量の「革命を支持する！」旨の電報が届きました（C-5）。

（＊04）ミャンマーにある大岩。岩の上には仏塔（パゴダ）が乗っかっており、岩全面に金箔が貼りめぐらされている。崖の縁にあって、一見すると「今にも崖を転げ落ちそう！」なのに落ちないことで世界的に有名な岩。

突入することになりました（D-3/4）。

　歴史というものはチャイティーヨー・パゴダ(＊04)にも似て、今にも動きそうに見えても、動かないときは人間がどんなに押そうが努力しようがテコでも動きませんが、動くときは小指が触れただけで動きはじめ、ひとたび動きはじめれば今度は人間がどんなに押し止めようとしようが願おうが、まるで大岩が崖を転がり落ちるように人間の想像をはるかに超えて速い展開で動きます。

　こたびも、その年（1908年）の半ばには誰も夢想だにしなかった「立憲制」がわずか３週間で(＊05)実現してしまったことは、すでに歴史が"動きはじめている"ことを示しています。

　そしてそれは同時に、"旧時代の遺物"たる帝国の命運も尽きたことを意味し、もはやその余命は残り少ないことを示していました。

第１章　オスマン帝国の断末魔
第２章　アリー朝の断末魔
第３章　カージャール朝の断末魔
第４章　インドの自治運動

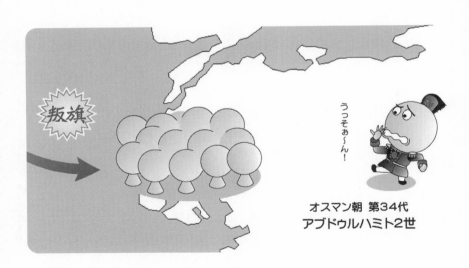

叛旗

うっそぉ〜ん！

オスマン朝　第34代
アブドゥルハミト２世

（＊05）革命が勃発したのが７月３日。アブドゥルハミト２世が憲法を承認したのがその月の23日です。

Column
先ず勝ちて後に戦を求む

孫子に曰く、

──勝兵は先ず勝ちて而る後に戦いを求め、

敗兵は先ず戦いて而る後に勝ちを求む。

勝者は確実に勝てる見込みが立ってから戦いを始めるが、

敗者は戦いが始まってしまってから勝つ方法を模索しはじめる──という意味で、つまりは「戦の勝敗は開戦前の準備段階ですでに決している」というわけです。

筆者は世界史のあらゆる場面を見てまいりましたが、この法則は戦に限らず、叛乱でも政変でも、はたまた企業戦略でも我々の日常生活においても同じです。

そうして考えたとき、こたびの青年トルコ革命も一見〝後先を考えていない無鉄砲な蜂起〟にも見えますが、これほどあっさり成功してしまったところを見ると、じつは綿密な勝算が立ったうえでの蜂起だったのかもしれません。

たとえば、蜂起の中心人物であったエンヴェルは陸軍少佐でしたから、事を起こせば鎮圧軍がやってくることを想定して、あらかじめ軍部の仲間内と気脈を通じていた可能性も。

実際、反旗を翻した軍もエンヴェルと同輩の青年将校らが中心でしたし、軍部の青年将校を中心に不満が燻っていたのでしょう。

もっとも革命でもなんでも、成功するときにはどんなに無計画なものでも成功するのに、失敗するときはどんなに綿密な計画を立てても失敗するということはあります。

たとえば「辛亥革命」などは、まだ武器や軍資金を掻き集めている準備段階で爆弾密造工場で暴発事故を起こしてしまい、現場から革命の計画書や名簿が発見されてしまったため、一網打尽になることを怖れて蜂起せざるを得なかった──という、ほんとうに突発的に起こったものでしたが、蓋を開ければ成功という事例もあります。

第1章 オスマン帝国の断末魔

第7幕

狙われる帝国
帝国領のさらなる縮小

革命自体は成功したものの、オスマン帝国の混乱を見た周辺国が策動し、オーストリアにボスニア・ヘルツェゴヴィナを、ブルガリアに東ルメリアを、ギリシアにクレタ島をそれぞれ掠め取られ、新政権はいきなり苦境に立たされる。内には「それ見たことか！」と反革命が起き、混迷を極めていく。

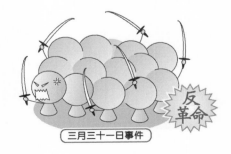

三月三十一日事件

反革命

〈 帝国領のさらなる縮小 〉

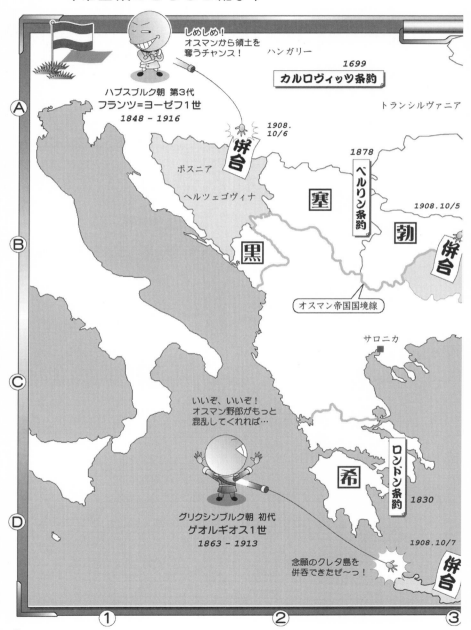

しめしめ！
オスマンから領土を
奪うチャンス！

ハンガリー

1699
カルロヴィッツ条約

ハプスブルク朝 第3代
フランツ=ヨーゼフ1世
1848 - 1916

トランシルヴァニア

1908.
10/6

併合

ボスニア

1878

ヘルツェゴヴィナ

ベルリン条約

1908.10/5

塞

勃

黒

併合

オスマン帝国国境線

サロニカ

いいぞ、いいぞ！
オスマン野郎がもっと
混乱してくれれば…

ロンドン条約

希

グリクシンブルク朝 初代
ゲオルギオス1世
1863 - 1913

1830

1908.10/7

念願のクレタ島を
併呑できたぜ～っ！

併合

① ② ③

73

こうして革命はあっけないほど簡単に成功しました。

　イ.エンヴェルは民衆からは歓喜を以て迎えられ、「英雄」と称えられて国はお祭り騒ぎとなります。

　しかし、物事森羅万象いいことばかりということはありません。

　革命政府はすぐに内憂外患に逢着することになりました。

　この時代（＊01）というのは、まさに“生き馬の目を抜く”世界です。

　ほんの一瞬でも隙を見せればアッという間に身包み剥がされ、尻の毛まで抜かれて鼻血も出ないまで吸い尽くされるのが“あたりまえ”の時代です。

　そんな時代に、足腰の弱ったオスマン帝国（デブレット）が革命の混乱に陥ったのですから、周りの国がこれを黙って見過ごしてくれるわけがありません。

　ただし、このことを理解するためには、まず「当時のオスマン帝国（デブレット）のバルカン情勢」を理解しておかなければなりません。

　詳しくは『前巻』に譲る（＊02）として、ここまでのバルカン情勢を簡単に触れておきますと、

　16世紀までにバルカン半島のほぼ全域を支配したオスマン帝国（デブレット）でしたが、これを絶頂として ——

・1699年には「カルロヴィッツ条約（A-2）」でハンガリーとトランシルヴァニア（A-3）をごっそりと失い、

・1830年には「ロンドン条約（C/D-2/3）」でギリシア（C/D-2/3）に、

・1878年には「ベルリン条約（A/B-2/3）」で羅（ルーマニア）（A-3/4）・塞（セルビア）（A/B-2）・黒（モンテネグロ）（B-2）三国に独立されたばかりか、ボスニア・ヘルツェゴヴィナ（A/B-1/2）はオーストリア（A-1）の保護下に置かれ、果てはブルガリア（B-3）にまで自治を認めさせられて、オスマン帝国（デブレット）によるバルカン支配は“風前の灯（ともしび）”となっていました。

　しかし、これで終わったわけではありません。

　大陸には「溺れた犬は棒で叩け（＊03）」という言葉がありますが、その言葉ど

（＊01）1870年代以降20世紀半ばまでの「帝国主義」時代。

（＊02）前巻『侵蝕されたイスラーム世界』第4章 第9幕〜第10幕。

（*03）魯迅の『阿Q正伝』に登場する言葉で、原文は「打落水狗」。

おり、オスマン帝国と国境を接する国々は、弱体化するオスマンからさらなる
領土蚕食を狙って虎視眈々。

　そこに「革命騒ぎ」が起こったのですから、「之勿怪 幸」とばかり、まずは
すでに自治が認められていたブルガリアは独立を宣言（10月5日）。

　「公国」から「王国」となって（B-4/5）、そのまま混乱するオスマン領に侵
攻し、東ルメリア（B-3）を併呑してしまいます。

　その翌日（10月6日）には、今度はオーストリアがすでに保護下においてい
たボスニア・ヘルツェゴヴィナを併合。

　さらにその翌日（10月7日）には、ギリシアがクレタ島（D-3）を掠め取る。

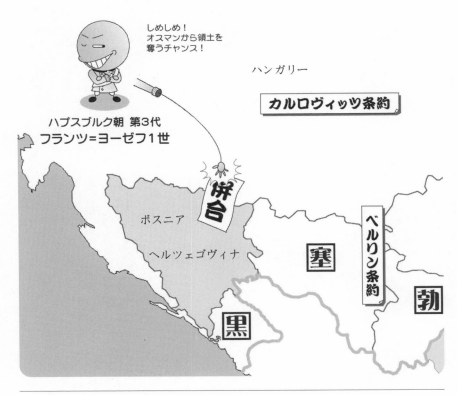

（＊03）魯迅の『阿Q正伝』に登場する言葉で、原文は「打落水狗」。
　　　　ちなみに、ここで魯迅の言っている「狗（犬）」とは当時の反革命派のこと。

弱り目に祟り目、バルカン半島を中心として三方から領土を蚕食されて、革命政府はいきなり出鼻を挫かれることになったのでした。

「憲法さえできれば何もかもがうまくいく！」

　そうした楽観論が風靡していた反動で、新政府への失望感が広がることになり、そうした失望は「内憂」をも誘発します。

　それこそ、年が明けた1909年4月13日[＊04]に勃発した「三月三十一日事件（C-4/5）」です。

　新政権に不満を持つあらゆる立場の者が結集して立ち上がったものでしたが、そうであるが故に"烏合"が拭えず、大山鳴動 鼠 一匹となって、あっさりと鎮圧されることになりました。

　しかし、こたびの叛乱には 皇帝 の関与が強く疑われ、証拠はなかったものの、詰腹を切らせる形で彼は廃位に追い込まれます[＊05]（D-5）。

　オスマン帝国もいよいよ気息奄々、滅亡までに残された14年は「時化の中の小船」同様、翻弄されるだけされて"海の藻屑"と消えゆくことになるのでした。

廃位

アブドゥルハミト2世

（＊04）当時、オスマン帝国で使用されていたルーミー暦（ユリウス暦をベースとしたイスラーム暦）では「3月31日」。

（＊05）オスマン史上、議会によって廃位された最初の皇帝（最後はメフメト6世）となりました。

第1章 オスマン帝国の断末魔

第8幕

3B 政策のはざまに
オスマン帝国の地政学的重要性

オスマン帝国（デブレット）は、欧州大陸（ヨーロッパ）と亜州大陸（アジア）と阿州大陸（アフリカ）の結節点に位置し、そのことが地政学的に重要な意味を持った。

帝国隆盛期においては、これが大きな武器となってその発展を支えたが、衰退期になるとこれが帝国崩壊の要因となっていく。

とぉせんぼ！

〈 オスマン帝国の地政学的重要性 〉

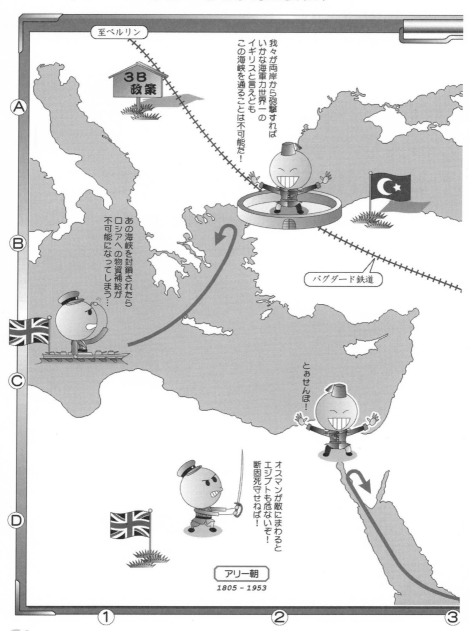

至ベルリン

3B
政策

我々が両岸から砲撃すれば
いかな海軍力世界一の
イギリスと言えども
この海峡を通ることは不可能だ！

あの海峡を封鎖されたら
ロシアへの物資補給が
不可能になってしまう…

バグダード鉄道

とぉせんぼ！

オスマンが敵にまわると
エジプトも危ないぞ！
断固死守せねば！

アリー朝
1805 - 1953

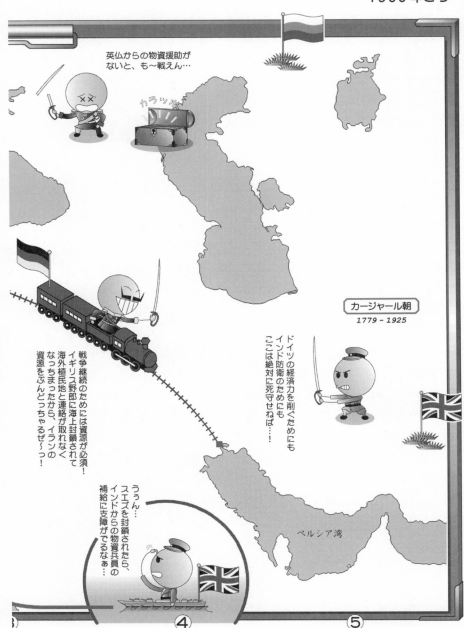

1900年ごろ

79

光 陰は矢の如く過ぎ去り、歳月は人を待たず。

ほんの少し前までイスラーム世界に君臨し、他文化圏を圧倒していた三大帝国「オスマン帝国（デヴレット）」「ペルシア帝国（シャーヒー）（＊01）」「ムガール帝国（グーラカーニー）」も今は昔。

「帝国（グーラカーニー）」はすでに亡く、「帝国（デヴレット）」と「帝国（シャーヒー）」は虫の息となりつつもなんとか命脈を保っていましたが、それも「第一次世界大戦（＊02）」がその息の根を断つことになります。

その動きを、まずはオスマン帝国（デヴレット）から見ていくことにいたしましょう。

1914年に勃発した「第一次世界大戦」は、初めは「欧州大戦」と呼ばれ、欧州（ヨーロッパ）だけの限定戦争でしたが、あれよあれよという間に世界を巻き込んで「世界大戦」となっていき、日本もこれに加わることになりましたが、もちろんイスラームもその例外ではありません。

中でも特にオスマン帝国（デヴレット）は地政学（＊03）的に重要な位置を占めていましたから、ドイツに目を付けられ、大戦に巻き込まれていくことになります。

既刊（＊04）にてすでに述べましたように、当時のドイツは開戦前から所謂（いわゆる）「３Ｂ政策（Ａ-1）」を推進していました。

すなわち、「帝都（ベルリン）（Ａ-1）からペルシア湾（D-5）をつなぐバグダード鉄道（B-2/3）を建設」せんとするものです。

当時のドイツは、本国とドイツのアフリカ植民地とを繋（つな）ぐ"海上ルート"を開拓するため、「艦隊法」を推進（＊04）してイギリスの海上支配に楔（くさび）を打ち込まんと試みていましたが、18〜19世紀と「海上帝国」として君臨してきたイギリスの牙城を切り崩すことは容易ではなく、そこでもう片方の手で"陸上ルート"の開拓を目指したのが「３Ｂ政策」でした。

これさえ完成すれば、たとえ"海上ルート"が拓（ひら）けなかったとしても、ドイツは本国と中近東と鉄道で繋（つな）ぐことができるようになり、その資源を潤沢に本国へ運び込む"大動脈"とすることができるようになります。

しかし、ここまで見てまいりましたように、イギリスはカージャール朝（B/

（＊01）サファヴィー朝とカージャール朝のこと。

（＊02）詳しくは『世界史劇場 第一次世界大戦の衝撃』をご参照ください。

C-5）に触手を伸ばしており、そのすぐ隣にドイツ軍が押し寄せてきたのでは気が気ではありません。

　さらに、バグダード鉄道が開通すれば、ドイツはボスフォラス・ダーダネルス海峡を押さえることができます（A/B-2）から、ここをイギリス艦隊が通ることができなくなってしまいます（B/C-1）。

　そうなれば、イギリスはロシア（A-3/4）への物資輸送ができなくなり、そうなればロシアは継戦できません。

　さらにドイツがオスマンを自陣営に繰り込んでスエズを押さえれば（C/D-2/3）、イギリス陸軍（D-1/2）がエジプトに封じ込められてしまううえ、イギリス海軍はスエズ経由の兵站（へいたん）をぶった斬られてしまう（D-4）ため、これを看過するわけにはいきません。

　こうして、バグダード鉄道が縦断するオスマン帝国（デブレット）がドイツ側に付くか、イギリス側に付くかで、その後の動向が決まる情勢となってきたのでした。

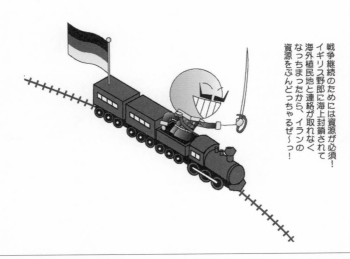

戦争継続のためには資源が必須！
イギリス野郎に海上封鎖されて
海外植民地と連絡が取れなく
なっちまったから、イランの
資源をぶんどっちゃるぜ〜っ！

（＊03）地理的条件を重視して考究する国際政治理論。筆者は30年以上にわたって予備校で教鞭を執ってきましたが、筆者の講義が他の予備校講師と決定的に違う点は、徹底的に地政学を重視した講義体系であることです。その予備校で使用していた教材（神野オリジナルテキスト）をそのまま書籍化したものがこの『世界史劇場』シリーズです。

（＊04）詳しくは『世界史劇場 天才ビスマルクの策謀』を参照のこと。

Column

　本幕のタイトルに「地政学」という言葉が入ってますが、この言葉は世間一般にはあまり知られていないようです。

　これは19世紀末になって生まれた比較的新しい学問であることもあって学校教育ではほとんど触れられることがないためでしょう。

　しかしながら、「地政学（ゲオポリティク）」は歴史の本質に迫るうえでたいへん重要な学問です。

　これまで多くの歴史学者が歴史の本質に迫らんと研究し、ある者は「人間の心の働き（欲望・感情）」からこれを説明しようとし、またある者は「事件・社会現象・政策の働き（政治）」から理解しようとし、またある者は「生産力や生産関係の変化（経済）」こそが歴史を動かす原動力だと主張してきました。

　しかし、ここにきて最近とみに脚光を浴びているのが「地理的条件を基礎としてこれに政治学・経済学・軍事学・文化学を絡めて歴史の本質に迫ろう」とするもので、それこそが「地政学（ゲオポリティク）」です。

　地政学（ゲオポリティク）の研究成果により、これまでどれほど人物の心の動きや事件・出来事の内容・性質を調べても見えてこなかった歴史の動きの本質が手に取るように理解できるようになってきたためです。

　残念ながら、現在の高校教育では歴史上に展開した事件・社会現象・政策の上辺だけを教えるのみで、地政学的観点に立った授業はされていません。

　筆者は30年以上にわたって河合塾の教壇に立ってきましたが、そうした現状に憤悶を感じ、板書も教材も「歴史用語の箇条書き」などいっさいせず、全地域と全時代のすべてを「地図」を使って歴史の動きと本質を教えてきました。

　じつのところ、本『世界史劇場』シリーズは、筆者が「河合塾」や「YouTubeちゃんねる」の世界史授業で使用しているテキストをそのまま使用して書籍化したものです。

第1章 オスマン帝国の断末魔

第9幕

亡びの道
独土秘密同盟条約の締結

皇帝(スルタン)を傀儡とし、大宰相(ヴェズィラザム)を暗殺して「三頭政治」を築いたところでようやく内訌も収まりましたが、今度はその〝三頭〟の足並みが揃わず、3人が3人とも親仏派と親露派と親独派でバラバラ。

しかし、トルコが差し伸べた手を仏露は払いのけ、ドイツは手に取ったことで独土同盟が成立する。

すでに帝国とは名ばかり…
皇帝とは単なるお飾り。
サロニカ革命以来、その時々の
政権のあやつり人形…。

オスマン朝 第35代
メフメト5世

〈 独土秘密同盟条約の締結 〉

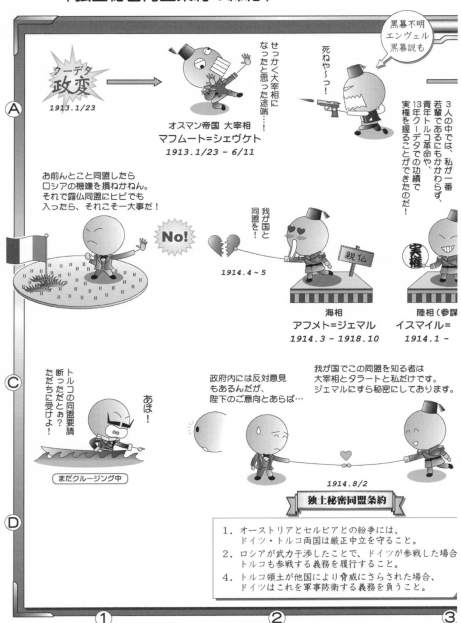

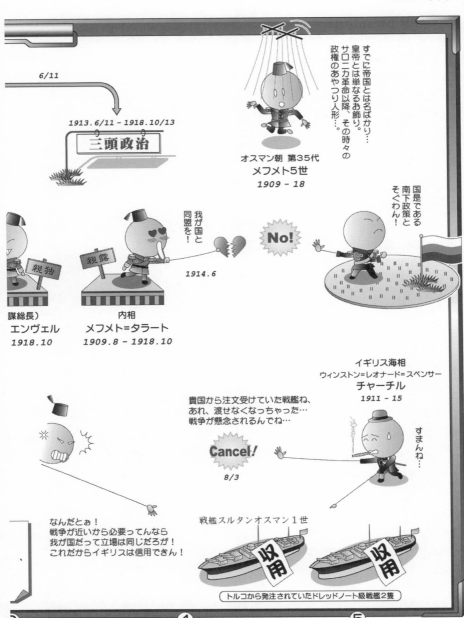

1910年代

6/11

1913.6/11 - 1918.10/13

三頭政治

すでに帝国とは名ばかり…
皇帝とは単なるお飾り。
サロニカ革命以降、その時々の
政権のあやつり人形…。

オスマン朝　第35代
メフメト5世
1909 - 18

謀総長）
エンヴェル
1918.10

親独

親露

内相
メフメト＝タラート
1909.8 - 1918.10

我が国と
同盟を！

1914.6

No!

国是である
南下政策と
そぐわん！

イギリス海相
ウィンストン＝レオナード＝スペンサー
チャーチル
1911 - 15

貴国から注文受けていた戦艦ね、
あれ、渡せなくなっちゃった…
戦争が懸念されるんでね…

Cancel!

8/3

すまんね…

なんだとぉ！
戦争が近いから必要ってんなら
我が国だって立場は同じだろが！
これだからイギリスは信用できん！

戦艦スルタンオスマン1世

収用

収用

トルコから発注されていたドレッドノート級戦艦2隻

③　　　　　④　　　　　⑤

のように、オスマン帝国は地政学的にきわめて重要な位置にあったことで列強が虎視眈々とオスマンを狙っていました。

したがって帝国としては、これをどう躱し、どう凌いでいくかがその命運を左右することになりますが、そのためには最低でも政権が一致団結して事に当たらねばならないのに、一向に政情が安定しません。

青年トルコ革命でようやく「立憲制」が復活したというのに、早くもその翌年（1909年）には反革命政変（＊01）が起きて、皇帝の"首のすげ替え"が行われた（＊02）ところまではすでに触れましたが、そもそも君主が家臣によって廃立されるようでは、もはやその国の命運も尽きています。

たとえば、400年にわたって中国に君臨した漢帝も、地方将軍にすぎなかった董卓［仲穎］によって廃立される（少帝を廃し献帝を擁立）ようになるとほどなく亡んでいますし、日本でも室町幕府の足利将軍が、地方大名にすぎなかった織田信長に廃立（義栄を追って義昭を奉戴）するようになるとほどなく亡んでいます。

議会によって即位させてもらった皇帝メフメト5世（＊03）（A-4/5）など「皇帝」とは名ばかりの、実際には何の実権も持たない"お飾り"にすぎず、すでに「帝国」は形骸化していました。

野生では弱った獣から順に狩られていきますが、欧州の国際情勢もこれと同じで、少しでも相手にスキを見せればたちまち襲いかかられ骨までしゃぶり尽くされる修羅の巷でしたから、足腰弱ったオスマンにつぎつぎと餓鬼・亡者どもが襲いかかってきます（＊04）。

・1911〜12年 伊 土 戦争 　　　…リビア　　　　　　　　喪失
・1912〜13年 バルカン戦争（第1次）…バルカン半島の大半喪失

このように、20世紀に入るや帝国はいよいよ"結び目を解かれた風船"のよ

（＊01）前幕の「三月三十一日事件」のこと。

（＊02）エンヴェルはこたびの反革命の黒幕がアブドゥルハミト2世ではないかと疑いました。
　　　　皇帝が議会の決議によって廃位されたのは、オスマン史上初の出来事です。

（＊03）アブドゥルハミト2世の弟。

（＊04）詳しくは『世界史劇場 天才ビスマルクの策謀』の最終章 第6〜最終幕をご参照ください。

うに急速に萎んでいっているのに、それでも内ゲバは収まらず、1913年1月23日には大宰相更迭の政変（＊05）（A-1）が起こったかと思ったら、その半年後には新大宰相マフムート＝シェヴケト（A-1/2）が暗殺（＊06）（A-2/3）されるというゴタゴタぶりの阿鼻叫喚。

　こうした文字通りの内憂外患にあって、唯一"闇夜に灯"を見出すとするなら、このときの混乱でエンヴェルはあらかた政敵を粛清することに成功したため、ほんの一時の安定を見たことくらい。

　このときの"一時の安定"では、「青年トルコ革命」以来共闘してきた陸相エンヴェル（B-3）・海相ジェマル（B-2）・内相タラート（B-3/4）の3人が「三頭政治（＊07）（A-3/4）」を執ることになりました。

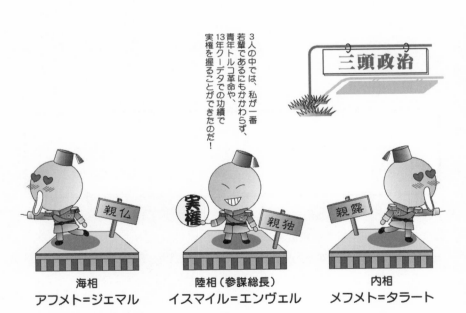

3人の中では、私が一番若輩であるにもかかわらず、青年トルコ革命や、13年クーデタでの功績で実権を握ることができたのだ！

三頭政治

親仏

実権　親独

親露

海相
アフメト＝ジェマル

陸相（参謀総長）
イスマイル＝エンヴェル

内相
メフメト＝タラート

（＊05）所謂「大宰相府襲撃事件」。詳しくは本幕コラムを参照。

（＊06）このときに大宰相（マフムート＝シェヴケト＝パシャ）を暗殺した黒幕は不明ですが、エンヴェル説が濃厚。

（＊07）とはいえ、実権を握っていたのは、こたびの政変の中心人物であったエンヴェル。

しかし、いざ蓋（ふた）を開けてみれば、エンヴェルは「親独・」なのに、ジェマルは「親仏・」、そしてタラートは「親露・」というチグハグぶり。

そこでジェマルは自分が主導権を握ろうと、第一次世界大戦も目前となった1914年4月、フランスに同盟を呼びかけましたが、当のフランスは露仏同盟中とあってロシアに気兼ねをしてこれを拒否（B-1/2）。

ならばと、6月にはタラートがロシアに同盟を呼びかけましたが、これも「国策に反する（＊08）」と拒否されます（B-4/5）。

仏露両国に差しのべた手を払いのけられ、立場を失ったオスマンでしたが、そうした中、その翌月（＊09）ついにオーストリアの宣戦で「第一次世界大戦」が勃発します。

これに先立って、ドイツはオーストリアに言質（げんち）を与えていましたから、これに巻き込まれる形となり、独帝ヴィルヘルム2世はオスマン帝国を味方に付けようと考えます（C/D-1）。

これによりエンヴェルとの利害が一致、翌8月、「独土（ドイツトルコ）秘密同盟条約」が締結される運びとなりました（D-2/3）。

内容は以下の通り。

- もし、独露（ドイツロシア）両国が交戦状態に入った場合、
  オスマン帝国もドイツ側に立って参戦すること。
- その代わり、オスマンの領土保全はドイツが保障するものとする。

これが「密約」という形を取ったのは、まだ輿論（よろん）が「親独」「親仏」で割れており、特に政府中枢では親仏派のジェマルが大反対していたため、三頭政治の一角を担うジェマルにすら内緒で結んだためです。

このことを知っているのは、エンヴェルとタラートと大宰相（ヴェズィラザム）の3人だけ。

（＊08）ロシアの国是は「南下政策」。そのためにはオスマン帝国と対決姿勢を貫き、オスマンから領土を奪わねばならないため。

（＊09）6月28日のサライェヴォ事件が契機となり、そのちょうど1ヶ月後の7月28日にオーストリアがセルビアに宣戦布告したことで勃発。

　しかし、これほどの独断は、事が露見したとき各方面からの猛反発を喰らって、ふたたび政情が不安定化しかねない“諸刃の剣”です。

　しかしその翌日、そうした情勢を一変する事件が起こります。

　オスマン帝国は、戦の跫音がひたひたと近づくのを感じる中、大戦勃発に先立ってイギリスのアームストロング社に 弩 級戦艦と超 弩 級戦艦を1隻づつ（＊10）発注していました（1914年1月）。

　ところが、第一次世界大戦が勃発すると、軍備増強に走ったイギリス政府が突如これを接収してしまったのです（C/D-5）。

　オスマンが購入し、建造され、あとは引き渡すだけとなっていたものを横からイギリスが掠め取ったわけですから、これにはオスマンも上から下まで右から左まで一斉に「イギリス憎し！」に傾いたため、エンヴェルの親独政策への道が拓けることになりました。

　ただしそれは“亡びの道”でしたが。

政府内には反対意見
もあるんだが、
陛下のご意向とあらば…

我が国でこの同盟を知る者は
大宰相とタラートと私だけです。
ジェマルにすら秘密にしております。

1914.8/2

独土秘密同盟条約

（＊10）弩級戦艦「スルタン・オスマン1世」と超弩級戦艦「レシャディエ」。
　　　　「スルタン・オスマン1世」は分類としては弩級戦艦とはいえ、一部性能は超弩級以上。

Column オスマンの断末魔

　話がややこしくなるため、本文ではさらりと流した「大宰相府襲撃事件」ですが、ここでもう少し詳しく敷衍しておきましょう。

　大戦直前の１９１３年、バルカン戦争に敗れたオスマン帝国がバルカン半島の大半を失陥したことは本文でも触れましたが、じつはこのとき領土割譲の範囲についてモメていました。

　原因は、和平交渉に当たってブルガリアが当時はまだ陥ちていなかったエディルネ（旧アドリアノープル）の割譲を要求してきたためです。

　──ブルガリアめ、調子に乗りおって！

　　守り抜いた地まで奪われてなるものか！

　不遜なブルガリアの態度に激怒した主戦派（統一派右派）は、和平交渉を蹴って継戦を主張しましたが、時の大宰相（メフメト＝キャーミル）は、戦争を終わらせることを優先してこれを呑んでしまいます。

　憤懣やるかたない主戦派は１９１３年１月２０日、大宰相府を襲撃して大宰相を更迭し、陸相フセイン＝ナーズムを新しい大宰相に擁立しようという政変計画を立案しました。

　ところがいざ決行（２３日）してみると、興奮した叛徒が現場に居合わせた陸相を問答無用で射殺してしまったため、

（このときの状況は、「まあ、落ちつけ。話せば分かる」と叛徒を宥め
　　ようとした犬養毅に対して、「問答無用！」と射殺してしまった五・
　　一五事件を彷彿とさせます。）

　"御輿"を失ったエンヴェルは、急遽、陸軍の重鎮だったマフムト＝シェヴケトを新大宰相に据えてバルカン戦争を再開させましたが、結局は敗れ、エディルネもブルガリアに奪われてしまいます。

　これによりエンヴェルは求心力を減退させましたが、その直後に大宰相シェヴケトが何者かによって暗殺されると、エンヴェルはこれを「分権派（統一派左派）の仕業！」と決めつけて粛清を始め、これによりようやく「三頭政治」に落ちつくことになったのでした。

第2章 アリー朝の断末魔

第1幕

交錯する思惑
スエズ運河開通

エジプトは〝事実上の独立〟を勝ち得たものの、その代償として関税自主権を奪われたため、国家財政はつねに赤字であった。

エジプトは事態打開のため、スエズ運河の掘削を試みるも、赤字がさらに膨らんだだけで、スエズ運河の株式まで奪われて手元には何も残らない惨状に。

「あなたがたは、単なる土を運んでいるのではない、繁栄を運んでいるのだ！」

ナポレオンさえ断念したフランス宿願のスエズ開通！私の計画通りにやればかならず貫通できるぞ！

スエズ開通工事総指揮
フェルナンド＝マリ＝ド
レセップス

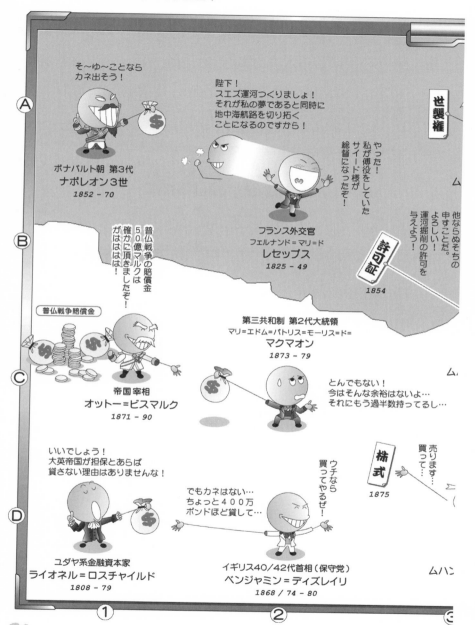

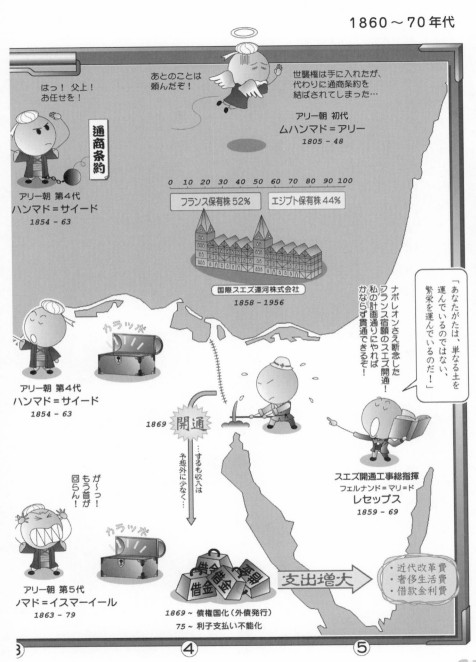

1860〜70年代

はっ！ 父上！
お任せを！

あとのことは
頼んだぞ！

世襲権は手に入れたが、
代わりに通商条約を
結ばされてしまった…

アリー朝 初代
ムハンマド＝アリー
1805 - 48

通商条約

アリー朝 第4代
ハンマド＝サイード
1854 - 63

0 10 20 30 40 50 60 70 80 90 100

フランス保有株52%　エジプト保有株44%

国際スエズ運河株式会社
1858 - 1956

アリー朝 第4代
ハンマド＝サイード
1854 - 63

カラッポ

1869　開通

…すも収入は
予想外に少なく…

が〜っ！
もう首が
回らん！

カラッポ

アリー朝 第5代
ノマド＝イスマーイール
1863 - 79

借金　借金　借金　借金

1869〜 債権国化（外債発行）
75〜 利子支払い不能化

支出増大

スエズ開通工事総指揮
フェルナンド＝マリ＝ド
レセップス
1859 - 69

「あなたがたは、単なる土を
運んでいるのではない、
繁栄を運んでいるのだ！」

ナポレオンさえ断念した
フランス宿願のスエズ開通！
私の計画通りにやれば
かならず貫通できるぞ！

・近代改革費
・奢侈生活費
・借款金利費

③　　④　　⑤

93

さて、「第1章」では「帝国主義段階（1870年代〜1914年）」における
オスマン帝国史を俯瞰（ふかん）してまいりました。

本章では、同じ時期のエジプト史を見ていくことにいたしましょう。

ここに至るまで、エジプトは総督ムハンマド＝アリー（ワーリー）（A-4/5）のころに埃（エジプト）
土（トルコ）戦争を戦い抜き、それにより"事実上の独立（＊01）"を勝ち取りましたが、
その代償として同時に大きな"足枷（かせ）"をかけられることになりました（＊02）。

それが「英（イギリス）埃（エジプト）通商条約（A-3/4）」です。

これは、1838年の「英（イギリス）土（トルコ）通商条約（＊03）」の内容をそのままエジプトに
押し付けたもので、日本史では「日米修好通商条約」に比類し、「関税自主権の
放棄」と「領事裁判権」を認めさせられた不平等条約でした（＊02）。

この条約によってエジプトはイギリスに"喰いモノ"にされ、エジプト経済は
悪化の一途をたどります。

アリー朝第4代ムハンマド＝サイード（A-3）が即位（1854年）したころに
はすでにエジプトの国庫は破産寸前（B/C-3/4）。

──どうしたものか…。

頭を抱えるムハンマド＝サイードの下にある人物が訪ねてきます。

この人物こそが Ｆ．Ｍ．ド＝レセップス（フェルナンド マリ）（B-2）です。

スエズに運河を開いたことで名声を博し、そののちパナマの掘削に失敗して
地に塗（まみ）れた、あのレセップスです。

じつは、レセップスは若いころカイロ領事を務めていたことがあり（＊04）、
そのときのエジプト総督（ワーリー）（＊01）であったムハンマド＝アリーに頼まれて四男サ
イードの傅役（もりやく）（＊05）をしていたことがありました。

「ムハンマド様。このたびはご即位、おめでとうございます！」

──ありがとう。

そなたに祝ってもらいうれしい限りではあるが、

（＊01）あくまで"事実上の"。「世襲権が認められた（A-3）」ことで"事実上の独立"を勝ち得
　　　たものの、形式的には依然としてオスマン帝国領であり、その肩書も「王」ではなく「総
　　　督」のままでした。

（＊02）詳しくは、前巻『侵蝕されるイスラーム世界』の第4章 第4幕をご参照ください。

　　　この国の舵取りもなかなか厳しいでの。」

「　そのことでございます。

　　私がここまでやってまいりましたのも、

　　ただ祝いの言葉をかけるためだけではありません。

　　じつは閣下に助言と 提 案 がありましてな。」
　　　　　　　アドバイス　プロポジション

──　うむ、そうじゃと思った。聞こう。

「　この国は今、イギリスの喰いモノにされて財政が逼迫しているそうで。」

──　うむ。

　　　いろいろやっておるが、正直、打開策がなくて頭を抱えておる。

「　そこで私は、お祝いの"手土産"にその打開策をお持ちしました。」

やった！
私が傅役をしていた
サイード様が
総督になったぞ！

フランス外交官
フェルナンド＝マリ＝ド
レセップス

許可証

他ならぬそちの
申すことだ。
よろしい！
運河掘削の許可を
与えよう！

アリー朝 第4代
ムハンマド＝サイード

（＊03）別名「バリタリマヌ条約」。

（＊04）ちょうど第1次埃土戦争と第2次埃土戦争の間の1834〜37年。

（＊05）高貴な家柄の子弟に高い教育を施したり、身の回りの世話をする者。

——ほぉ？　どんな手だ？

「 地の利を活かし、スエズに運河を開くのです。

　さすれば、世界中の船があそこを通りますから、借金などすぐに返せます！」
——嗚呼、あそこか。あそこはダメだ。

　　古来、誰もがそれを夢見て運河の掘削を試みたが、

　　ナポレオンを首めとして誰ひとりとしてそれを成功させた者はおらぬ。

「 この私が、そんなことも知らずにこの 提 案 をしたとでも？

　心配御無用！

　すでにその筋の専門家に意見を聞き、実現可能だとの確証も得ております。

　是非この私にやらせていただきたい！」

　こうしてレセップスは、スエズ掘削の許可を得た（1854年）（B-2/3）ので
すが、ではそもそもなぜレセップスがこんな 提 案 をしたのか。

　もちろん「エジプトのためを思って」ではありません。

　このころのフランスはイギリスと敵対関係にあり、当時のイギリスはインド
の植民地化に奔走していました(＊06)。

　フランスとしては、イギリスのこの動きに楔を打ち込みたい。

　そこで目を付けられたのが「スエズ」です。

　当時はヨーロッパからインドに向かうためには「アフリカ廻り航路」しかあり
ませんでしたが、このルートだとイギリスからインドまで片道2万2000km、
往復で地球一周よりはるかに長い距離となります(＊07)。

　ここでスエズに“穴（運河）”が開けば、状況は一変、フランスからインドま
ではわずか8000km、イギリスのインド航路の3分の1ほどになります。

　戦の勝敗の要は兵站の維持ですが、もしスエズ運河開通後にインドをめぐっ
て英仏開戦ということになれば、兵站線が3分の1しかないフランス軍が俄然
有利となります(＊08)。

（＊06）詳しくは、前巻『侵蝕されるイスラーム世界』の第5章 第4幕をご参照ください。

（＊07）次の見開きページのパネル地図を参照。

（＊08）しかも、フランスは兵站線上にエジプトがありますからこれを橋頭堡とでき、兵站維持は
　　　　さらに楽になります。

　スエズ掘削計画を知るや、イギリスが"感情的"なまでの猛反対をしたのもそのためです。

――スエズ掘削？ 反対！ 反対！ 絶対反対！！

　理由？ 理由か……。それは――

「運河掘削で過酷な労働環境に置かれる労働者がかわいそうだから」だ！

よくもまあそんな見え透いた"御為倒し"を言えたものです。

　イギリスといえば、対外的にはついこの間まで[*09]奴隷貿易で荒稼ぎをしし、国内では労働者に対して過酷な労働を強いて[*10]おり、そうした無数の"屍"を踏みつけて発展してきたお国柄です。

　そのイギリスが言うに事欠いて「過酷な労働環境に置かれる労働者がかわいそう」とは、レセップスでなくとも開いた口が塞がりません。

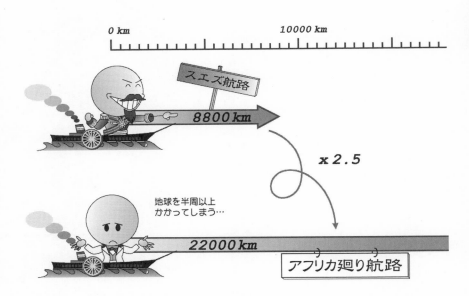

（*09）イギリスが「奴隷貿易廃止法」を制定したのも、労働者の保護を訴える「労働法」が生まれたのも、ようやく1833年になってからです。

（*10）女性・幼児を問わず、あまりに過酷な労働を課したために過労死が相次ぎ、このころのイギリスの都市労働者の平均寿命は「15歳」だったといいます。

〈 スエズ航路とアフリカ回り航路 〉

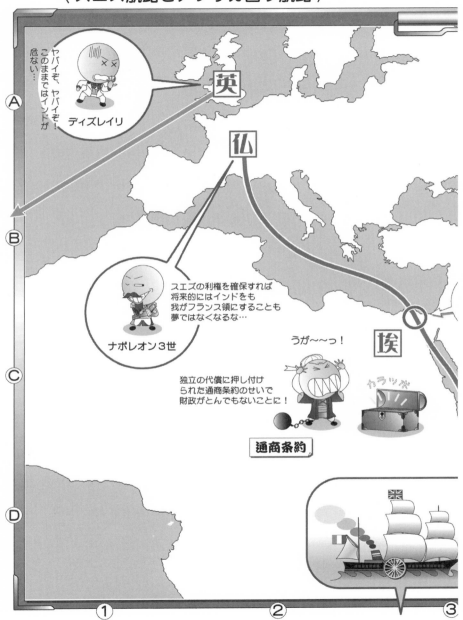

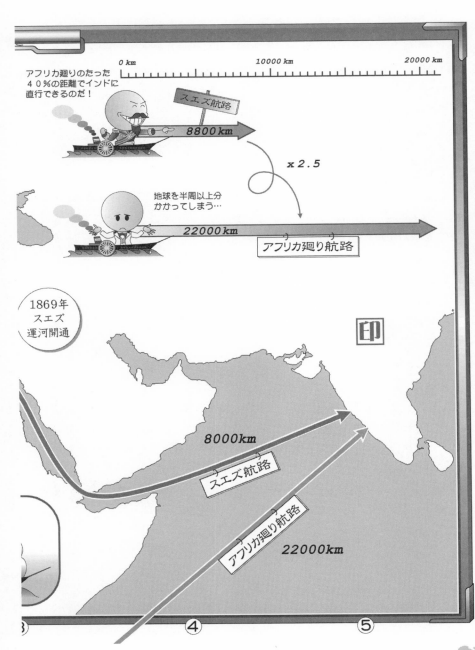

アフリカ廻りのたった
４０％の距離でインドに
直行できるのだ！

スエズ航路

8800km

x2.5

地球を半周以上分
かかってしまう…

22000km

アフリカ廻り航路

1869年
スエズ
運河開通

印

8000km

スエズ航路

アフリカ廻り航路

22000km

③

④

⑤

当然、レセップスも「どの口が言う！？」と激昂し、イギリス労働者の劣悪な労働環境を次々と曝いて反論しています。

　しかし、イギリスの妨害工作はつづき、スエズ運河の開発・運営に携わる組織「国際スエズ運河株式会社（B-4/5）」がようやく1858年になってから設立されることになりました。

　その内訳はフランスの保有株が過半数の「52％」に対して、エジプトの保有株は「44％（＊11）」（A/B-4/5）。

　これはもう、「うまいこと言って運河を造らせた暁には我が国（フランス）がこれを横取りしてやる！」という意志の表れです。

　こうして、ようやく着工にこぎつけた（1859年）ものの、運河建設には技術的・政治的・財政的、その他諸々の想定外の出来事がつぎつぎと立ち塞がり、その予算は当初予定の2倍に膨れ上がってしまいました。

―― あなたがたは単なる土を運んでいるのではない、

　　　繁栄を運んでいるのだ！（B/C-5）

　レセップスは時に労働者を鼓舞しながら、各方面を駆けずり回りながらこの艱難辛苦を乗り越え、ついに運河が開通したのが着工からちょうど10年経った1869年（＊12）（C-4）。

　しかし、開通後も試練はつづきました。

　そもそもエジプトが運河を造ろうとしたのは借金返済のためです。

　しかし、その運河を造るためにさらなる借金を重ねざるを得ず、いざ完成してみたらその通行量は予想をはるかに下回った（＊13）ため通行料を上げざるを得ず、しかしそのためにスエズを通る船数がさらに減り、たちまち財政難に陥ります（D-5）。

　ついに1875年には債務不履行（デフォルト）（＊14）に陥ることが決定的となり、これを避

（＊11）正確には、スエズ運河株全40万株中の17万7000株（43.5％）

（＊12）竣工は1871年。

（＊13）これは、運河建設前から一貫・徹底してイギリスが張っていたネガティブキャンペーンと無関係ではないでしょう。にもかかわらず、いざ開通してみてたら、通航する船の80％がイギリスの船という有様で、もっとも運河の恩恵に与ったのがイギリスでした。

けるために国際スエズ運河株式会社のエジプト保有株（44％）を手放すことを決意します（C/D-2/3）。

　これをいち早く聞きつけたのが、当時のイギリスの首相だった B .ディズレイリ（D-2）でした。

「閣下！
　たった今、エジプトがスエズ株を放出しようとしているとの報が！」
──何っ!?　それは誠か!?
　　よし、今すぐ買ってこい！
「そうは申しましても閣下、その額は400万ポンドにもなりますれば、
　我々の裁量権を大幅に超えております。
　まずは議会に諮って予算の承認を得ぬことには…。」
──たわけ！　時は一刻を争うのだ！
　　そんなことしておるうちにフランスに買われてしまったらどうする!?
　　今、この千載一遇の 機 を逃さば、スエズは永久に手に入らぬ！
　　ええい、何をしておる、さっさと契約を結んでこぬか！

アリー朝 第5代
ムハンマド＝イスマーイール

債権国化
利子支払い不能化

（＊14）政府が他国から借りた資金（債務）の返済が滞ること。ここでは、返済期日までに債務の利子が払えなくなったことを意味しています。

あとのことは心配するな、全責任はわしが持つ！

「ははっ！」

　部下を追い出すと、ディズレイリはまだ部下の靴音が聞こえなくなる前に執務室の机の上の受話器を取ります。

──ああ、もしもし？　ライオネス殿？

　じつは、このとき　彼　が電話をかけた相手こそ、当時世界一の金融資本家
　　　　　　　　　ディズレイリ
ロスチャイルド家の英国嫡流第２代当主・ライオネル＝ド＝ロスチャイルド
　　　　　　　イギリス
（D-1）でした。

「これはこれは。いったい何のご用件でございましょう？」

──うむ、じつはの。

　取り急ぎ400万ポンドほど用立てて欲しいのじゃが。

「400万ポンド！？

　私も銀行家の端くれですから、お貸しすることは 吝 かではございませぬが、
　　　　　　　　　　　　　　　　　　　　　　　やぶさか
　きちんと議会の承認は得られたのですか？　抵当 (＊15) は何になりますか？」

　400万ポンドといえば、現在の日本円に換算して3000億円ほど (＊16) となりますが、それを正式な手続きも踏まずにいきなり電話一本で「貸してくれ」というのですから、ライオネスが不審がるのも当然でした。

　こたびは議会の承認もない、まったくのディズレイリの独断。

　抵当などあるはずもありません。

　そこでディズレイリは答えます。

──抵当だと？

　我が「大英帝国」が抵当だ。不服か！？

　ディズレイリの気迫のこもった言葉に気圧されたライオネスは答えます。
　　　　　　　　　　　　　　　　けお

「も、もちろん不服などあろうはずもございません。

　お貸しいたしましょう。」

（＊15）もしお金を返せなかったとき、借金の代わりに引き渡すことを約束をした物件。

（＊16）当時の貨幣価値を現在の日本円に換算するのは、何を元に算出するのかによって大きく変動しますが、凡そ５〜８万円くらいですから、400万ポンドは2000〜3200億円となります。

　こうして議会の承認を得ぬまま、ディズレイリの独断でスエズ株（44％）を買収することに成功したのでした[＊17]。

　事が済むと、ディズレイリはビクトリア女王に謁見して言上します。

――女王陛下。

　フランスを出し抜き、すべてうまくいきましたぞ。

　これでスエズ運河はマダム、あなた様のものです。

　彼のやり方は強引……というより違法でしたが、それでもそのおかげでイギリスはエジプトを押さえる足掛かりを得ました。

　こうした判断力・決断力・行動力の速さがディズレイリの政治家として優秀なところです。

　もっともディズレイリが先を越されることを恐れたフランス（C-2）はといえば、当時、スエズ運河開通直後に起こった普仏戦争（プロイセン　フランス）（1870～71年）に敗れて以降ドイツから課された莫大な賠償金[＊18]（C-1）の返済に追われており、1874年に完済したばかりで、とてもスエズ株を購入する余裕はありませんでしたから、ディズレイリの焦りは杞憂だったのですが。

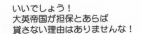

いいでしょう！
大英帝国が担保とあらば
貸さない理由はありませんな！

でもカネはない…
ちょっと４００万
ポンドほど貸して…

ウチなら
買ってやるぜ！

**ユダヤ系金融資本家
ライオネル＝ロスチャイルド**

**イギリス40/42代首相（保守党）
ベンジャミン＝ディズレイリ**

（＊17）これは「戦艦三笠」の購入秘話を彷彿とさせます。日露戦争直前、戦艦三笠の購入費がどうしても捻出できなかったため、海相・山本権兵衛は西郷従道と相談の上、勝手に予算（償金特別会計費）を流用（もちろん憲法違反）して三笠を購入しています。

（＊18）50億フラン。現在の貨幣価値ではおよそ5000億円ほど。

Column

地球が小さくなった！

　1869年、地球はぐっと小さくなりました。

　もちろん"物理的に"小さくなったわけではありません。

　それまで欧州から東廻り航路で中国を往来するためには、どうしても
あの巨大なアフリカ大陸をぐるりと周らなければなりませんでした。

　しかし、スエズ運河が開通したことでそれをしなくてもよくなったた
め、1869年以降、航期が大幅に縮まったためです。

　しかもこの「1869年」という年は、もうひとつ"地球を小さくす
る"ものが生まれていました。

　それこそが「アメリカ大陸横断鉄道」です。

　それまで欧州から東廻り航路で中国を往来するためにはアフリカ大陸が
邪魔でしたが、じつは西廻り航路を取ったときにはアメリカ大陸が邪魔
でした。

　そこで、合衆国は北米を大西洋から太平洋まで横断する「大陸横断鉄
道」の建設に乗り出しており、それが完成したのが奇しくもスエズ運河
開通と同じ年、1869年だったのです。

　これにより、地球を一周するのに邪魔だったアフリカ大陸を避け、ア
メリカ大陸を横断することが可能となり、地球は"小さくなった"とい
うわけです。

　しかしながら、アメリカを横断するために「いったん船を降り、鉄道
に乗り換えなければならない」というのはなんとも不便です。

　そこで、パナマに運河を掘削することが熱望されることになります。

　パナマに"穴（運河）"が開けば、船を降りることなく、大陸を回り込
むことなく、直線航路で地球を一周できます。

　そこでパナマ運河の掘削に名乗りをあげたのが、誰あろう、レセップ
スだったのですが、彼はスエズの工法と同じやり方でパナマを掘削しよ
うとして無惨な失敗に終わっています。

　パナマ地峡の掘削には、新しいアイディアが必要だったのです。

第2章 アリー朝の断末魔

第2幕

エジプト人よ、立ち上がれ！
アラービー＝パシャの乱

ついに財政破綻（デフォルト）を起こしたエジプトに、債権国の英仏は容赦なくエジプトの外交権・財政権を奪っていく。これに対してアフガーニーがエジプト人を煽動し、これに呼応してアラービー＝パシャが立ち上がったが、たちまち鎮圧。所謂〝ヨーロッパ内閣〟が生まれてエジプトはたちまち独立性を失うことになった。

も～ダメ！
株式の売却収入も
焼け石に水！
アッという間に消えた！

アリー朝 第5代
ムハンマド＝イスマーイール

〈 アラービー＝パシャの乱 〉

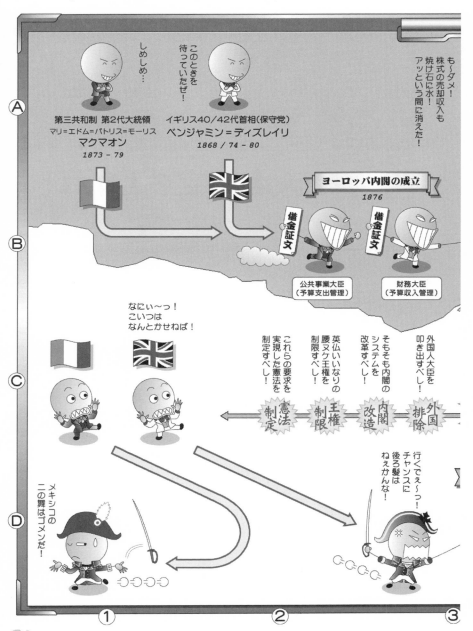

1870年代ごろ

1876
破産

アリー朝 第5代
ムハンマド＝イスマーイール
1863 - 79

うう…

カラッポ

借金　借金　借金

「イギリスの軍事力を研究すれば、イギリスは、
エジプトとスーダンに2万人以上の軍を送る
ことができないとわかるだろう。
イギリス軍がスーダンに釘づけになっているとき、
他のどこかで1つの小さな反乱が起こるだけで、
イギリスは確実に混乱に陥るであろう。」

＝アレクサンドリア

「エジプト人の
ためのエジプト」

汎イスラム主義煽動家
ジャマール＝アッディーン＝アル
アフガーニー
1850's - 97

叛乱
煽動

c.1870's

アラービー＝パシャの乱
1881.9/9 - 1882.9/14

ムハンマド
アブドゥフ

エジプト人志士

土埃

勝てるって
言ったのに！

107

うしてエジプトは事態打開のため、1869年にスエズ開通に漕ぎつける
も、そのたった6年後（75年）には株式を失い、そうして得た売却金
（£400万）も借金とその利子でアッという間に消え失せてしまいます。

　このように、どんどん追い詰められていく一方であったエジプトに当時逗留
していた（＊01）のがアフガーニーでした。

　余談ですが、ちょうどこのころ法学者を目指してアル＝アズハル大学（＊02）
で学んでいた学生・ムハンマド＝アブドゥフ（C/D-5）が彼に出逢って心酔
し、彼に弟子入りしています。

　スエズ株売却の翌年（1876年）、結局エジプトは第5代ムハンマド＝イス
マーイール副王（＊03）（A-3/4）の御世、債務不履行（A-4）を起こしてしま
いました。

　ひとたび債務不履行を起こせば、債権者（英・仏）（A-1/2）が管財人とし
て土足で上がり込んできます。

　こうして、イギリス人がエジプトの財務大臣に入閣して歳入管理を行い、フ
ランス人がエジプトの公共事業大臣に入閣して歳出管理を行うようになりました
（B-2/3）。

これを「ヨーロッパ内閣（A/B-2/3）」といいます。

　日本で喩えるなら、「太平洋戦争に敗れたあと、日本の蔵相にアメリカ人、建相にロシア人が就任」したようなもので、これではもはや独立国家の体を成しておらず、すでに「半植民地」といっても過言ではありません。

　この惨状にアフガーニー（C-5）は事態打開を訴えます。

── エジプト人よ立ち上がれ！

　　確かにイギリス軍は強大かもしれぬが、恐れることはない！

　　今日その兵力は世界中のイギリス植民地に分散され、そこに釘付けにされて余力などないからだ！

　　今、エジプトが立ち上がるならば、イギリスは兵をエジプトに回せず、

　　恐慌に陥ってエジプトから撤退せざるを得なくなるだろう！（B-5）

汎イスラム主義煽動家
ジャマール＝アッディーン＝アル
アフガーニー

叛乱
煽動

ムハンマド
アブドゥフ

エジプト人志士

（＊03）当時のアリー朝エジプト王国の君主号。アリー朝の君主号は、
　　　　1805年以降「総督（ワーリー）」、1867年以降「副王（ヘディーヴ）」、
　　　　1914年以降「国王（スルタン）」、1922年以降「国王（マリク）」と変遷している。

（＊04）これを「アラービー革命」「アラービー運動」「アラービーの乱」などといいます。

そこで当時、陸軍大佐であったアフマド＝アラービー（C-3/4）が立ち上がります。

1881年9月、彼は政変（クーデタ）を起こして第6代タウフィーク副王（ヘディーヴ）に対して、標語（スローガン）「エジプト人のためのエジプト（C-4）」を掲げて、「現内閣の解散」「憲法制定」「議会招集」を要求（C-2/3）したのです^{（＊04）}。

副王（ヘディーヴ）タウフィークにこれを認めさせることに成功すると、翌82年2月にはアラービーを中心とした新内閣を発足、「ヨーロッパ内閣」を崩壊させ、さらには度重なる副王（ヘディーヴ）の反抗的態度に王党派の粛清に入り、ついに4月ごろからは「王政廃止」まで叫ぶようになりました。

こうした動きに危機感を覚えた 英　仏（イギリス フランス）はついに軍事介入を決意（C-1）。

アフガーニーに拠（よ）れば「イギリスは動けぬはず！（B-5）」でしたが、実際には翌5月から6月にかけて英仏連合艦隊がアレクサンドリア港にぞくぞくと姿を現し、ついに7月には海上からの市内砲撃が始まりました^{（＊05）}。

数日間にわたる火災が発生して街は大混乱に陥って無政府状態になると、8月にはイギリス兵が上陸してきて街をあっけなく制圧（D-3/4）。

エジプトは為すところなくアラービーは捕縛され、戦意を失ったカイロは無血開城。

以後、エジプトは1922年までイギリスの保護下^{（＊06）}に入ってしまうことになったのでした。

勝てるって言ったのに！

（＊05）ただし、このとき砲撃を行ったのはイギリス艦隊のみで、フランスは国内の支持が得られず直前になって撤退（D-1）しています。

（＊06）1882～1914年までが「事実上の保護下」、1914～22年までが「完全な保護下」。

第3幕

"救世主"の煽動
マフディー教徒の乱

アラービー＝パシャの乱が勃発する3ヶ月（みつき）ほど前、エジプト南部（スーダン）でも叛乱が起こっていた。エジプト政府が鎮圧のための軍を送り込むが撃退され、今度はイギリスがヒックス将軍に鎮圧を命じたが全滅。

そこで今度は、イギリスの"懐刀（ふところがたな）"ゴードン将軍を送り込んだが、彼の部隊もまた全滅してしまう。

うう…
包囲されてもおた…
援軍も来ない…

全滅

ハルツーム

〈 マフディー教徒の乱 〉

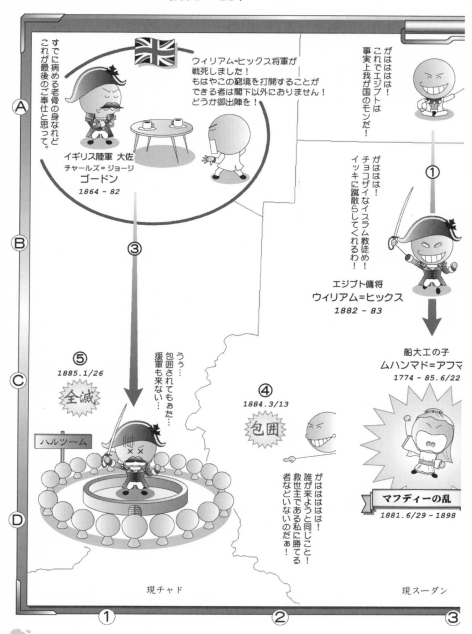

すでに病める老骨の身なれどこれが最後のご奉仕と思って。

ウィリアム=ヒックス将軍が戦死しました！
もはやこの窮境を打開することができる者は閣下以外におりません！
どうか御出陣を！

イギリス陸軍 大佐
チャールズ＝ジョージ
ゴードン
1864 - 82

がはははは！
これでエジプトは事実上我が国のモンだ！

がははは！
チョコザイなイスラム教徒め！
イッキに蹴散らしてくれるわ！

エジプト備将
ウィリアム＝ヒックス
1882 - 83

③

⑤
1885.1/26

全滅

④
1884.3/13

包囲

ハルツーム

うぅ…
包囲されてもぅた…
援軍も来ない…

がはははは！
誰が来ようと同じこと！
救世主である私に勝てる者などいないのだぁ！

船大工の子
ムハンマド＝アフマ
1774 - 85.6/22

マフディーの乱
1881.6/29 - 1898

現チャド

現スーダン

A B C D

1 2 3

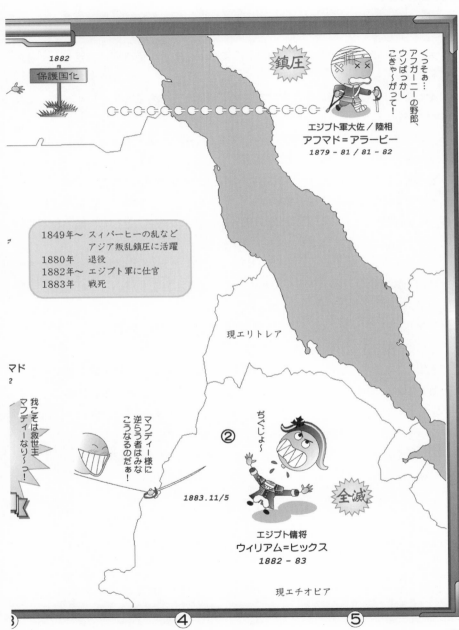

1880 年代

1882
保護国化

鎮圧

くっそぉ…
アフガーニーの野郎、
ウソばっかり
こきゃ～がって！

エジプト軍大佐／陸相
アフマド＝アラービー
1879 - 81 / 81 - 82

1849年～　スィパーヒーの乱など
　　　　　アジア叛乱鎮圧に活躍
1880年　退役
1882年～　エジプト軍に仕官
1883年　戦死

現エリトレア

マド
？

我こそは救世主
マフディーなり～っ！

マフディー
様に
逆らう者はみな
こうなるのだ
だぁ！

②

ぢぐじょ～

1883.11/5

全滅

エジプト備将
ウィリアム＝ヒックス
1882 - 83

現エチオピア

③　④　⑤

じつは、エジプトで「アラービー＝パシャの乱」が起こっていたちょうどそのころ、時を同じうしてスーダンでも「マフディー（教徒）の乱[＊01]（C/D-3）」が起こっていました。

当時のスーダンはアリー朝エジプトの支配下にあり、その圧政に苦しんできました。

そして、国民の怨嗟（えんさ）の声が救いを求めて結集するのが往々にして「宗教」です[＊02]。

このときもひとりの人物が掲げた宗教に期待が集まりました。

それが「マフディー教」です。

もともとイスラームのシーア派には「救世主（マフディー）」という考え方があります。

シーア派の最高指導者は「12代様（イマーム）[＊03]」のときに"お隠れ"になりましたが、「12代様はやがて到来するであろう末世に"救世主（マフディー）"として再臨されるであろう」という考え方です。

これはキリスト教の「イエス・キリストは刑死したがこの世の終わりが訪れるときに再臨される」という終末思想とよく似た考え方ですが、こうした救世主（マフディー）思想がスーダンに伝わると、船大工の子・ムハンマド＝アフマドという人物が自らを「救世主（マフディー）」と自称して叛乱を扇動したのです（1881年6月）。

これが「マフディー教徒の乱」です。

突如として降って湧いた叛乱に、エジプト政府はただちに鎮圧軍を派兵してみたものの、弱体化していたエジプト軍はみすぼらしい服装に石と棍棒くらいしか持っていないマフディー兵に三度（みたび）[＊04]撃退されてしまい、武器まで奪われて敵（マフディー）軍を強化してしまうという無様を晒（さら）していました。

しかしその翌年、エジプトはイギリスの保護下に入った（A-3）ため、今度はイギリスが主導権（イニシアチブ）を取ってスーダンに兵を送り込ませます。

（＊01）1881〜99年。ムハンマド＝アフマドという人物が自らを「救世主（マフディー）」と称して起こした独立戦争。

（＊02）たとえば中国では、黄巾の乱（太平道）・紅巾の乱（白蓮教）・白蓮教徒の乱（白蓮教）・太平天国の乱（上帝会）・北清事変（義和団）など、民の不満が宗教に結集して叛乱となったものが多く見られます。

このときの総司令官が「スィパーヒーの乱」などで名を馳せた W .ヒックス 将軍（B-3）。

ところが、これを迎え討つマフディー兵はエジプト軍から鹵獲した近代兵器 で身を固め、軍事訓練を積んで精鋭化しており、慣れない戦場（＊05）だったこ とも手伝いイギリス軍はあえなく全滅（１８８３年１１月５日）、ヒックス司令官 も戦死してしまいます（D-4/5）。

── ヒックス軍が全滅！？

この報に触れたイギリスは、まだエジプト支配も固まっていないこの時期に スーダンでの敗報がつづけばイギリス軍の威信が失われ、エジプト支配すら殆 うくなることを恐れ、傷の浅いうちにスーダンから兵を退かせようとしました が、事ここに至っては、撤兵すら困難を極めます。

がはははははは！
誰が来ようと同じこと！
救世主である私に勝てる
者などいないのだ！

船大工の子
ムハンマド＝アフマド

我こそは救世主
マフディーなり～っ！

マフディー様に
逆らう者はみな
こうなるの
だぁ！

包囲

マフディーの乱

（＊03）本名、ムハンマド＝ムンダザル。第１１代イマームの子。父の死で５歳にして「第１２代 イマーム」となったその直後、行方不明に。しかし、信者は「政敵に誘拐され殺された」 とは認めず、「お隠れ（ガイバ）」になっただけだと信じています。

（＊04）１８８１年８月１７日、１２月９日、１８８２年６月７日の３戦。

（＊05）イギリス軍は広原での戦いに特化されたファランクス戦を得意としており、ジャングルの 中ではその力を発揮できませんでした。

古来、戦<ruby>いくさ</ruby>においてもっとも損害が出やすいのが「撤退戦」。

たとえば、1812年の「ロシア戦役」の撤退戦ではナポレオン軍がほとんど"消滅"に近い大打撃を被ったことはあまりにも有名です。

中国では、あの"軍神"と謳<ruby>うた</ruby>われた関羽［雲長］ですら樊城<ruby>はんじょう</ruby>からの撤退戦で鼠輩<ruby>そはい</ruby>に討<ruby>う</ruby>ち取られています。

もし撤退戦をうまく切り抜けようものなら後世の語種<ruby>かたりぐさ</ruby>になるほどで、たとえば欧州<ruby>ヨーロッパ</ruby>では「ダンケルク撤退戦」、アジアでは「定軍山撤退戦（趙雲）」、日本では「金ケ崎撤退戦（織田信長）」などが有名です。

閑話休題<ruby>それはさておき</ruby>。

今回の「スーダン撤退戦」は誰に任せたらよいか。

そこで白羽の矢が立ったのは、「アロー戦争」「太平天国の乱」の鎮圧で勇名を馳せた　Ｃ．Ｇ<ruby>チャールズ　ジョージ</ruby>．ゴードン大佐（A-1）でした。

——君はアロー戦争・太平天国の乱と異民族の叛乱鎮圧に実績がある。

　そのうえ、スーダン総督をしていた経歴もある[＊06]から、

　スーダンの地理・情勢にも明るかろう。

　この撤退戦を成功させることのできる将は君しかいない！（A-1/2）

ゴードン将軍はこの時すでに御歳51で健康を害して療養中でしたが、「最後のご奉公」と老体に鞭打ち出陣します。

しかし、ジャングルでの戦いはやはり勝手がいかず、スーダンの首都・ハルツームで　敵<ruby>マフディー</ruby>　軍に包囲され[＊07]、あっけなく戦死（D-1）。

当時、勇名を馳せていたヒックス・ゴードン両将軍を立てつづけに失ったことで、イギリスはいったんスーダンの支配をいったん諦めることになりました。

これより以降13年間（1885〜98年）、スーダンには独立国家「マスディー教国」が自立することになったのでした。

（＊06）1876年から1879年まで。

（＊07）このときゴードン少将が「敵軍に追い詰められて包囲されてしまった」のか、「徹底抗戦のために意図的にここに立て籠もったのか」はよくわかっていません。

第3章 カージャール朝の断末魔

第1幕

革命への起爆剤

タバコ＝ボイコット運動

1870年代に入ると、アフガニスタンをめぐる英露の争い（グレート＝ゲーム）が本格化し、その煽りを喰らう形でカージャール朝も蚕食されていく。しかし、地下資源の採掘権・独占販売権、発券銀行設立権などに加え、タバコ独占販売権を奪われると叛乱が起こる。その裏にはまたしてもアフガーニーの影があった。

たばこ独占販売権
はんた〜いっ！

タバコ＝ボイコット運動

〈 タバコ＝ボイコット運動 〉

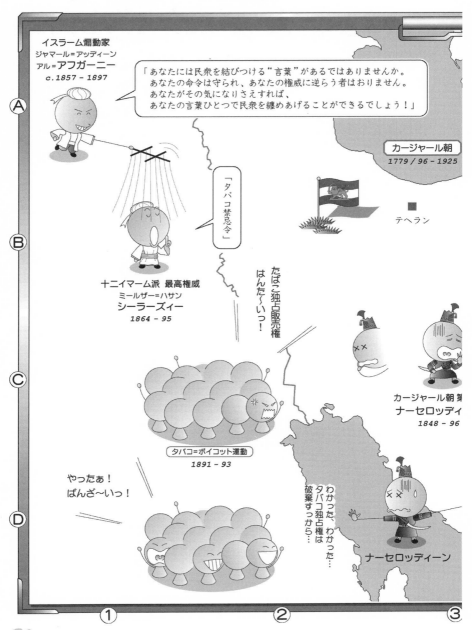

イスラーム煽動家
ジャマール＝アッディーン
アル＝アフガーニー
c.1857 - 1897

「あなたには民衆を結びつける"言葉"があるではありませんか。
あなたの命令は守られ、あなたの権威に逆らう者はおりません。
あなたがその気になりさえすれば、
あなたの言葉ひとつで民衆を纏めあげることができるでしょう！」

カージャール朝
1779 / 96 - 1925

「タバコ禁忌令」

テヘラン

十二イマーム派 最高権威
ミールザー＝ハサン
シーラーズィー
1864 - 95

たばこ独占販売権
はんた～いっ！

カージャール朝第
ナーセロッディ
1848 - 96

タバコ＝ボイコット運動
1891 - 93

やったぁ！
ばんざ～いっ！

わかった、わかった…
タバコ独占権は
破棄すっから…

ナーセロッディーン

① ② ③

レーニンの『帝国主義論』に拠れば、帝国主義時代というのは「1870年代から1914年まで^{（＊01）}」となりますが、我々はここまで、

・第1章で「帝国主義時代のオスマン帝国史（デブレット）」を、

・第2章で「帝国主義時代のエジプト史」を俯瞰してまいりました。

　そして、この第3章では同時代のイランを見ていくことにします。

　すでに『前巻』では、カージャール朝で起こった「バーブ教徒の乱^{（＊02）}」までの動きを見てきました。

　この乱自体は鎮圧したものの、カージャール朝は一息つく暇もなく、北からはロシア（A-5）・東からはイギリス（C-5）に睨まれて、その外患で危急存亡の秋（とき）に立たされていましたが、そんな折に帰国してきたのがあのアフガーニー（A-1）です。

　アフガーニーは「専制政治反対！」との立場から、時の皇帝ナーセロッディーン（治世1848～96年）（C-3）を糾弾し、各地で叛乱が相次ぐ（B-4）ようになっていましたから、イランは外患に加えて内憂まで増え、皇帝（シャー）も頭を抱えていました。

　1870年代にロシアが南下政策の一環として中央アジアの「ウズベク三汗国^{（＊03）}（A-5）」を制覇すると、それにタイミングを合わせるようにしてイギリスもインドを「同君連合」の形をとった植民地とし^{（＊04）}ます。さらに1880年代に入るとロシアがトゥルクメニスタン（A-4）にまで勢力を拡げてカージャール朝を臨（のぞ）んだのに対し、同じころイギリスもアフガニスタン（B-5）を保護下に置いてそこからカージャール朝を見据えていました^{（＊02）}。

　カージャール朝は、こうした英（イギリス）　露（ロシア）による熾烈な中央アジア争奪戦「グレート・ゲーム^{（＊02）}」の煽りを喰らった形です。

　ところで、政治や外交という世界は"狐（きつね）と狸（たぬき）の化かし合い"ですから、その

（＊01）狭義。広義では「第二次世界大戦まで」「現代まで」とする考え方もあります。

（＊02）詳しくは『前巻（侵蝕されるイスラーム世界）』を参照のこと。

（＊03）君主号に「汗（ハン）」を戴くウズベク人の3つの国。それぞれ、1868年にボハラ汗国、1873年にヒヴァ汗国、76年にコーカンド汗国がロシアに支配下に置かれました。

（＊04）「インド帝国」のこと。

頂点に立ってこれを指揮する者が清廉・実直・正直者ということはほとんどなく、政治家や外交官は狡猾・老獪なものです（＊05）。

　19世紀、まさに"生き馬の目を抜く"ような帝国主義時代にその頂点に君臨したイギリスが狡猾・老獪でないわけがなく、そのイギリスによって目を付けられたカージャール朝は、イギリスの奸計・詭計を前にして手玉に取られ、寄せ手に搦手で陥穽にかけられて、国家利権をつぎつぎと奪われていきます。

　1870年代以前からすでにその魔の手はカージャール朝に伸ばされ、イギリスはつぎつぎと国家利権を奪っていました。

・1862年 電信線敷設権

カージャール朝 第4代
ナーセロッディーン

なんかエライことに…

うらうら～っ！
これもこれもこれもこれも
みィ～んな認めてもらうぞ！

国家利権剥奪

破壊

1862～　電信線敷設権
1872～　地下資源採掘利用権
1889～　ペルシア発券銀行設立権
1890～　タバコ独占販売権
1901～　天然ガス石油採掘販売独占権

（＊05）また、そういう人物でなければ務まりません。歴史上、清廉潔白な有徳者が政治の頂点に立つとかえって国が乱れます。以前、秦野章法相（1983年当時）が「政治家に徳目を求めるのは、八百屋で魚を探すようなもの」と言って炎上しましたが、あれは真実です。
これを批判した人たちは「政治」というものが"綺麗事では機能しない"ということをまったく理解できていません。

・1872 年 地下資源採掘利用権（C/D-4）

とはいえ、このころの「電信線」だの「採掘」だのはまだ"序の口"、アフガニスタンを手に入れ、その矛先をカージャール朝に向けた 1880 年代に入ると、侵掠の魔手は一気に本格化します。

・1889 年 発券銀行（ペルシア帝国銀行）設立権

・1890 年 タバコ独占販売権

・1901 年 天然ガス石油採掘独占販売権（D-4）

まずひとつ目の「発券銀行」というのは、日本でいえばお札を発行できる「日本銀行」にあたり、お札の発行を外国に押さえられたということは、カージャール朝はすでにこの時点で独立性を失ったと見てよいでしょう。

しかし、何より国民を怒らせたのが、2 つ目の「タバコ独占販売権」の剥奪でした。

イランでは老いも若きも幅広くタバコ（＊06）を嗜むこともあってタバコ農家も多く、その販売権を奪われることはタバコ産業に携わる 20 万のイラン国民にとって死活問題となります。

そのうえ、皇帝（シャー）がこの利権をイギリスに売り渡した条件が「カネ」。

・年 1500 万ポンド（＊07）

・タバコ独占販売による売上高の 25 ％（＊08）

国家利権を"小銭"で売り払うというだけでもとんでもない売国行為なのに、しかもそれは「国庫」に入るのではなく、帝（シャー）の懐を潤し、帝（シャー）が贅（ぜい）を満たすために使われるという有様。

時代劇などでよく見る、「悪代官が大店（おおだな）に独占販売権を与えて儲けさせ、そこから上がる収益の一部を賄賂として受け取る」という構図、そのままです。

皇帝（シャー）「越後屋（イギリス）、そちも悪よのぉ！」

（＊06）イランでは日本のような「吸いタバコ」ではなく「噛みタバコ」が主流。

（＊07）このころの 1 ポンドは、現在の貨幣価格で 5 万円くらいですから、1500 万ポンドは 7500 億円ほどになります。

（＊08）その支払義務期間は「50 年」。このときナーセロッディーン帝は 59 歳。「自分さえ贅沢できれば、そのあとのことなど知ったことか！」という彼の身勝手な考えが垣間見えます。

英国「いえいえ、お代官様（シャー）ほどでは…」

…という会話が聞こえてきそうで、これだけでナーセロッディーン帝（シャー）が無能を通り越して"売国奴"だということがわかります。

　この国家存亡の機にある中、「"小銭稼ぎ"のために国家利権を敵国に売り渡す売国奴」が皇帝（シャー）とあっては、もはやこの時点で帝国は"死に体"だったと言ってよいでしょう。

　実際、帝国はこの契約（シャーヒー）の35年後に滅亡、その支払義務期間（50年）すら保ちませんでした。

　当然のことながら、この密約は国民には隠されていましたが、それがマスコミ（＊09）にすっぱ抜かれるとシーア派指導者や法学者（ウラマー）たちを中心として一気に反政府運動が巻き起こります。

　じつは、その後ろで彼らを煽動していたのがアフガーニー（A-1）でした。

　――あなた（＊10）には民衆を結びつける"言葉"があるではありませんか。

　　あなたの命令は守られ、あなたの権威に逆らう者はおりません。

　　あなたがその気になりさえすれば、

　　あなたの言葉ひとつで民衆をまとめあげることができるでしょう。（A-2）

　特にシーア派の"最高権威（グランドアヤトラ）（＊11）"であったミールザー＝ハサン＝シーラーズィー（＊12）がタバコのボイコットを呼びかけると、その運動はまたたく間に全国に拡がっていきます（1891年 タバコ＝ボイコット運動）（C/D-1/2）。

　「たかがタバコ」という勿れ（なか）。

　この「タバコ＝ボイコット運動」は鎮まることなく、ついにタバコ独占販売権を撤廃（1893年）させたばかりか、その後も反政府運動は燻（くすぶ）りつづけ、ついにはナーセロッディーン帝（シャー）の暗殺（1896年）、さらにはイラン立憲革命（1905〜11年）へとつながっていく起爆剤となったのですから。

（＊09）オスマン帝国（イスタンブール）の新聞『アフタル』。

（＊10）シーア派最高指導者へ呼びかけたもの。

（＊11）イスラーム法学者（ウラマー）の中でもトップに君臨する最高指導者のこと。

（＊12）フルネームは「ミールザー＝アブー＝ムハンマド＝ムイッズ＝アッディーン＝ムハンマド＝ハサン＝アル＝フセイニ＝アル＝シーラーズィー」。

そして、3つ目が「天然ガス石油採掘独占販売権」。

　これこそ、現在に至るまでの「イランvs欧米の対立構造」の濫觴（らんしょう）となったものです。

　まずイギリスは、奪った利権を運営する組織として、1909年「アングロ＝ペルシアン石油会社（D-5）」を設立。

　もっともこれはパフレヴー朝がほどなく国号を「ペルシア帝国」から「イラン帝国」に改めた（1935年）ことに伴い、会社名も「アングロ＝イラニアン石油会社」に改称することになったため、こちらの名の方が有名ですが。

　さらに1951年には、時の首相モサデグが「石油利権の国有化宣言」を発したため、それに伴って「Ｂ　Ｐ　会社」（ブリティッシュ ベトロリアム）に改組（1954年）。

　このときの国有化紛争で　Ｂ　Ｐ（ブリティッシュ ベトロリアム）のイランにおける利権は大きく後退しました[*13]が、たとえば宗教改革で大幅に支配力を落としたカトリック教会がＡ　Ａ圏（アジア アフリカ）に新たなる支配圏を見出したように、このときの　Ｂ　Ｐ（ブリティッシュ ベトロリアム）もイラン以外の油田経営に積極的に進出するようになり、現在では社名も「ＢＰ」に改称（2001年）して、今も「スーパーメジャー」としての一翼を担っています。

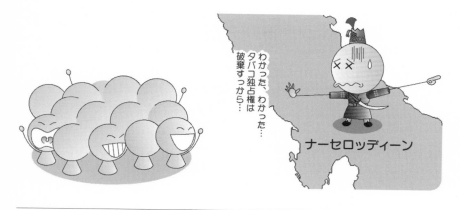

ナーセロッディーン

わかった、わかった…タバコ独占権は破棄すっから…

（＊13）それまで石油収益の全額（100％）を搾取していたのが40％まで落ちました。

第2幕

誇りを取り戻せ！

イラン立憲革命の勃発

国家利権をつぎつぎと奪われたカージャール朝はほどなく赤字財政に突入したが、そこにパンデミック、全国的大凶作、物価高騰といった国難がつぎつぎと襲いかかるも王朝は無策。

国民の不満が鬱積する中、日露戦争における日本の勝報が飛び込むに至って、ついに立憲革命が勃発する。

カラッポ　財政破綻　借金　とうとう我が国も借金経済に突入だぁ！

〈 イラン立憲革命の勃発 〉

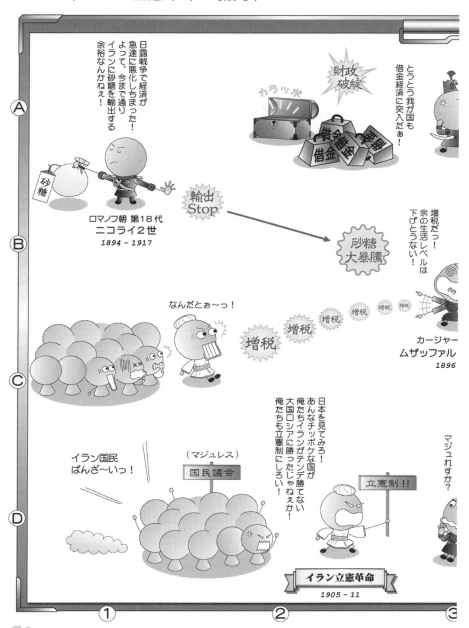

日露戦争で経済が急速に悪化しちまった！よって、今まで通りイランに砂糖を輸出する余裕なんかねぇ。

砂糖

ロマノフ朝 第18代
ニコライ2世
1894 - 1917

とうとう我が国も借金経済に突入だぁ！

財政破綻

カラッポ

借金　借金　借金　借金

輸出
Stop

砂糖
大暴騰

増税だっ！余の生活レベルは下げとうない！

なんだとぉ～っ！

増税　増税　増税　増税　増税

カージャー
ムザッファル
1896

イラン国民
ばんざ～いっ！

（マジュレス）
国民議会

日本を見てみろ！あんなチッポケな国が俺たちイランがテンで勝てない大国ロシアに勝ったじゃねえか！俺たちも立憲制にしろぃ！

立憲制‼

マジュれすか？

イラン立憲革命
1905 - 11

Ⓐ Ⓑ Ⓒ Ⓓ
① ② ③

126

1900年代

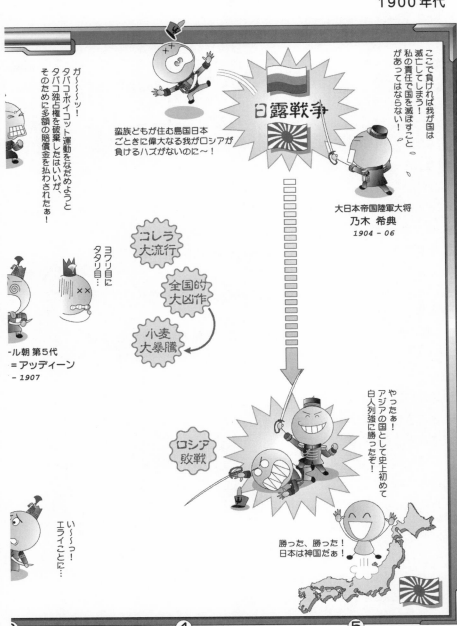

ここで負ければ我が国は滅亡してしまう！私の責任で国を滅ぼすことがあってはならない！

蛮族どもが住む島国日本ごときに偉大なる我がロシアが負けるハズがないのに〜！

日露戦争

大日本帝国陸軍大将
乃木 希典
1904 - 06

ガ〜〜〜ッ！タバコボイコット運動をなだめようとタバコ独占権を破棄したはいいが、そのために多額の賠償金を払わされたぁ！

コレラ大流行

全国的大凶作

小麦大暴騰

ヨワリ目にタタリ目…

-ル朝 第5代
=アッディーン
- 1907

ロシア敗戦

やったぁ！アジアの国として史上初めて白人列強に勝ったぞ！

い〜〜っ！エライことに…

勝った、勝った！日本は神国だぁ！

昔から「弱り目に祟り目」「泣きっ面に蜂」という言葉があるように、悪い時には悪い事が重なるもの。

タバコ゠ボイコット運動による輿論（よろん）に屈した形で、タバコ独占販売権は返してもらった（1893年）ものの、その代償として、カージャール朝はイギリスに莫大な賠償金（＊01）を支払わされ（A-3/4）、そのシワ寄せは税金という形で国民にのしかかります。

その民衆の怒りは皇帝（シャー）へと向けられて皇帝（シャー）が暗殺され（1896年）、混迷を極めていたところにコレラ゠パンデミック（＊02）（B-4）が猛威を振るって経済は停滞、そこに全国的凶作が襲いかかって小麦の値段が暴騰（B/C-4）してしまいます。

まさに踏んだり蹴ったりのところで、カージャール朝にとっての大きな転換点（ターニングポイント）となった出来事が地球の裏側で起こりました。

それこそが、またしても「日露戦争（A-5）」です。

歴史を学んでいると、洋の東西を問わず世界のあちこちで「日露戦争」が歴史の転換点（ターニングポイント）となっている事実に突き当たり、日露戦争が世界に及ぼした影響が如何（いか）に大きいかを思い知らされます。

日露戦争の勃発で物資不足に陥ったロシアが輸出を抑えた（A/B-1）ため、ロシアからの輸入品が入ってこなくなったカージャール朝は、その煽（あお）りを喰らって砂糖を筆頭として物価が高騰（B-2/3）、ついに国民生活が成り立たなくなってしまいます。

ところで、財政が傾いたとき、その対策として政府が「増税」に頼るならば、その政府は遠からず亡びます。

財政が傾いたならば、その原因を追及してこれを取り除くことに尽力しなければならないのに、それもせず、その場凌（しの）ぎの「増税」に走るようでは、政府中枢にろくな政治家が残っていないことを示しているからです。

そして、このときのカージャール朝がやらかしたのは、ただただ「増税！」

（＊01）50万ポンド。現在の日本円に換算すると、300〜400億円くらい。

（＊02）19世紀に世界中で猛威を振るい、発病から死までの速さから、日本でも「虎狼痢（ころり）」と恐れられた伝染病。

カージャール朝 第5代
ムザッファル＝アッディーン

「増税！」「増税！」でした（ B/C-2 ）。

　皇帝を筆頭とした政府中枢が無能ぞろいだということがわかります。

　こうして、もはや爆発寸前だったイラン国民の耳に日露戦争の続報がつぎつぎと入ってきました。

── 日本軍、陸に海に(＊03)ロシア帝国に連戦連勝！（ C/D-4/5 ）

　自分たちとさして肌の色も変わらぬ日本人が憎っくきロシアに連戦連勝する姿は、イラン国民を熱狂させましたが、それと同時に、カージャール朝への怒りが爆発します。

── それ見たことか！

　我々が逆立ちしても敵わぬロシアに我々と同じ有色人種（ノンホワイト）の日本が勝てたのは何故だ！？

　それは近代憲法を持っているからである！

　こたびの戦争は我々に「 立憲制が如何に専制体制より優れているか 」をまざまざと示してくれた！

　我々も日本につづき近代憲法さえ施行するならば、

────────────────────

（＊03）陸は「 奉天会戦 」、海は「 日本海海戦 」のこと。

ふたたびイラン民族の誇りを取り戻すことができるだろう！

　こうして起こったのが「イラン（立憲）革命^{（＊04）}（D-2/3）」です。

　革命側と政府との駆引_{かけひき}がつづいたあと、翌1906年、ついに政府が屈し、「国民議会^{マジュレス}（D-1/2）」の設立を認めました。

　こうしてイランもついに「（第1次）立憲制時代」へと突入することになったのでした。

　「歴史は繰り返す」と言われますが、トルコとイランの歴史を見較べてみると、ともに「日露戦争に触発され、近代憲法に救いを求め、立憲体制へと突入していった」といった感じで、同じような歴史をたどっていることがわかります。

　では、「これから先のイランはどのような歴史をたどるのか」は、トルコの歴史を思い起こせば、自ずと見えてくるというものです。

（＊04）単に「イラン革命」というと、このときの「イラン（立憲）革命」と、1979年の「イラン（＝イスラーム）革命」のどちらも指し得るため、「イラン＝イスラーム革命」と区別したいときには「イラン立憲革命」と呼びます。

第3幕

熱狂からの戒厳令

第1次 立憲制時代

すでに年老い、死の病に侵されていた皇帝ムザッファル＝アッディーンには革命と渡りあっていく気力なく、ついに憲法を認める詔勅を出す。

しかし、革命派は焦っていた。現皇帝(シャー)の余命は幾許(いくばく)もなく、彼が崩御すれば次期皇帝(シャー)となる人物がバリバリの反立憲派であったためだ。

とうとう我々は日本に倣い、憲法を勝ち取ったのだぁ！

憲法

第一議会

〈 第1次 立憲制時代 〉

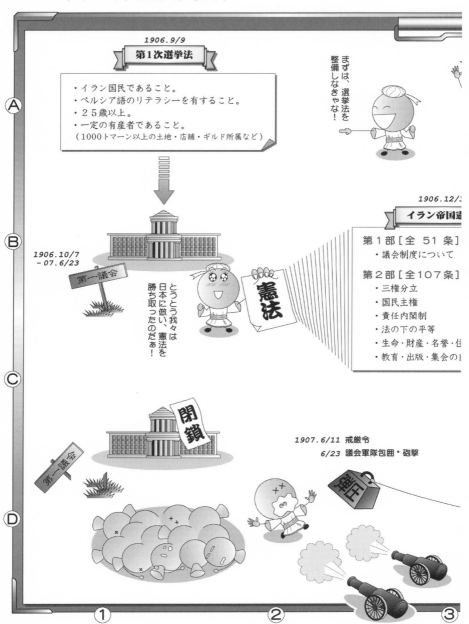

1906.9/9

第1次選挙法

・イラン国民であること。
・ペルシア語のリテラシーを有すること。
・25歳以上。
・一定の有産者であること。
（1000トマーン以上の土地・店舗・ギルド所属など）

まずは、選挙法を整備しなきゃな！

1906.12/3

イラン帝国憲

第1部［全 51 条］
・議会制度について

第2部［全 107 条］
・三権分立
・国民主権
・責任内閣制
・法の下の平等
・生命・財産・名誉・住
・教育・出版・集会の自

1906.10/7 – 07.6/23
第一議会

とうとう我々は日本に倣い、憲法を勝ち取ったのだぁ！

憲法

閉鎖
第一議会

1907.6/11 戒厳令
6/23 議会軍隊包囲・砲撃

憲正

A

B

C

D

① ② ③

1906〜07年

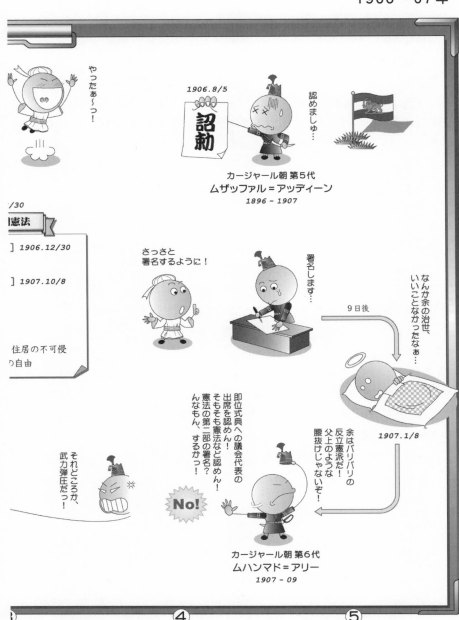

やったぁ〜っ！

1906.8/5

認めましゅ…

詔勅

カージャール朝 第5代
ムザッファル＝アッディーン
1896 - 1907

/30

憲法

] 1906.12/30

] 1907.10/8

住居の不可侵
り自由

さっさと
署名するように！

署名します…

9日後

なんか余の治世、
いいことなかったなぁ…

1907.1/8

余はバリバリの
反立憲派だ！
父上のような
腰抜けじゃないぞ！

それどころか、
武力弾圧だっ！

即位式典への議会代表の
出席を認めん！
そもそも憲法など認めん！
憲法の第二部の署名？
んなもん、するかっ！

No!

カージャール朝 第6代
ムハンマド＝アリー
1907 - 09

④ ⑤

第1章 オスマン帝国の断末魔

第2章 アリー朝の断末魔

第3章 カージャール朝の断末魔

第4章 インドの自治運動

と ころで、20世紀初頭のアジア大陸には東西南北にそれぞれ4つの「帝国」が威容を誇っていました。

具体的には、東の帝国（清朝）に、西の帝国（オスマン朝）。

そして、南の帝国（カージャール朝）に、北の帝国（ロシア）。

ただし、これら四大帝国はいづれも外観だけは威容を誇る"巨塔（大国）"でありながら、その中身は"経年劣化（制度疲労）"著しく、軋む音が響きわたり一刻も早く"修繕（近代化）"に取りかからねば今にも倒壊（滅亡）しかねない危機的な状況にあるという共通点を持っていました。

そこで、その四大帝国ともに"修繕"の筆頭に挙げられていたのが「憲法制定」です。

そうした背景から、この四帝国は20世紀に入るや、一斉に ──

- 帝国 は、1905〜11年の「光緒新政」（＊01）によって、
- 帝国 は、1908 年の「青年トルコ革命」（＊02）によって、
- 帝国 は、1905〜11年の「イラン立憲革命」（＊03）によって、
- 帝国 は、1905〜11年の「ヴィッテ・ストルイピン改革」（＊04）によって

それぞれ「立憲制」に向かっていくことになりましたが、これらすべてが1905年以降に始まっているのは、その契機となったものがすべて「日露戦争」だったためです。

「アジアの小国・日本が欧州列強のロシアに勝った」ことで、明治維新の正当性が証明される形となって、大陸の四大帝国が一斉に日本に追従したわけで、こうしたところからも「日露戦争」が世界に及ぼした影響が如何に甚大であったかを窺い知ることができます。

ただし、このうち憲法を定着させ、近代化を成功させることができた帝国はゼロ。

（＊01）光緒新政の開始年は「1901年」ともされますが、本格化したのはあくまで1905年。1908年に立憲制を公約したものの、それが実現する前に清朝自体が亡んで実現しませんでしたが。詳しくは、『世界史劇場 日清・日露戦争はこうして起こった』を参照のこと。

（＊02）本書「第1章 第6幕」を参照。

（＊03）本書「前幕」を参照。

「なんとか10年余保たせた」オスマン帝国が一番マシで、残りは短期のうちに「弾圧（カージャール朝）」「施行前に滅亡（清朝）」「換骨奪胎（ロシア）」という惨状で、ことごとく"修繕（近代化）"に失敗して"倒壊（滅亡）"（＊05）していくことになりました。

では本幕では、具体的にカージャール朝ではどのような過程を辿っていったのかをつぶさに見ていくことにいたしましょう。

まず1906年8月、ムザッファル＝アッディーン帝（A-4/5）の名の下、立憲制を認める詔勅が宣布（A-4）され、それに基づいて翌9月には「選挙法」が定められます（A-1/2）。

それにより、以下の条件を満たす者に参政権が与えられることになりました。

・イラン国民であること（ペルシア語が堪能であること）。
・25歳以上の成年男子。
・一定の条件を満たした有産者であること。

やったぁ～っ！

認めましゅ…

カージャール朝 第5代
ムザッファル＝アッディーン

（＊04）1905～11年の「ヴィッテ・ストルイピン改革」による。詳しくは『世界史劇場 ロシア革命の激震』を参照のこと。

（＊05）1912年に清朝が、17年にロシアが、22年にオスマンが、25年にカージャール朝がつぎつぎと滅亡していきました。

まだ「女性参政権」「普通選挙」が認められていないという限界はあったものの、憲法制定に向けての足掛かりを得たことで、国民は熱狂します。

しかし、これで「ひと安心」とはいきません。

じつは、立憲派は焦りを感じていました。

なんとなれば当時、皇帝（ムザッファル＝アッディーン帝）が病に倒れ、余命幾許もなくなっていたためです。

病で意志の弱くなっているうちに憲法に署名させておかなければ、皇太子（ムハンマド＝アリー）が即位してからではこれまでのすべての努力を御破算にされかねません。

皇太子（ムハンマド＝アリー）はバリバリの「反立憲派」のうえ、まだ若くて（34歳）意気軒昂であったためです。

――なんとしても現帝（ムザッファル＝アッディーン）存命中に署名させねば！

そこで、帝都テヘランでただちに選挙が挙行され、翌9月には「第一議会」が開催され（B-1）、憲法草案について協議します。

こうしてその年の年末ぎりぎり（12月30日）になって、ようやく憲法制定にまで漕ぎ着けたのでした。

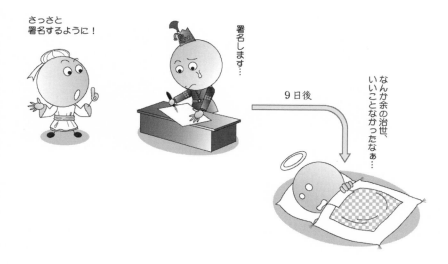

さっさと
署名するように！

署名します…

9日後

なんか余の治世、
いいことなかったなぁ…

これが「イラン帝国憲法（B-3）」です。

ただ、とにかく成立を急いだため、このときにはまだ「第１部（全51条）」の「議会制度について」をまとめただけのもので、肝心の「第２部（全107条）（＊06）」は間に合いませんでしたが、兎にも角にも皇帝に署名させることには成功します（B/C-4/5）。

しかし、署名からわずか９日後の1907年１月８日、ムザッファル＝アッディーン帝（シャー）が崩御（C-5）。

皇太子（ムハンマド＝アリー）が新帝に即位（D-4/5）するや、彼はただちに立憲派と袂（たもと）を分かち、その６月には戒厳令を布（し）いて議会を軍隊で包囲・砲撃して制圧（D-2）してしまいます。

オスマン帝国ではアブドゥルハミト２世（デブレット）が“時代の流れ”を読めずに歴史に逆行する愚挙を繰り返して祖国を滅亡へと追いやりましたが、歴史は繰り返す、イランではムハンマド＝アリー帝（シャー）がその歴史的役割（ロール）を演じることになったのでした。

それどころか、武力弾圧だっ！

No!

即位式典への議会代表の出席を認めん！そもそも憲法など認めん！憲法の第２部の署名？んなもん、するかっ！

余はバリバリの反立憲派だ！父上のような腰抜けじゃないぞ！

カージャール朝 第6代
ムハンマド＝アリー

（＊06）三権分立、国民主権、責任内閣制、法の下の平等、生命・財産・名誉・住居の不可侵、教育・出版・集会の自由など、近代憲法の基本が規定される予定でした。

こうしてイラン憲法は、その"本体"ともいうべき「第2部」が陽（ひ）の目を見な
かったどころか、「第一立憲制」はわずか8ヶ月で弾圧されていったん終わりを
遂げます。

　こうして、せっかく実を結んだ立憲制は 新 帝（ムハンマド＝アリー）によってあっさりと握り潰
され、イランはふたたび旧制へと揺り戻される（＊07）ことになったのでした。

戒厳令
議会軍隊包囲・砲撃

（＊07）これを「小専制」といいます。

第4幕

再起のあとの内ゲバ

第2次 立憲制時代

「第一議会」を叩き潰した皇帝（シャー）（ムハンマド＝アリー）であったが、その翌月に成立した「英露協商」は国民の怒りを爆発させ、ふたたび革命運動が活発化。その結果、皇帝（シャー）は亡命を余儀なくされ、「第二議会」が成立する。しかし、せっかく再建された議会もお互いに内訌（ないこう）と暗殺を繰り返して自滅していくのであった。

くそぉ！
治世たった2年で
国を追われる身に
なっちまった！

ロシア亡命

カージャール朝 第6代
ムハンマド＝アリー

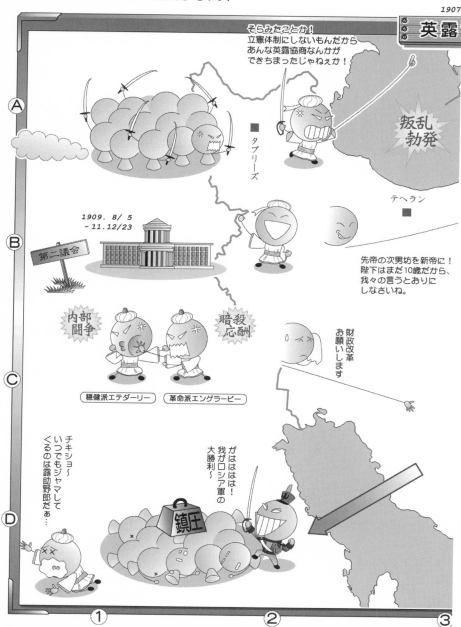

1907 ～ 11 年

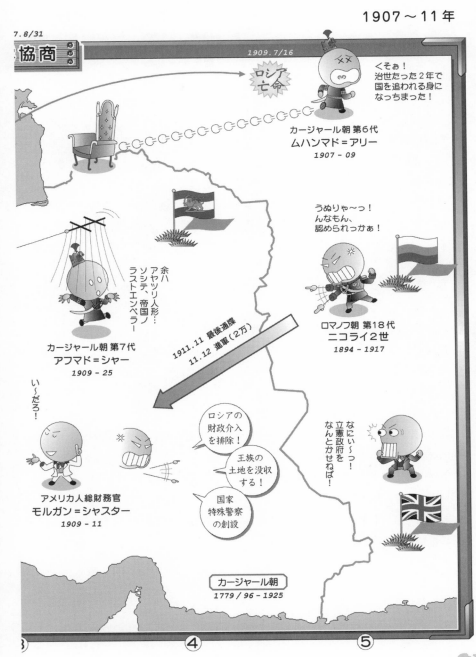

第 1 章　オスマン帝国の断末魔

第 2 章　アリー朝の断末魔

第 3 章　カージャール朝の断末魔

第 4 章　インドの自治運動

歴史の流れに逆らう者は、かならず"歴史の神"によって亡ぼされます。
歴史の"揺り戻し"など、ただ「王朝の寿命を縮め、自分の首を絞める
だけ」なのですが、いつの世も歴史に疎い者にはどうしてもこの理屈が理解で
きずに自滅していきます。

　この一点だけを見てもムハンマド＝アリー帝の無能ぶりを示すのに充分です
が、愚かなる哉、彼は議会を制圧するために 英・露の支援まで受けています。

　国内問題を解決するのに外国勢力に頼るなどこれ以上ない悪手、亡国に直結
する「売国行為」なのに、それをなんの躊躇いもなくやってしまうところが、
彼がもはや弁解の余地のない紛うことなき「愚帝」である証拠です。

　すでに述べました^{（＊01）}ように、国家・王朝というものはこれが傾いたとき、
「名君が立てば延命、愚君が立てば亡ぶ」ため、滅亡そのものは次帝に持ち越
されたとはいえ、実質的にはこの時点ですでにカージャール朝（D-4/5）は
"詰んでいた"といえます。

　案の定、議会を制圧したその翌々月（1907年8月）にはカージャール朝は
英・露によって分割されてしまいます。

　所謂「英露協商（A-3）」です。

　英露協商の詳細についてはここでは触れません^{（＊02）}が、こうした国家存亡
の機を憂えた「立憲派」はタブリーズ（A-2）を中心として各地で抵抗をつづけ
た結果、ついに立憲派軍が攻勢に転じます。

　── 立憲派軍、テヘラン（B-3）に向かって進撃中！

　この報に接したムハンマド＝アリー帝は乾坤一擲を賭し、帝都を枕に討死覚
悟の最終決戦に身を投じるのかと思いきや。

　あっさりと帝都を棄て、嫡男アフマドに帝位を譲ってロシア^{（＊03）}に亡命し
てしまいます（1909年）（A-5）。

　即位早々憲法を潰しておいて、いざとなると事も構えず逃げ出す腑抜け。

　こうして「立憲派」がふたたび帝都と 皇 帝 を押さえ、「第2次 立憲制」へ

（＊01）本書「第1章 第3幕」参照。

（＊02）『世界史劇場 天才ビスマルクの策謀』（最終章 第5幕）にて詳説しているため。

と突入しました（B-1/2）。

　しかしながら、「立憲制」に返り咲いたからといって、愁眉を開いて胸をなでおろすのはあまりに即断に過ぎます。

　先にも申しました通り、カージャール朝はすでに　先　帝　の御世にほとんど"詰み"に近い状態となっており、これを挽回するのは至難の業で、残された唯一の希望があるとすれば、新政権が「この切迫した窮状を覆すほど政才と運に恵まれていること」に期待することくらい。

　しかし、その意に反して「立憲派」は無能集団でした。

　自分たちが直面した財政問題をアメリカ人のM．シャスター（C/D-3/4）なる人物に丸投げして彼を総財務官に任じ、自分たちは「穏健派（C-1）」と「革命派（C-1/2）」に分かれて権力闘争に明け暮れ、暗殺の応酬という有様。

　財政破綻を起こした王朝に対して革命を起こし、王様を傀儡として革命政府を創ってはみたものの、政権を獲った途端に内部抗争を起こして解体してい

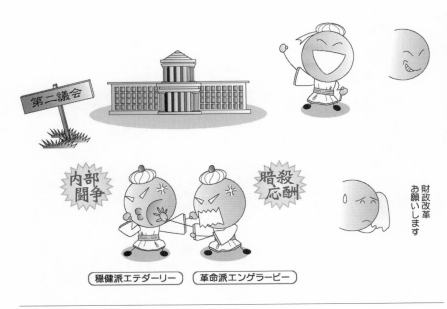

第二議会

内部闘争

暗殺応酬

穏健派エテダーリー　革命派エングラービー

財政改革お願いします

（＊03）厳密には、現在のウクライナのオデッサ。

く――といったら、どこかで聞いたような話（＊04）。

　国家存亡の機にあって、一致団結して事に当たらねばならぬこの重要な時期に内ゲバ（＊05）のうえ、自分たちが解決すべき問題を外国人に丸投げするとは、先帝（ムハンマド・アリー）の犯した誤りをそのまま辿（たど）っており、これではせっかく難産の末に生まれた「第2次 立憲時代」も“先”が見えてきました。

　財政を任されたＭ．シャスター（モルガン）も彼なりに頑張ったようですが、如何（いかん）せんやることが性急に過ぎ（＊06）、ロシアの財政介入を排除し（C-4）、王族の土地を没収する（C/D-4/5）など八方を敵に回したため孤立化、英露の危機感を煽ってロシア軍の軍事介入を招き（B/C-4/5）、弾圧されてしまいます。

　こうして、せっかく再建した「立憲制」もアッという間に解体してしまったのでした。

　ここにおいてカージャール朝はついに万策尽き、あとは“まな板の鯉”となって調理人（白人列強）に調理され、食べられる（滅亡）のを待つだけの身となったのでした。

（＊04）フランス革命のこと。財政破綻を起こした王朝→カージャール朝／ブルボン朝、王様→アフマド＝シャー／ルイ16世、内部抗争→革命派vs穏健派／フィヤン派vsジロンド派vsモンターニュ派と置き換えると両者はそっくりだとわかります。

（＊05）「内部ゲバルト」の略で「内部抗争」の意。ゲバルトはドイツ語で「暴力」という意味。

（＊06）こういうところもフランス革命政府と同じ失態。

第4章 インドの自治運動

第1幕

御為倒しの諮問機関

インド国民会議 ボンベイ大会

インドを植民地として組み込んだイギリスはつぎつぎと植民地政策を繰り広げたが、インド人はこれに反発、ついに「全印国民協議会」なる自治を目指す組織まで生まれる。これに対してイギリスは話し合いの場を持たんと「印国民会議」を企画する。もちろん、インド人のためではなく、植民地支配をつづけるために。

ま～あった～きた！

インド民族運動指導者
サレンドラナート
バネルジー

全印国民協議会

インドの自治を獲得することを
目的とした協議会を創ったぞ！

〈 インド国民会議 ボンベイ大会 〉

インド帝国は成立した！
ではさっそく、
インド人が反攻できない
よう法整備しておかねばな！

インド総督

・選抜：普通選挙ではなくイギリスによる恣意的選定
・議員：親英派ばかり
・機関：決議機関ではなく諮問機関

だが、絶対にインド人が暴走できないようにちゃんとカラクリが仕組んであるのだ！

インド総督

1883

印国民会議

インド
エドワード＝ロバ
リットン
1876

我がインドは古来、高度文明と豊かな経済を誇ってきた！
それが今やこれほどの貧困に喘いでいるのは何故か！？
それは"富の流出"が起こっているからである！
我々の豊かな富がイギリスへと流れている、
この"富の流出"を断ち切らない限り、
我々は永久に塗炭の苦しみを味わいつづけるであろう！

ボンベイ

第1回 ボンベイ大会
1885

国民会議

インド国民
ダーダー
ナオロ
1886 / 93

A
B
C
D
① ② ③

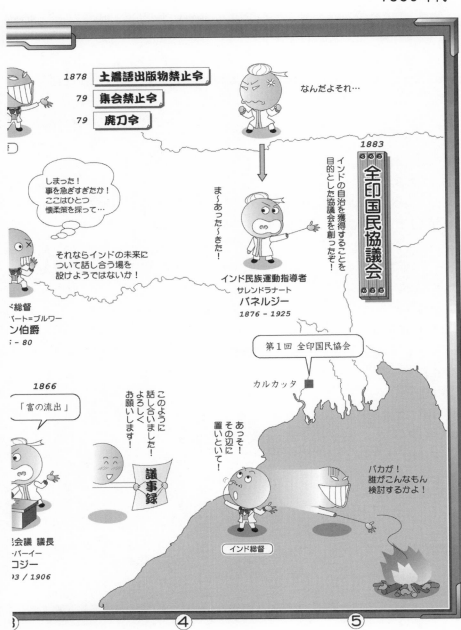

1880年代

1878　土着語出版物禁止令

79　集会禁止令

79　廃刀令

なんだよそれ…

しまった！
事を急ぎすぎたか！
ここはひとつ
懐柔策を採って…

それならインドの未来に
ついて話し合う場を
設けようではないか！

〜総督
バート＝ブルワー
ン伯爵
 〜 80

ま〜あった〜きた！

インドの自治を獲得することを
目的とした協議会を創ったぞ！

1883
全印国民協議会

インド民族運動指導者
サレンドラナート
バネルジー
1876 - 1925

第１回 全印国民協会

カルカッタ

1866
「富の流出」

このように
話し合いました！
よろしく
お願いします！

議事録

あっそ！
その辺に
置いといて！

バカが！
誰がこんなもん
検討するかよ！

会議 議長
バーイー
コジー
 3 / 1906

インド総督

③　　　　④　　　　⑤

147

こまで1870年代〜1914年までのオスマン（第1章）・エジプト（第2章）・イラン（第3章）と見てきましたので、最後に同時代のインドの歴史を見ていくことにいたしましょう。

インドにおいてムガール帝国（グーラカーニー）が覇を唱えたのも今は昔、ムガール帝国（グーラカーニー）が滅ぼされて（1858年）から20年と経たないうちにインドはイギリスの植民地とされてしまった（＊01）（1877年）ところまではすでに触れました。

インドといえば、「発展途上国（＊02）」のイメージが強いかもしれませんが、その歴史を遡れば、文明の曙・インダス文明より18世紀ごろのムガール帝国（グーラカーニー）に至るまで、つねに「高度文明」「先進文明」を担って燦然と輝きつづけてきたお国柄です。

たとえば、日本で「三国一」といえば「日本・唐（中国）・天竺（インド）で一番！」という意味で、こうした言葉からインドの威名が古くから日本にまで轟き、インドが東アジア（＊03）を代表する一角を占めていたことがわかりますし、欧州（ヨーロッパ）でも近世まで「インド（India）」といえば東アジア全体を指す言葉でした。

そんなインドが今日のような“惨状”となったのは、19世紀にイギリスがインド経済を徹底的に破壊し尽くしたためです。

イギリスはインドを自国の産業革命を支えるための「原料（綿花）供給地」とするため、インドの豊かな経済を破壊して綿花の「単一栽培（モノカルチャ）」経済に堕としたうえで、これを市場としました。

インド人は綿花を生産する以外の生きる道を失い、そうして生産した綿花はイギリスによって独占的かつ法外に安く買い叩かれ、イギリスはそれを原料として綿織物を生産すると、これをふたたびインドに持ってきて高く売りつけます。

（＊01）「インド帝国」のこと。詳しくは前巻『侵蝕されるイスラーム世界』（第5章 第6幕）を参照のこと。名前こそ「帝国」などと称し、イギリスと同君連合という体となっていますが、実質的には紛うことなき「植民地」でした。

（＊02）筆者が子供のころは「劣等国」呼ばれていましたが、差別的という理由で「後進国」と言い換えられるようになり、それさえ差別的だと「発展途上国」に言い換えられました。

その差額でイギリスはボロ儲けできるというわけです。

いわば、「足腰の骨を砕かれて(経済破壊)身動きできない状態(単一栽培〔モノカルチャ〕)にされたばかりか、寝たきりになったインドは継続的に栄養分を吸われつづけ(富の流出)、隣でブクブク太るイギリスと病床で骨と皮だけになって喘ぐ〔あえ〕インド」という構図です。

その後、退院した(イギリスの植民地から脱した)あとも、足腰の骨を砕かれた"後遺症"にインドは永らく苦しむことになりますが、その象徴こそが「インド帝国」です。

したがって、「インド帝国の70年間(＊04)」は「インド独立運動の歴史」となりますが、これは大きく「4期」に分けることができます。

- 第 1 期：1877 〜 1914 年 (インド帝国成立〜 一次大戦　直前)
- 第 2 期：1914 〜 1929 年 (一次大戦　　　〜 世界大恐慌 直前)
- 第 3 期：1929 〜 1939 年 (世界大恐慌　　〜 二次大戦　直前)
- 第 4 期：1939 〜 1947 年 (二次大戦　　　〜 インド独立 達成)

そして、その「第 1 期」を本章にて、「第 2 期」を第 7 章にて、「第 3 〜 4 期」を最終章にて見ていくことにします。

インド帝国は成立した！
ではさっそく、
インド人が反攻できない
よう法整備しておかねばな！

インド総督

1878　土着語出版物禁止令

79　集会禁止令

79　廃刀令

(＊03)ここで使用されている「東アジア」は南アジア・東南アジアまで含めた広義の東アジア。

(＊04)1877 年代から 1947 年まで。

イギリスは「インド帝国」を建設するや、その翌年（1878年）には「土着語出版物禁止令（＊05）」、さらにその翌年（1879年）には「集会禁止令」「廃刀令」を出し（A-3/4）、1883年には「人種差別撤廃法案」を否決して、つぎつぎと強硬策を打ち出していきました。

　しかし、こうした圧政に対する反発も強い。

「我が国のことは我々が考え、我々が決める！」

　こうして1883年、Ｓ．バネルジー（＊06）（B-4/5）を中心として「全印国民協議会（B-5）」が生まれ、カルカッタ（C-5）で気勢を上げます。

　ビスマルクも言っていたように、統治というものは「強硬策一辺倒」でも「懐柔策一辺倒」でもうまくいくことはなく、絶妙な「アメ（懐柔策）とムチ（強硬策）」の均衡（バランス）が大切です（＊07）。

　その点、イギリス人ほど強かで権謀術数に長けた民族がその使い分けができないわけがなく、こうした不穏な動きに対応して、1883年、"アメ"を与えることにしました（B-3）。

　それが「インド国民会議（B-2）」です。

──どうも最近、我が国（イギリス）への抗議運動が止まぬようだが、

　我々に何か不満でもおありかな？

　よろしい！

「この国（インド）を盛り立てていきたい！」という気持ちは

　我々とて皆さんと同じです（大嘘）。

　それではこうしましょう！

　この国のあり方を話し合う会議を開催しようではありませんか。

　そこであなたたちは自由に議論し、

　我々とともにこの国を盛り立てていきましょう！

　反吐（ヘド）が出るほどの"綺麗事"、540°回って清々しいまでの"御為倒し（おためごかし）"を満

（＊05）インドの言葉で書かれては、イギリスの情報統制・監視が行き届かなくなるため。

（＊06）インド民族運動の初期の指導者。「降伏せぬ者」「インドの大爺さん」と呼ばれた。

（＊07）『世界史劇場 天才ビスマルクの策謀』（第3章 第4幕）を参照。

面の笑みで平然と言ってのけるのがイギリス人のイギリス人たる所以で、これを真に受けて歓喜に沸くのがインド人のインド人たるところです。

　世界的に見てもインド人ほど"お人好し民族"も珍しく、その"お人好し"といったら日本人とタメを張るほど。

　これからインドが独立していく過程で、イギリス人は何度も何度もインド人を欺しますが、そのたびに毎回毎回インド人はすなおに騙されつづける様を見せつけられることになります。

　その第一弾ともいうべき奸計がこたびの「インド国民会議」です。

　国民会議は、表向き「インド人から代表が選ばれ、彼らに自由に議論してもらい、総督（＊08）の諮問に意見できる場を与えたもの」です。

　これだけ聞けば、インド独立の第一歩になったように聞こえますが、あのイ

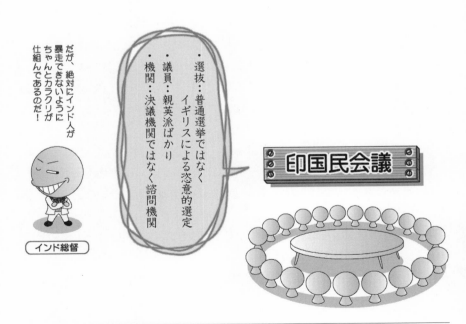

・選抜…普通選挙ではなくイギリスによる恣意的選定
・議員…親英派ばかり
・機関…決議機関ではなく諮問機関

だが、絶対にインド人が暴走できないようにちゃんとカラクリが仕組んであるのだ！

インド総督

印国民会議

（＊08）インド皇帝（英王）の代理人。インド帝国の行政長官。インド総督。
　　　　江戸時代でいえば「天領の代官」のような地位。
　　　　1947年にインドが独立するまで"インド皇帝"がごとき独裁権力を振るいました。

ギリス人がそんな"お人好し"のわけがなく、もちろんいろいろと"仕掛け"が組み込まれています。

　まず、"インド人の代表"といっても「普通選挙によるインド人から公正に選ばれた代表」ではなく、イギリス側が恣意的に選んだ"見せかけだけの"インド人代表です（A/B-1/2）。

　したがって、「反英的」「急進的」な言動の者はいっさい選ばれず、「親英的」「穏健的」な大人しいインド人ばかりが選出されましたから、何かの加減でまかり間違って議会が暴走し、「独立！」などと叫び始めたとき、これを抑える調整弁の役割も期待されます。

　また、この会議は「決議機関」ではなく「諮問機関」（A/B-1/2）にすぎませんでした[＊09]から、議員らがどんなに懸命にインドの将来について話し合おうとも、その決議は 総 督 にひとこと「却下！」といわれれば、そのまま火に焼べられ（D-5）てもなんら文句が言える立場ではありません。

　そのうえ、「国民会議」を通じてインド人に意見を出させ合うことで"ガス抜き"させる効果があると同時に、彼らの腹の底を聞き出すことができますから、そこから対応策を練るための情報源を得ることができ、一石二鳥です。

　こうしたイギリス人の秘められた"邪心"に気付かぬまま、「国民会議」の設置の報にインド人は無邪気に歓び、1885 年、「第 1 回大会」が開催される運びとなりました（D-1/2）。

　ボンベイ[＊10]（D-1/2）に集まった 72 名の代表は、「東 印 協 会」のＤ．ナオロジー[＊11]（D-3）らすでに政治活動をしていた者を筆頭として富農・産業資本家・商業資本家・弁護士・医師ら知識人で、その共通点は「親英派」「穏健派」でした。

　たとえば、ナオロジーは、すでにインド帝国成立の 10 年も前から「富の流出（C-3）」を主張していました。

　──我がインドは古来、高度文明と豊かな経済を誇ってきた！

（＊09）「決議機関」はそこで決議されたものは「法」としての強制力を持ちます（cf. 日本の国会など）が、「諮問機関」は"意見を述べる権利"が与えられているだけで、それが何かしらの強制力を持っているわけではありません（cf. フランスの三部会など）。

それが今やこれほどの貧困に喘いでいるのは何故か！？

それは“富の流出”が起こっているからである！

我々の豊かな富がイギリスへと流れている、

この“富の流出”を断ち切らない限り、

我々は永久に塗炭の苦しみを味わいつづけるであろう！（C/D-2）

　インドの貧困の理由が“富の流出”であることなど、今日では言わずもがなのことなのですが、当時のインド庶民は「どうしてこんなに生活が苦しくなったのだろう？」とその理由がよくわかっていなかったのでした。

　それをナオロジーが白日の下に曝したことで、「“敵”が誰なのか」「どうすれば事態打開できるのか」が明確になった —— という意味では彼の歴史的存在意義は大きいものでしたが、しかしそれでも彼は所詮は「イギリスによって選ばれた代表」ですから、現状（イギリス支配）を認め、あくまでも「独立獲

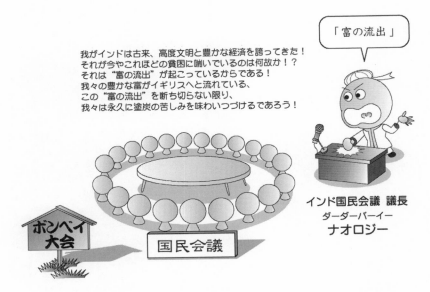

我がインドは古来、高度文明と豊かな経済を誇ってきた！
それが今やこれほどの貧困に喘いでいるのは何故か！？
それは“富の流出”が起こっているからである！
我々の豊かな富がイギリスへと流れている、
この“富の流出”を断ち切らない限り、
我々は永久に塗炭の苦しみを味わいつづけるであろう！

「富の流出」

ボンベイ大会

国民会議

インド国民会議 議長
ダーダーバーイー
ナオロジー

（＊10）現ムンバイ。

（＊11）ゾロアスター教の僧侶の家に生まれ、教員、商人を経て政治家に。

得」ではなく「自治を求める」だけの穏健派でした。

　当時のインドを牽引する立場であったナオロジーをしてこの弱腰では、審議が進むはずもなく。

　翌年の第2回大会から「全印国民協議会」のバネルジーも加わって、さかんに審議が繰り返されましたが、何ひとつ採用されないことに、さしもの〝お人好しインド人〟もほどなく気づきます。

——騙された！

　俺たちがどんなに一生懸命議論しようが、

　　やつらは何ひとつ聞いてくれねぇじゃねぇか！（D-5）

　こうした不満が反英化の動きとなって現れはじめたため、危機感を覚えたイギリスはここでもうひとつ新たな手を打つことにしたのでした。

第2幕

混水摸魚
ベンガル分割令

こうした中、インドにも「日露戦争での日本の勝報」がつぎつぎと飛び込んでくる。これに危機感を覚えたインド総督カーゾン卿は、インド人同士をいがみ合わせるべく「ベンガル分割令」を発する。

さらに、次のインド総督ミントー卿は「全印回教徒連盟（インドムスリム）」を結成させてインド人同士の対立を煽った。

ベンガル地方をカーゾンラインで東西に分裂してインド人同士の対立を誘発させるのだ！

「これで国民会議派を葬ってやる！」

インド総督　第24代
ジョージ＝ナサニエル
カーゾン侯爵

〈 ベンガル分割令 〉

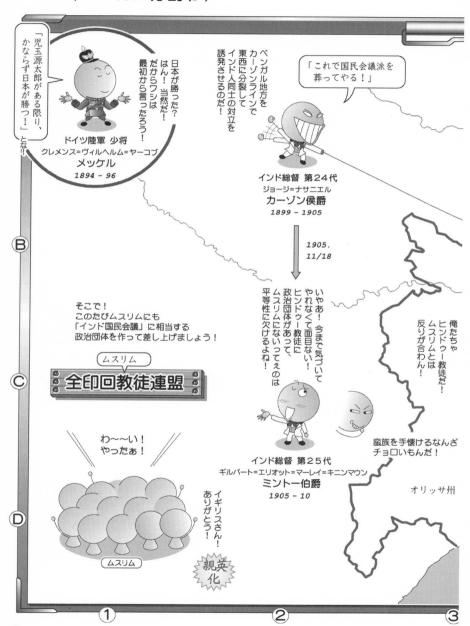

「児玉源太郎がある限り、かならず日本が勝つ！」とな!!

日本が勝った？
はん！当然だ！
だからワシは最初から言ったろう！

ドイツ陸軍 少将
クレメンス＝ヴィルヘルム＝ヤーコブ
メッケル
1894 - 96

ベンガル地方をカーゾンラインで東西に分裂してインド人同士の対立を誘発させるのだ！

「これで国民会議派を葬ってやる！」

インド総督 第24代
ジョージ＝ナサニエル
カーゾン侯爵
1899 - 1905

1905.
11/18

そこで！
このたびムスリムにも「インド国民会議」に相当する政治団体を作って差し上げましょう！

ムスリム
全印回教徒連盟

いやあ！今まで気づいてやれなくて面目ない！
ヒンドゥー教徒に政治団体があって、ムスリムにないってえのは平等性に欠けるよね！

俺たちゃヒンドゥー教徒だ！ムスリムとは反りが合わん！

蛮族を手懐けるなんざチョロいもんだ！

インド総督 第25代
ギルバート＝エリオット＝マーレイ＝キニンマウン
ミント一伯爵
1905 - 10

わ～～い！
やったぁ！

イギリスさん！ありがとう！

ムスリム

親英化

オリッサ州

B

C

D

①　　　②　　　③

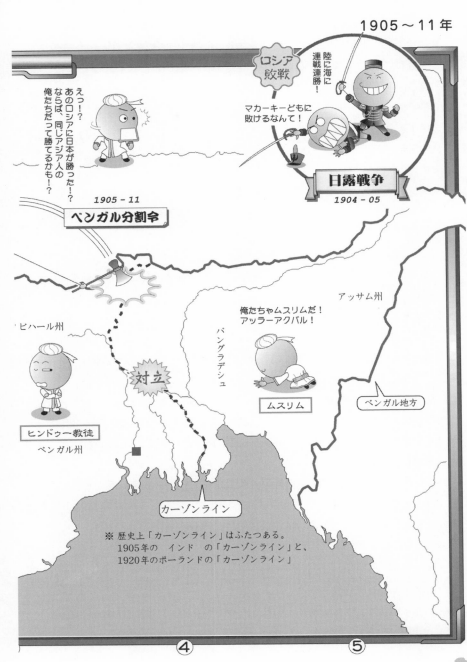

イ ギリスが植民地支配をするときの〝手口〟はいつも同じ。

　それは、「自らの手はけっして汚さず、植民地民同士でいがみ合わせ、憎しみ合わせ、殺し合わせるように持っていき、共倒れさせて弱りきったところをねじ伏せる^{（＊01）}」というものです。

　そこで今回その一環として取った手が、あの悪名高き「ベンガル分割令（A/B-3/4）」です。

　1905年、当時の 総 督 であった Ｇ．Ｎ．カーゾン侯（A/B-2）は宣言します。

──ベンガル地方（C-5）はヒンドゥー教徒とムスリムが混在していたため、

　　ベンガル住民にはこれまで何かと不快な思いと不便をおかけしておりました。

　　そこで、行政の効率化を図るため、こうしましょう！

　　ヒンドゥー教徒（C-3/4）が多く住む西部^{（＊02）}と、

　　ムスリム（C-4/5）が多く住む東部^{（＊03）}でベンガル地方を分割するのです。

　このとき設定された分割線を「カーゾンライン^{（＊04）}（C/D-4）」といいますが、ここで 彼 の言う〝行政の効率化〟などもちろん御為倒し、その本意は「ヒンドゥー教徒とムスリムを分断させてインド人同士で宗教対立を煽ろう」とするもの^{（＊05）}でした。

　この分割が施行されると、これまでベンガルで多数派だったヒンドゥー教徒が東ベンガル地区では少数派となってしまうため危機感を持ち、ムスリムは多数派となることができたために喜んで一気に親英に傾いて、両者の対立が先鋭化します（C-4）。

　さらにヒンドゥー教徒（国民会議派）同士でも、この分割令に反発する「急進派」と、穏便に事を済ませたい「穏健派」が仲違いを始めてしまいます。

　すべてはイギリスの思惑通り。

（＊01）これは中国の兵法三十六計の第20計「混水摸魚（敵の内患を作り出してそれに乗じる計略）」にも通づる戦略です。

（＊02）現インドのビハール州（B/C-3）・ベンガル州（C-3/4）・オリッサ州（D-3）のあたり。

（＊03）現バングラデシュ（B/C-4）と、現インドのアッサム州（B-5）のあたり。

第 1 章　オスマン帝国の断末魔

第 2 章　アリー朝の断末魔

第 3 章　カージャール朝の断末魔

第 4 章　インドの自治運動

しかし、イギリスはまだ手を緩めません。

この年の末、 総 督 が G ．カーゾン侯から G ．ミントー伯（C/D-2）に代わると、 彼 は親英的になったムスリムをさらに自らの"子飼"とせんと策動を始めます。

―― これまでヒンドゥー教徒は数も多いうえ、「インド国民会議」という代弁

ベンガル分割令

ビハール州

俺たちゃ
ヒンドゥー教徒だ！
ムスリムとは
反りが合わん！

ヒンドゥー教徒

ベンガル州

対立

バングラデシュ

俺たちゃムスリムだ！
アッラーアクバル！

ムスリム

（＊04）「カーゾンラインはふたつあり、1920 年のポーランドの分割線も「カーゾンライン」と
　　　　いいます（D-4）。

（＊05）その証左として、カーゾン侯自身が「これ（ベンガル分割令）で国民議会派を葬ってやる
　　　　（A-2/3）」と放言しています。

（＊06）フランス国歌『ラ・マルセイエイズ』のサビの部分。

機関も持っているのに、ムスリムは数が少ないうえ、代弁機関を持っていませんでした。(B/C-2)

これは著しくムスリムに不公平ですから、ムスリムらにもきちんと代弁機関を作って差し上げましょう！(B/C-1)

こうして1906年、「インド国民会議」に対抗するムスリムの代弁機関として「全印ムスリム連盟（C-1）」を結成させました。

その表向きな理由は、「公正を期するため」。

而してその真意は、「インド人同士をいがみ合わせ、憎しみ合わせ、殺し合

このたびムスリムにも「インド国民会議」に相当する政治団体を作って差し上げましょう！

インド総督 第25代
ギルバート＝エリオット＝マーレイ＝キニンマウン
ミントー伯爵

ムスリム
全印回教徒連盟

わ～～い！
やったぁ！

イギリスさん！
ありがとう！

ムスリム

親英化

（＊07）じつは、M.ガンディーの「非暴力・不服従運動」にしても、この「戦ってもどうせ勝てない」という "負け犬根性" を基盤として生まれた負の側面を持ちます。

しかしながら類書を紐解けば、こうした負の側面にはいっさい触れられず、「不殺生主義」「愛と自己犠牲」「相手の良心に訴え」といった賛辞ばかりが並び、無意識なのか作意なのか、「非暴力・不服従運動」の本質から目が背けられているという現状があります。

わせるため」。

　インドがこれからイギリスと対決していくためには、上から下まで右から左まで結束して当たらねばならないのに、イギリスの 掌 の上で踊らされて、上は「右（穏健派）と左（急進派）」が、下は「ヒンドゥー教徒とムスリム」がいがみ合い、憎しみ合うばかり。

　インド人はこれほどまでにひどい仕打ちを受けながら、どうして「武器を取れ、市民諸君！　隊列を組め！(＊06)」とならず、あくまでも「穏便に！」「平和的に！」「話し合いで！」となるのでしょうか。

　それには、歴史的な深い "闇" があります。

　インド人だって最初からこんな民族ではありませんでした。

　まだインドに「ムガール 帝 国 」が健在だったころは、イギリスの横暴に何度も何度も反抗したものです。

　ところが、ことごとく虐殺され、ねじ伏せられ、鎮圧されて、そのたびにイギリスは「お前たちが我々に勝てないのは、お前たちが劣等民族だからだ！」「お前たち劣等民族がどう足掻こうが、我々イギリス人には勝てないのだ！」と説伏したため、それはインド人の心の奥底に深く刻まれていきます。

　── どう足掻こうが俺たちではイギリス人には勝てないのか……。

こうしてついに、イギリスがどんなに苛斂 誅 求 しようとも「どうせ俺たちは勝てっこないのだから、なんとか話し合いで」と考える "穏健派" が隠然とした発言力を持ちつづけることになったのです(＊07)。

　ところがそんな折も折、このような均衡を打ち破る一報がインドに入電してきました。

　── 日本陸軍、奉天会戦にてクロパトキン軍を粉砕！（A-5）

　── 日本連合艦隊、日本海海戦にてバルチック艦隊を撃破！

　開戦前、世界中の誰もが「日本のようなアジアの貧乏島国が、欧州列強の中

(＊08)ただひとり、日本陸軍の軍事顧問を務めたＫ.メッケル少将だけが、「かならず日本が勝つ！」と、日本の勝利を広言していた（A-1）といいます。
　　　ただしこの言葉には「日本陸軍に児玉源太郎のある限り」という条件が附されていたことに鑑みれば、彼が「日本」というより、自分の教え子「児玉源太郎」個人を高く評価していたということを示しています。

でも最大の陸軍大国ロシアに勝てるわけがない」と思っていた中^(＊08)、この報は「アジア人でも欧州列強_{（ヨーロッパ）}に勝てる！」という構図で把_{（とら）}えられ、インド人に勇気と希望を与えます。

「 なんだ、アジア人でも欧州列強_{（ヨーロッパ）}に勝てるじゃないか！

　これまで我々がイギリスに敗けつづけたのは、

　我々が劣等民族だからではなかったのだ！

　ただやり方がまずかっただけだ！」（A-3/4）

　日露戦争によって「やり方次第で勝てる！」と知り、急速に穏健派の支持が衰え、急進派の力が強まってきます。

　こうしてインドでもまた、「日露戦争」が歴史を動かす牽引役となっていくのでした。

　欧亜大陸_{（ユーラシア）}の西の果ての小島に生まれた国（イギリス）が、遙か遠く彼方_{（かなた）}（2万2000ｋｍ）にあって、国土20倍・人口30倍ものインドを統治することができたのは、「産業革命」「兵器の性能差」「制海権の確保」など"教科書的理由"より、"統治の強かさ_{（したた）}"にあります。

　その"強かさ_{（したた）}"として、すでに触れた「混水摸魚_{（こんすいぼぎょ）}」を使って"不敗神話"を醸_{（かも）}し出し、それを植民地人に見せつけることで反抗する気力を失わせる戦略が彼らの植民地支配を支えていました。

　すなわち、"不敗神話"によって支えられた支配は、"不敗神話"が破れた瞬間から崩壊が始まります。

　そして、その白人列強の"不敗神話"を打ち破ったのが20世紀前半の「日露戦争」と「太平洋戦争」であり、それが20世紀後半のＡＡ圏_{（アジアアフリカ）}の独立へと繋がっていくことになります。

第3幕

イギリスの掌の上で

インド国民会議 カルカッタ大会

日露戦争が終結した翌年、インドでは「カルカッタ大会」が催された。当然、日露戦争で勇気づけられ意気軒昂のティラクは「自治獲得」を声高に叫び、「四大綱領」を打ち出す。

これに慌てたイギリスは、〝飴〟を与えてこれを懐柔するべく「モーリー゠ミントー改革法」を発する。

カルカッタ四綱領

- 舶来品を買わないこと　（英貨排斥）
- 国産品を買うこと　　　（国産愛用）
- 自治を獲得すること　　（民族自決）
- 民族的教育を施すこと　（民族教育）

〈 インド国民会議 カルカッタ大会 〉

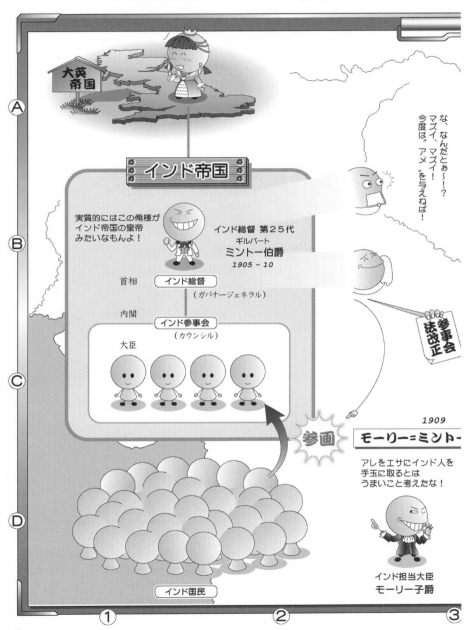

0000年

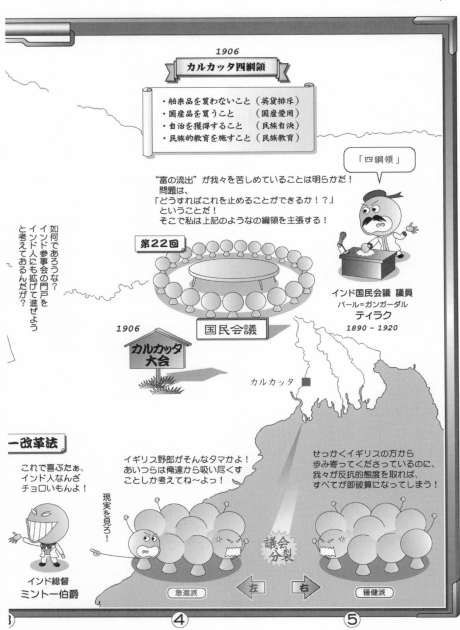

1906

カルカッタ四綱領

・舶来品を買わないこと（英貨排斥）
・国産品を買うこと　　（国産愛用）
・自治を獲得すること　（民族自決）
・民族的教育を施すこと（民族教育）

「四綱領」

"富の流出"が我々を苦しめていることは明らかだ！
問題は、
「どうすればこれを止めることができるか！？」
ということだ！
そこで私は上記のようなの綱領を主張する！

インド国民会議 議員
バール＝ガンガーダル
ティラク
1890 - 1920

第22回

国民会議

如何であろうな？
インド参事会の門戸を
インド人にも拡げて進ぜよう
と考えておるんだが？

1906
カルカッタ大会

カルカッタ

一改革法

これで喜ぶたぁ、
インド人なんざ
チョロいもんよ！

現実を見ろ！

イギリス野郎がそんなタマかよ！
あいつらは俺達から吸い尽くす
ことしか考えてね～よっ！

せっかくイギリスの方から
歩み寄ってくださっているのに、
我々が反抗的態度を取れば、
すべてが御破算になってしまう！

インド総督
ミント一伯爵

議会分裂

急進派　　←左　右→　　穏健派

③　④　⑤

こうして、「日露戦争」の結果は国民会議派（＊01）の勢力図に変化を生じさせ、ここについに、ナオロジーが指導する「穏健的民族運動」が指導的地位より陥落、B．G．ティラク（＊02）（B-5）が牽引する「急進的独立運動」が会議を主導することになり、ここに歴史が動き始めました。

　興奮冷めやらぬ中で開催される運びとなった1906年の「第22回インド国民会議 カルカッタ（＊03）大会（C-4）」では、ティラクが吠えます。

── ナオロジー殿の主張する「富の流出」論は正しい！

　我々がこれほどの窮地に立たされることになった原因は、

　まさに我々の富をイギリスが吸い尽くしているからだ！

　問題は、これを止めるために、我々は何をすればよいのかだ！（A/B-4）

　こうして彼は、その方策として所謂「カルカッタ四綱領」を掲げました。

・舶来品を買わないこと　　（英貨排斥 ボイコット）
・国産品を買うこと　　　　（国産愛用 スワデーシー）（＊04）
・自治を獲得すること　　　（民族自決 スワラージー）（＊05）
・民族的教育を施すこと　　（民族教育 ナショナル エデュケーション）　　　　　　　　（A-4）

　彼（ティラク）の主張はきわめてまっとうで、確かにインドの貧困の原因は「富の流出」ですし、これを止める手立ては「英貨排斥 ボイコット」「国産愛用 スワデーシー」しかありませんが、それを実行しようとすればイギリスに妨害されることは目に見えており、そうさせないためには「自治獲得 スワラージー」しかありません。

　また、こうした運動を国の隅々にまで徹底させるためには、こうした運動を実施する意味を深く理解させる「教育」が大切です。

　しかし、この決議に驚いたイギリスはただちに"アメ"を与えることにしまし

（＊01）「インド国民会議」の議員たちによって形成された政治的派閥のこと。

（＊02）バラモンの家系に生まれ、1890年の国民会議から代表として参加していたティラクは、その当初から「急進派」で逮捕歴もある人物で、多くのインド人から支持を集めていました。

（＊03）現コルカタ。

た（A/B-3）。

　これが「インド参事会法（＊06）」の改正（B/C-3）です。

—— どうであろうな？

　　今よりもっと多くのインド人が政治に参加できるよう、

　　インド参事会への門戸を拡げたいと考えておるのだが。（B-3）

　「インド参事会（C-1/2）」というのは、1773年（＊07）から1861年（＊06）

までに段階的に成立したインドの統治機関のことで、日本の行政機関で喩える

"富の流出"が我々を苦しめていることは明らかだ！
問題は、
「どうすればこれを止めることができるか！？」
ということだ！
そこで私は上記のようなの綱領を主張する！

「四綱領」

第22回

国民会議

カルカッタ
大会

インド国民会議 議員
バール＝ガンガーダル
ティラク

カルカッタ

（＊04）サンスクリット語で「スワ」は"自分自身"、「デーシー」は"国の"という意味なので、
　　　　直訳的には「自分の国のもの（を買え）」という意味になります。

（＊05）「スワラージー」は「自治獲得」「民族独立」などの和訳が当てられていることが多いです
　　　　が、本来「スワ」はサンスクリット語で"自分自身"、「ラージー」は"統治"という意味
　　　　なので、直訳的には「民族自決」の方が近い。

なら、総督（ガバナー・ジェネラル）が「首相」（B/1-2）、参事会（カウンシル）が「内閣」に相当するものです。

　今回の法改正で、インド人にも参事会（カウンシル）へその門戸を少しだけ広げてやろうというのです。

　もちろん、けっしてインド人の発言権が高まらないよう細工の施された〝形式的〟なものにすぎませんでしたが、インド人はこんな姑息な手口にもすなおに喜び、これにホイホイと喰い付いてしまいます。

「せっかくこうしてイギリスの方から歩み寄ってくださっているのに、
　我々が反抗的態度を取れば、すべてが御破算になってしまう！」（C/D-5）

　日露戦争を契機として、国民会議派内部でもようやく「急進派」が力を付けてきたのに、イギリスがちょっと〝アメ〟を差し出しただけで踊らされ、穏健派の「穏便に！」「平和的に！」「話し合いで！」との声が高まり、ついに国民会議

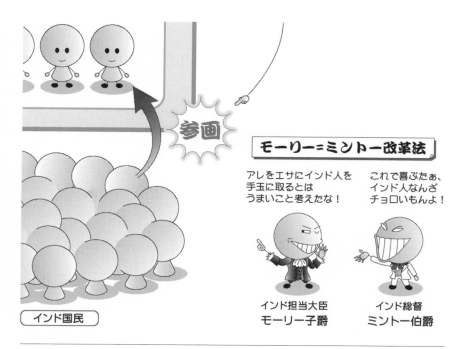

参画

モーリー＝ミントー改革法

アレをエサにインド人を
手玉に取るとは
うまいこと考えたな！

これで喜ぶたぁ、
インド人なんざ
チョロいもんよ！

インド担当大臣
モーリー子爵

インド総督
ミントー伯爵

インド国民

（＊06）「インド参事会法」は、1861・1892・1909年の3度にわたって出され、特に3回目は当時のインド担当大臣（J.モーリー）とインド総督（ミントー伯爵）の名を取って「モーリー＝ミントー改革法」（後述）と呼ばれています。

派は分裂を起こしてしまいます（D-4/5）。

　普通に考えて、イギリスが「話し合いで平和的にインドのためを思ってこれを手放す」など天地がひっくり返ってもあり得ないことで、その 掌 の上でいがみ合うインド人を見下ろしつつ、ほくそ笑むイギリス人。

　しかし、穏健派にはどうしてもこれが理解できず、彼らがイギリスに阿るたびに「イギリスの策略の片棒を担ぐ売国奴」に成り下がっていることにすら気がつかないのでした。

　19 世紀半ばのドイツでも、「話し合いで統一を！」と叫ぶ "頭の中がお花畑" の楽天家たちが天下統一を阻んでいましたが、これをビスマルクが喝破したものです。

──これまで我々はそれ（話し合い）で何度も失敗してきたであろうが！

　諸君らはあの失敗から何も学ばなかったのか！？

　現下の問題の解決（天下統一）は、我々の好むと好まざるとにかかわらず、

　望むと望まざるとにかかわらず、もはや演説や多数決（話し合い）によっ

（＊07）「ノース規制法」のこと。

て実現することはない！

　唯一、鉄と血（戦争）によってのみ達成されるのだ！

　ドイツではビスマルクが如き偉大な政治家が現れて、穏健派を押さえ付け、ドイツを強引に牽引することで目的（統一）を成し遂げることができましたが、インドにはついに「ビスマルク」が現れることはなく、内ゲバを繰り返しているうちにイギリス側は着々とコマを進めていきます。

　こうして先の公約（インド参事会法の改正）が実現したものが「モーリー＝ミントー改革法（1909年）」（C/D-3）です。

── 先般約束した通り、「インド参事会」の門戸を拡げましょう。

　もちろん、それだけでは終わりません。

── ただし。

　　ヒンドゥー教徒に比べてムスリムは圧倒的に数が少ない現状に鑑み、

　　"平等"を期すため、新しい選挙制ではムスリムしか選出されない選挙区

　　を設けて"公平"を期したいと思います。

　"表向きの理由"はこのような感じで、新しい選挙制ではかならずムスリムに有利になるよう画策します。

　これに国民会議派（特に急進派）は怒髪天。

「なんだ、それは！？

　これでは我々ヒンドゥー教徒はどの選挙区でも多数派を占められないではないか！」

　こうしてイギリスの目論見通り、インド人を政治的にはインド国民議会の「右派」と「左派」、そして「全印ムスリム連盟」で敵対させ、宗教的にはヒンドゥー教徒 vs ムスリムでさらに憎しみ合わせることに成功したのでした。

第4幕

押さば引け、引かば押せ

第一次世界大戦直前のインド帝国

インド人の分裂を図った「ベンガル分割令」は、かえってインド人の団結を促してしまったため、イギリスはこれを撤廃し、帝都もカルカッタからデリーに遷す。さらに、国王ジョージ5世にご足労願い、デリーで「インド皇帝即位式典」を大々的に挙行、懐柔に親英インド人に叙勲まで行った。

そなたらには
勲章を授与しよう！

叙勲

わ～い！
うれし～な～！

親英派インド人

〈 第一次世界大戦直前のインド帝国 〉

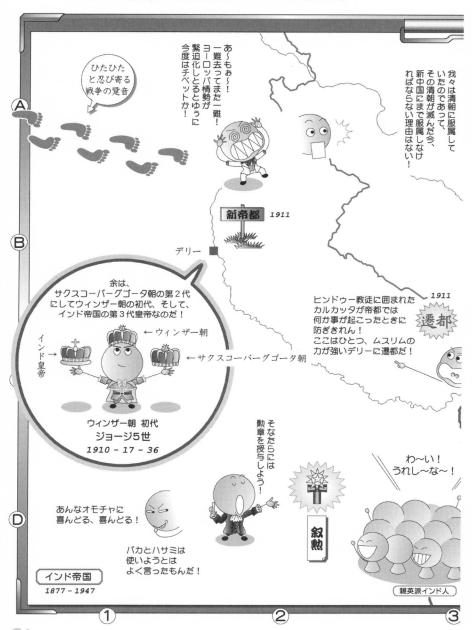

1911〜13年

チベット国旗

清

滅亡

1912.2/12

独立

1913

退位時
六歳

明光大正

黄帽派 法王
ダライ=ラマ１３世
トゥプテン=ギャツォ
1879 - 1933

チベット

清朝 第12代
遜帝 宣統帝 愛新覚羅 溥儀 耀之
1908.12/2 - 12.2/12

ネパール

ブータン

わかった、わかった！
じゃあ、撤廃すっから！

カーゾンライン

ベンガル分割令
絶対反対！

ベンガル分割令 撤廃

1911

カルカッタ

④

⑤

しかし、所詮、姦計は姦計。

イギリスの陰謀もそう長くはつづかず、インド人もほどなくその構図に気づいて「敵は本能寺にあり！」とばかり、団結してその撤廃を訴えるようになります（C-5）。

しかし、イギリスはあくまでも強か。

——押さば引け、引かば押せ。

敵が攻勢に出れば懐柔策を打ち、敵が守勢に廻れば強行策に出る。

敵の動きを見ながら臨機応変にこちらの対応を決めるのがうまいイギリスは、インドの反発が強くなってきたと見るや、1911年、「ベンガル分割令」を撤廃して（C/D-3/4）これを懐柔します。

さらに前年（1910年）に即位したばかりの新王ジョージ5世（＊01）（C-1）に訪印してもらい（＊02）、大々的に「インド皇帝戴冠式典」を挙行するとともに、親英派インド人（D-3）に叙勲を敢行します（D-2）。

この一世紀ほど前、ナポレオンが「レジオンドヌール勲章」を創設したとき、各界から批判の声が聞こえてきたものです。

「ふん、あんな玩具で我々を誑かさんとするか！」

しかし、そうした声にナポレオンは答えます。

——これを"玩具"だと嘲る者がおることは余も耳にしておる。

だが、その者には教えてもらいたいものだ。

古今を問わず、勲章なしでやっていけた共和国があるのか。

諸卿らのいう"玩具"が人を動かしてきたのだよ。

古代オリンピアの「月桂冠」然り、織田信長が家臣に与えた「茶器」然り、その素材自体には"玩具"と同程度の価値しかないかもしれませんが、そこに込められた"名誉"が人の功名心・名声欲をくすぐり、時にはそのために人は命す

（＊01）ヴィクトリア女王の孫、エリザベス2世の祖父。この間、王朝名はハノーヴァー朝（ヴィクトリア女王）・サクスコーバーグゴータ朝（エドワード7世）・ウィンザー朝（ジョージ5世）とめまぐるしく変わっています。

（＊02）ちなみに、「訪印したイギリス国王」は後にも先にもジョージ5世ただひとりです。もっとも彼自身は即位にはあまり興味を示さず、好きな狩りに明け暮れていましたが。

ら賭けるのです。

　このときにも、親英派インド人たちに叙勲してやることで彼らにさらなる忠誠を誓わせるとともに、反英派インド人からの反感を買わせようという腹です。

　ところで、このころになると欧州情勢は急速に冷え込んでおり、モロッコから燻り始めた火種（＊03）はリビアに飛び火し（＊04）、それがついには当時「ヨーロッパの火薬庫」と呼ばれていたバルカン半島まで炎が這っていったことで（＊05）、ヒタヒタと「第一次世界大戦」の跫音（A-1）が聞こえてくるようになっていましたから、こんなときにインドで某か事が起こっては一大事。

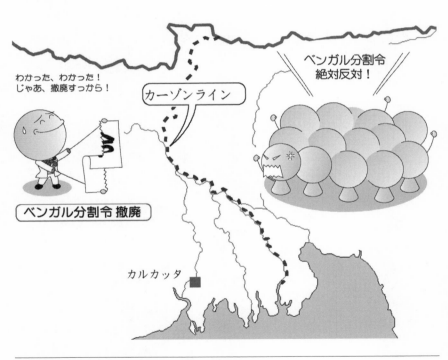

（＊03）1911年の「第2次 モロッコ事件（アガディール事件）」のこと。

（＊04）1912〜13年の「伊土戦争」のこと。

（＊05）1912年の「第1次 バルカン戦争」、1913年の「第2次 バルカン戦争」のこと。このときのバルカン戦争が、第一次世界大戦の導火線となります。

当時の帝都（カルカッタ）（D-4）はヒンドゥー教徒の地でしたから、事が起これ
ばたちまち窮地に陥ることは必定。

そこで 1912 年、帝都をムスリムの地・デリー（B-1/2）に遷都します。

しかし、イギリスに安楽の日は訪れません。

同年、中国では清朝が滅亡（A-4/5）したことで、それまで清朝が支配してい
たチベット（A/B-4）の帰属問題が浮上。

チベットは古来、清朝の藩属国でしたが、その清朝が傾くと、1907 年「英
露協商」が締結されて「英 露ともにチベットには手を出さない」ことで合意し
ていました。

しかし、ここにきてその清朝が亡び、チベットが独立宣言(＊06)（1913 年）
したとなると、イギリスはこれに対応しなければならなくなります（A/B-2）
が、そうこうしているうちに「第一次世界大戦」が勃発、歴史は新たな段階へ
と突入していくことになります。

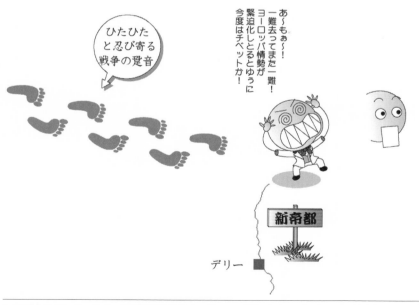

<hr>

（＊06）このとき、チベットの指導者ダライ＝ラマ 13 世（A/B-3/4）は、独立の象徴として国旗
　　　　（A-3/4）を制定しています。

第5章 オスマン帝国滅亡

第1幕

私は立つ！
オスマン帝国の依違逡巡

独土秘密同盟条約は結んでみたものの、ほんとうにドイツ側に立つべきか否か、エンヴェルも悩む。

「勝ち馬には乗りたいが、負け戦は避けたい。」

しかし、依違逡巡（いいしゅんじゅん）するトルコにドイツが〝喝〟（かつ）を入れると、ついにエンヴェルも決断する。

「政府の意向がどうであろうと私は立つ！」

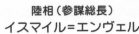

「政府の意向がどうであろうと私は立つ！」

陸相（参謀総長）
イスマイル＝エンヴェル

〈 オスマン帝国の依違逡巡 〉

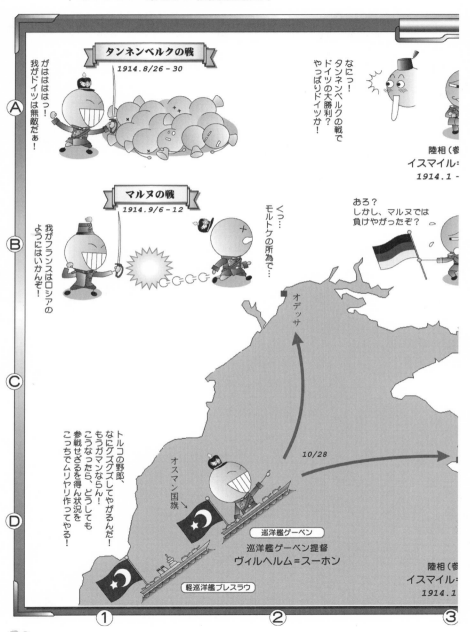

タンネンベルクの戦
1914.8/26 – 30

がはははははっ！
我がドイツは無敵だぁ！

なにっ！
タンネンベルクの戦で
ドイツの大勝利！
やっぱりドイツか！

陸相（参
イスマイル＝
1914.1 –

マルヌの戦
1914.9/6 – 12

我がフランスはロシアの
ようにはいかんぞ！

くっ…
モルトケの所為で…

おろ？
しかし、マルヌでは
負けやがったぞ？

オデッサ

10/28

トルコの野郎、
なにグズグズしてやがるんだ！
もうガマンならん！
こうなったら、どうしても
参戦せざるを得ん状況を
こっちでムリヤリ作ってやる！

オスマン国旗

巡洋艦ゲーベン
巡洋艦ゲーベン提督
ヴィルヘルム＝スーホン

軽巡洋艦ブレスラウ

陸相（参
イスマイル＝
1914.1

A
B
C
D

① ② ③

178

1914年

ところで、ドイツとオスマンが「独 土 秘密同盟条約」を締結したところ
まではご説明いたしましたが、ドイツはその翌日（８月３日）にはフラ
ンスに宣戦布告し、さらにその翌日（４日）にはベルギーに侵攻を始め、ここに
「第一次世界大戦」の火蓋が切って落とされました[＊01]。

　そうなると、オスマン帝国は「独 土 秘密同盟条約」に基づいてドイツ側に
立って参戦する義務が生まれ、実際ドイツもオスマンに参戦を促しましたが、
エンヴェルには迷いがありました。

──ほんとうにこのままドイツ陣営に付いてしまっていいのだろうか？

　"勝ち馬"には乗りたいが、"沈む船"には乗りたくない。

　ほんとうにドイツは英・仏・露を敵に回して勝てるのか？

　西部戦線では調子いいようだが、東部戦線では苦戦しているようだし。

　こうしてエンヴェルが頭を抱えていたころ、地中海戦線では 英 艦隊が独 艦
隊[＊02]（D-2）を追い回していました[＊03]が、ついに追い込まれた独艦隊
が中立国のオスマンに援けを求めてきます（８月10日）。

「同盟国の誼にて、海峡を通させてもらいたい！」

　オスマンは同盟国としての立場上、通してあげなければならないところです
が、通してしまえばイギリスから「ドイツに戦争協力した」と見做されて参戦
せざるを得なくなります。

　エンヴェルも何とか言い逃れをしようと試みましたが、結局押し切られ、独
戦艦を通してしまいました。

　当然、イギリスから猛抗議を受けたため、エンヴェルは言い訳します。

──じつはあれは我が国がドイツから購入した艦でして。（大嘘）

　ほら、この間、貴国に戦艦２隻を横取りされちゃったでしょ？

　あれの代わりとして購入した次第で。

（＊01）じつは、これに先立って８月２日にドイツ軍がルクセンブルクに侵攻しているのですが、
　　　　どうもこれはドイツ政府の意図せぬ突発的なものであったようで、ドイツはただちにその
　　　　非を認め、「敵意はない」と説明しています。
　　　　もっともその直後にベルギー侵攻が始まったため占領は解きませんでしたが。

（＊02）巡洋艦「ゲーベン」と軽巡洋艦「ブレスラウ」。司令官はヴィルヘルム＝スーホン。

イギリスもそこを衝かれると弱い。

「ああ、その話か。あれはすまなかったな。

　よろしい。過去のことは水に流すとして、将来のことを話し合おう。

　もし、こたびの戦（いくさ）に貴国が厳正中立を守ってくれるなら、

　我が国は、貴国に1日につき1000ポンド（＊04）づつ払おうではないか！

　どうだ、悪い話ではなかろう!?」

　外交というものは“狐（キツネ）と狸（タヌキ）の化かし合い”です。

　相手がちょっとでも引いたら畳みかけるのが基本。

　そこでエンヴェルも、条件を加えてきます。

――そうですな。

　　以下の条件を呑んでくれるなら、考えてもよろしい。

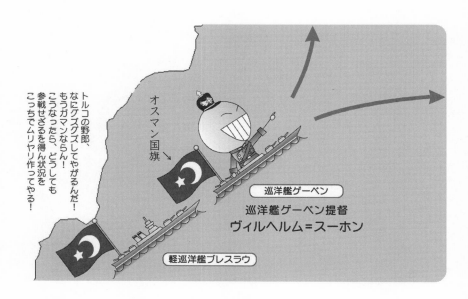

トルコの野郎、
なにグズグズしてやがるんだ！
もうガマンならん！
こうなったら、どうしても
参戦せざるを得ん状況を
こっちでムリヤリ作ってやる！

オスマン国旗

巡洋艦ゲーベン
巡洋艦ゲーベン提督
ヴィルヘルム＝スーホン

軽巡洋艦ブレスラウ

（＊03）イギリス地中海艦隊が、地中海の制海権を得るためドイツ艦隊を追い回した「ゲーベン追撃戦（1914年7月28日〜8月10日）」のこと。

（＊04）現在の日本円に換算すると「5000万円」ほど。
　　　　第一次世界大戦がおよそ1500日間ですから、もしここで合意がなされていたら、オスマンは「750億円」ほど手に入ったことになります。

まずは治外法権（カビチュレーション）の即時撤廃、収用された軍艦２隻の即時返還。

さらにはバルカン戦争での失地恢復（かいふく）と、内政不干渉。

如何（いか）かな？

「如何かな」も何も、こんな条件呑（の）めるわけがありません。

しかし、そこは海千山千、狡猾（こうかつ）にして老獪（ろうかい）なイギリス。

どんな無理難題を押し付けられようともすぐに席を蹴らず、執拗に食い下がって妥協点を探ろうとします。

「艦（ふね）については、たいへん申し訳なかった。

それについては、こたびの戦争が終わったらきちんと弁済させてもらう。

治外法権（カビチュレーション）も、今は戦時にて今すぐというわけにはいかないが、

将来的には撤廃する方向で検討しよう。

その代わり、独艦（ドイツ）に海峡通過を認めるなら、

我が英艦（イギリス）にも通過を許可してもらいたい。」（A-4）

エンヴェルは眉間に皺（しわ）を寄せ、腕を組んで悩みます（A-3）。

── う～む。

ドイツに付くべきか、イギリスに従うべきか。

あれかこれか（エンテン エラー）（＊05）、丁か半か、是か非か、伸（の）るか反（そ）るか。

タンネンベルクの戦

がはははははっ！我がドイツは無敵だぁ！

なにっ！タンネンベルクの戦でドイツの大勝利？やっぱりドイツか！

（＊05）デンマーク人哲学者Ｓ.Ａ.キェルケゴールの代表作『あれかこれか』より。

（＊06）1914年の東部戦線におけるドイツ vs ロシアの戦闘。

　そんな折、ドイツの苦戦が伝えられていた東部戦線で「タンネンベルクにてドイツ軍大勝利！（＊06）」（A-1）との報が入ってきます。
── やはりドイツか！？
　これでエンヴェルの気持ちは一気にドイツ側に傾きました（A-2/3）が、すぐに続報が入ります。
「ドイツ軍、マルヌにて敗走中！（＊07）」（B-1）
── 何！？　快進撃だった西部戦線でドイツが敗けた？
　　となると、やはりイギリスか！？
　一報が入るたびに依違逡巡するエンヴェル（B-3）に業を煮やすドイツ。
　マルヌの戦以降、戦線が膠着化したドイツは、いよいよ以て是が非でもオスマンに参戦してもらわねばなりません。
「何を迷っておられる？
　よもや独土秘密同盟条約を忘れたわけではありますまいな？」
　しかしながら、「独土秘密同盟条約」はエンヴェルの独断で結んでしまったもので、皇帝の署名もなく、ジェマルにすら秘密でしたから法的根拠が希薄で、これを履行するとなると、各方面から猛反発を喰らって、この天下の大事に政界が大混乱に陥ってしまう可能性すらあります。
　いつまでも煮え切らない態度のトルコに、ドイツは「ならば、どうしても参

その条件じゃな〜…

陸相（参謀総長）
イスマイル＝エンヴェル

・カピチュレーションの将来的撤廃
・条件1：ドイツとの関係を絶つ
・条件2：英商船の両海峡通過の了承
・条件3：今大戦に対する厳正中立

（＊07）1914年の西部戦線におけるドイツvsフランスの戦闘。

183

戦せざるを得ないようにしてやる！」と強硬手段に打って出ます。

　すでに黒海に入っていた独艦ゲーベン（D-2）とブレスラウ（D-1/2）が突如としてロシアの軍港オデッサ（B/C-2）とセヴァストーポリ（C/D-3）を攻撃したのです（10月28日）。

　この2艦は中立国・オスマンの国旗を掲げて海上に現れたため、ロシア側もまったく警戒レベルを上げておらず、不意の攻撃に大損害を出してしまいます。

　これには露帝ニコライ2世も激怒。（D-5）

「オスマン艦隊が我が国の港を砲撃するとは、

　　これはいったいどういう料簡だ！？」

　先にトルコは、イギリスへの言い訳として「ゲーベン・ブレスラウ両艦は、我が国が購入したもの」と言っていましたから、その2艦がオスマン国旗を掲げて砲撃してきたとなれば、どうみてもオスマンが宣戦布告なしの奇襲攻撃をかけたようにしか見えません。

　イギリスに吐いたウソが仇となって自分に降りかかることになります。

──いえ、あの…、こたびの艦隊行動は

　　オスマン政府のまったく与り知らぬこととて……」（C/D-4/5）

　時の大宰相メフメト＝サイード＝ハリム（D-4）はそう弁明したものの、砲撃をしたのがオスマン国旗を掲げたオスマン艦（という建前）である以上、説得力はゼロ。

（＊08）詳しくは、本幕コラム「裏切者の末路」を参照。

　いまさら「あれを購入したと言ったのはウソでした」といえば、今度はイギリスを激怒させることになり、進退谷（きわ）まります。

　独艦（ドイツ）による露港（ロシア）への砲撃は "家康による 松 尾 山 への砲撃（＊08）" となり、エンヴェル（D-3/4）も事ここに至らば「是非に及ばず！（＊09）」と腹をくくる契機となりました。

　―― 政府の意向がどうであろうと私は立つ！

　　どうしても止めたければ私を殺せ！（C-3/4）

　エンヴェルはこう啖呵を切り、こうしてついにオスマン帝国もドイツ側に立って参戦することになったのでした。

　その日（11月11日）がちょうど4年後の同月同日、ドイツが降伏した日となるのは歴史の皮肉でしょうか。

「今回の艦隊行動はオスマン政府の
与り知らぬことであります。」

参戦国でもないトルコ艦隊が
突然、我が国の外港都市を
砲撃するたぁ、ど〜ゆ〜て見だ！
なんだ？ やんの、か、ごるぁ！

オスマン帝国　大宰相
メフメト＝サイード＝ハリム

ロマノフ朝　第18代
ニコライ2世

（＊09）織田信長最期の言葉として伝えられるもの。「仕方ない」「他に打つ手がない」の意。

Column 裏切者の末路

　本文では、依違逡巡するトルコに腹を括らせるため、ドイツがロシア軍港を攻撃するという挙に出ましたが、こうした事例はあちこちにあります。

　日本では、あの有名な"天下分け目の関ヶ原"で、いつまでもその立場をはっきりとさせずにいた「小早川秀秋」。

　彼は高台院（秀吉正室）の甥っ子（兄の五男）で、のちに豊臣秀吉の養子となって一時は後継者と目されたほどの豊臣家重鎮でしたが、秀頼が生まれたことで小早川家に"厄介払い"された人物です。

　そうした複雑な生い立ちにあって、関ヶ原では「西軍」として馳せ参じながら、じつは「東軍」に内通しており、開戦後も決断が付かずにいつまでも動かず、ただ戦況を傍観していました。

　「東軍（イギリス）と西軍（ドイツ）のどちらに付くべきか、開戦後になっても迷いつづける姿」はこのときのエンヴェルに酷似します。

　このときは、業を煮やした家康（ドイツ）が小早川秀秋（トルコ）の陣に砲弾を撃ち込んだことで、小心者の秀秋の背中を押すこととなり、東軍に付いて参戦することになりました。

　中国でも、楚漢戦争のときに劉邦が敵将であった黥布を寝返らせるため、説得工作に随何を派遣したことがありましたが、黥布はどうにも煮え切らない態度。

　そこで随何は、項羽からの使者が黥布の館に来ていると知ってその場に乗り込み、楚の使者に対して「九江王（黥布）はすでに漢に寝返ったのだ！」と告げてしまいます。

　こうなれば、黥布は使者を生きて帰すわけにいかなくなり、ついに漢への帰順を決めたのでした。

　歴史は繰り返す。

　そして、このように強引に味方に組み込まれた者（オスマン・小早川・黥布）の末路は悲惨――という結果も同じでした。

第5章 オスマン帝国滅亡

第2幕

"アラビアのロレンズ"とともに

フサイン＝マクマホン協定

ついにオスマン帝国がドイツ側に立って参戦してしまった。こうなると、イギリスはエジプトを危ぶむ。こうしたとき、イギリスが取る手口はいつも同じ、「敵の内部分裂を図る」。そこでイギリスは、メッカ太守フサインに働きかけ、やるつもりもない領土を餌にオスマンに謀反を起こすよう働きかけた。

げげっ！
オスマンにドイツ側で
参戦されると
エジプトが危ない！

ただちになにか
手を打たねば！

エジプト高等弁務官
アーサー＝ヘンリー
マクマホン

〈 フサイン＝マクマホン協定 〉

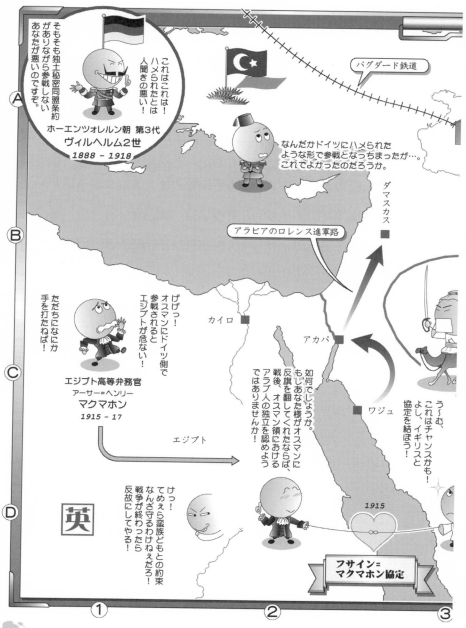

バグダード鉄道

ホーエンツォレルン朝 第3代
ヴィルヘルム2世
1888 - 1918

そもそも独土秘密同盟条約があDありながらM参戦しないあなたが悪いのですぞ。

これはこれは！ハメられたとは人聞きの悪い！

なんだかドイツにハメられたような形で参戦となっちまったが…。これでよかったのだろうか。

ダマスカス

アラビアのロレンス進軍路

カイロ

アカバ

ワジュ

エジプト高等弁務官
アーサー＝ヘンリー
マクマホン
1915 - 17

げっ！オスマンにドイツ側で参戦されるとエジプトが危ない！

ただちになにか手を打たねば！

如何でしょうか。もしあなた様がオスマンに反旗を翻してくれたならば、戦後、オスマン領におけるアラブ人の独立を認めようではありませんか！

う～む、これはチャンスかも！よし、イギリスと協定を結ぼう！

エジプト

英

けっ！てめえら蛮族どもとの約束なんざ守るわけねえだろ！戦争が終わったら反故にしてやる！

1915

フサイン＝
マクマホン協定

1915 年

オスマン帝国 国境

3B
政策

バグダード

バスラ

インド情勢も不穏だし、新たにチベット問題も生まれたというのに、ここに来てオスマンがドイツ側に立って参戦したとなると、ここイランも危うくなってきたな。マズイぞ、マズイぞ。

イラン

英

カージャール朝
1779 / 96 - 1925

"アラビアのロレンス"
トーマス＝エドワード
ロレンス
1916 - 18

まずはメッカへの進軍路ワジュを陥とし、つぎに要衝アカバを、こうして背後の憂いを断ち、ダマスカスを目指す！

メッカ太守
フサイン
イブン＝アリー
1908 - 1915

我が四人の息子たちよ！お前たちの力を存分に発揮するときが来た！

ははっ！父上のご期待に応えましょう！

アラブの叛乱
1916 - 18

■ メッカ

こうしてオスマン帝国は、1914年11月11日、エンヴェルに押し切られるという形でついに「ドイツ側に立って参戦」という運びになりました。

あくまで表向きには、皇帝メフメト5世の「御聖断（スルタン）」による聖戦（ジハード）という形を取りましたが、実質的には「ハメられた（＊01）」ようなものです（A/B-2）。

もっとも、ドイツにしてみれば「独土秘密同盟条約を結んでおきながら、いつまでもウジウジ約束を履行しようとしないトルコに決断を迫っただけ」という気持ちでしょうが（A-1）。

ところで、オスマン帝国（デブレット）に参戦されて、焦ったのはイギリス。

地政学的に見ればよくわかりますが、オスマン帝国（デブレット）はボスフォラス・ダーダネルス海峡からアナトリア半島を経て、イラク・シリア・ヒジャーズまでを支配下に置いて、その東にイラン（A/B-5）・西にエジプト（C/D-1/2）が接していますが、このイラン・エジプト両国は当時イギリスの勢力圏下（D-1 / B-5）にあったためです。

これは「オスマンの全面支援（バックアップ）の下、ドイツがバグダード鉄道（A-2/3）を経ていつでもイラン・エジプトに派兵することも可能となった」ことを意味し、イギリスに緊張が走ります（B-4/5）。

このとき、イギリスがどう対策を練ったか。

すでに述べてまいりました通り、こうしたときに欧米列強が採（と）る常套手段はいつも同じです。

── 自らの手は汚さず、現地民同士でいがみ合わせ、

　　憎しみ合わせ、殺し合わせ、自らは高みの見物を決め込む。

もちろん、「今回だけは例外」ということはありません。

こうしてイギリスは、その舌先三寸で「帝国（デブレット）内のアラブ人をその気にさせ、帝国（デブレット）に叛逆させる」策を図ります。

（＊01）ドイツ巡洋艦ゲーベン・準巡洋艦ブレスラウによるオデッサ・セヴァストーポリ砲撃事件のこと。詳しくは、本書「第5章 第1幕」を参照。

（＊02）よく「サイード」と表記している書を見かけますが「サイ・イド」の誤りです。
　　「サイード」は人名で、「サイイド」は「開祖ムハンマドの後裔（ハーシム家）」のこと。
　　狭義ではハーシム家直系のみ、広義ではその傍系も含めます。　　　　　　　↗

これが１９１５年の所謂「フサイン＝マクマホン協定（D-2/3）」です。

　具体的には、イギリスの高等弁務官であったＡ．Ｈ．マクマホン（C-1）が
イスラームの聖地メッカ（D-3）の太守にして聖裔(＊02)のフサイン＝イブン＝
アリー（C/D-3/4）に接近して、その耳元に囁きます(＊03)。

「フサイン殿。

　お畏れながら、貴殿は開祖の後裔サイイドであらせられる。

　それなのに、何故にいつまでも異民族などの支配下に甘んじておられるので
しょうか？

　如何でございましょう。

　こたびの大戦を機に、オスマンに反旗を翻しなされ。

　もちろん我がイギリスが全面的にバックアップも致しますし、それで戦争が

> 如何でしょうか。
> もしあなた様がオスマンに
> 反旗を翻してくれたならば、
> 戦後、オスマン領における
> アラブ人の独立を認めよう
> ではありませんか！

ワジュ

う～む、
これはチャンスかも！
よし、イギリスと
協定を結ぼう！

フサイン＝
マクマホン協定

■ メッカ

　　↗　　シーア派では、特に第４代カリフ　アリーの後裔のこと。
　　　　日常的にはもっとざっくばらんに偉い人への尊称「Mr.」くらいの意味で使用されます。

（＊03）「耳元に囁く」というのは形容表現で、実際には「10通の往復書簡」です。

終わった暁には、大英帝国の名にかけて帝国領のアラブ人居住地を独立国家として保障しようではありませんか！（C/D-2）

どうです、悪い話ではないでしょう？」

なるほど、アラブ人にしてみれば確かに悪い話ではありません。

こうして翌1916年、約束通りアラブが反旗を翻す[＊04]と、イギリスからは陸軍大尉Ｔ．Ｅ．ロレンス[＊05]（C-3/4）が派遣され、彼が軍事顧問となって戦うや、まずはワジュ（C-2/3）を押さえてメッカへの進軍路を断つと同時に、ここから要衝アカバ（B/C-2/3）を背後から衝いてこれを陥とし、そこから一気にダマスカス（B-2/3）を攻略するという大戦果を上げることになりました。

──永年にわたってトルコ人に押さえつけられてきた"屈辱の歴史"も

　　これでようやく終わる！

　　戦争が終わった暁には、先祖伝来の我々の土地を取り戻し、

　　新しい国造りが始まるのだ！

そう歓びに打ち震えるアラブ人でしたが、「イギリスはそんな甘い相手ではない」ということを戦後、思い知らされることになるのでした。

まずはメッカへの進軍路
ワジュを陥とし、
つぎに要衝アカバを、
こうして背後の憂いを断ち、
ダマスカスを目指す！

"アラビアのロレンス"
トーマス＝エドワード
ロレンス

（＊04）所謂「アラブの叛乱」（D-4/5）。

（＊05）のちに『アラビアのロレンス』（1962年）という映画になったことで彼は一躍有名となり、以降、彼は「アラビアのロレンス」と呼ばれるようになります。

第3幕

修羅地獄の原点
イギリス三枚舌外交

イギリスは「フサイン゠マクマホン協定」を結んだあと、これと相矛盾する協定・宣言をつぎつぎと行った。これを「イギリス三枚舌外交」という。

そしてこれが戦後、イギリスを苦しませつづけることになると同時に、現在に至るまでの中東混迷の淵源となる。

エジプト高等弁務官
アーサー゠ヘンリー
マクマホン

メッカ太守
フサイン
イブン゠アリー

〈 イギリス三枚舌外交 〉

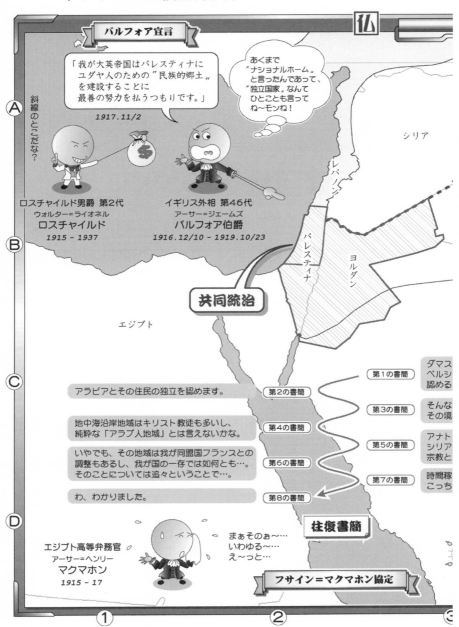

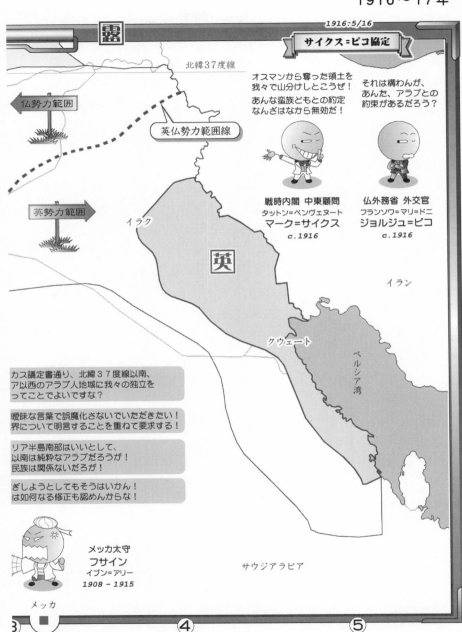

1916～17年

1916:5/16
サイクス=ピコ協定
露
北緯37度線
仏勢力範囲
英仏勢力範囲線
英勢力範囲
イラク
英
イラン
クウェート
ペルシア湾
サウジアラビア
メッカ
③
④
⑤
オスマンから奪った領土を
我々で山分けしとこうぜ！
あんな蛮族どもとの約定
なんざはなから無効だ！
それは構わんが、
あんた、アラブとの
約束があるだろう？
戦時内閣 中東顧問
タットン=ベンヴェヌート
マーク=サイクス
c.1916
仏外務省 外交官
フランソワ=マリ=ドニ
ジョルジュ=ピコ
c.1916
カス議定書通り、北緯３７度線以南、
ア以西のアラブ人地域に我々の独立を
ってことでよいですな？
曖昧な言葉で誤魔化さないでいただきたい！
界について明言することを重ねて要求する！
リア半島南部はいいとして、
以南は純粋なアラブだろうが！
民族は関係ないだろが！
ぎしようとしてもそうはいかん！
は如何なる修正も認めんからな！
メッカ太守
フサイン
イブン=アリー
1908 – 1915

歴史を紐解くと、白人が「有色人種（黒人・黄人・赤人・青人（＊01））の ことなど自分たちと"対等"だなどとは思っていない（＊02）」という本心 が随所に現れてきます。

　たとえば、彼らが「人間」と言ったとき、そこには有色人種が含まれていま せん（＊03）し、ＡＡ圏の領土の領有権を現地人のいないところで白人たちだ けで勝手に取り決めます（＊04）し、ＡＡ圏で何か問題が起これば白人はかな らず口を挟んでくるくせに、欧州で問題が起きても有色人種にはけっして口出 しさせません。

　果ては、本来であれば対等であるはずの「条約」や「協定」にまで彼らの人 種差別意識が如実に現れ、彼らは条約相手が同じ白人であれば可能な限りこれ を守ろうとしますが、相手が有色人種となると途端にこれを破ります。

　しかしながら、破るにしても彼らなりの"正当性"が要りますから、そのため に彼らはあらかじめ条文の中に"細工"を仕込んでおきます。

　たとえば、敢えて何とでも解釈できる"曖昧な言葉"を織り交ぜておく。

　たとえば、意図的に"誤訳"を仕込んでおく（＊05）。

　そうしておいて、あとからその部分に難癖をつけてこれを反故にします。

　逆にいえば、条約文の中に"曖昧な言葉"や"誤訳"が紛れ込んでいるとき は、白人はその条約を「守るつもりなど毛頭ない」ことを意味しています。

　とはいえ、条約を根こそぎ御破算にしてしまうのでは元も子もないので、反 故にするのはあくまで条約の「自分たちにとって都合の悪い部分」だけ。

　「都合のよい部分」はあくまでも条約を盾にして相手に履行させようとし、こ れに相手が不満の声を上げればたちまち本性を現し、それまでの"営業スマイ ル"から"般若の形相"となって力でねじ伏せてくる。

　欧米列強は19世紀いっぱいまでこのやり方で通して来ましたし、またそれで うまく行っていましたから、当然20世紀に入ってもこのやり方を貫こうとしま

（＊01）五行思想（白・黒・黄・赤・青）に基づき、世界の人種を肌の色で5つに分けた呼び方。
　　　・白人（ヨーロッパ人／コーカソイド）　・黒人（アフリカ人／ネグロイド）
　　　・黄人（アジア人／モンゴロイド）　　　・赤人（アメリカ先住民／モンゴロイド）
　　　・青人（オーストラリア先住民／オーストラロイド）。

す 。

　それこそが 、前幕の「 フサイン＝マクマホン協定（ D-2/3 ）」、そして本幕
の「 サイクス＝ピコ協定（ A-5 ）」「 バルフォア宣言（ A-1 ）」です 。

　しかしながらイギリスにとって誤算だったのは 、20 世紀初頭に "ゲームチェ
ンジ " が起こっていたという事実です 。

　歴史の流れにおいて 、「 従来からの常識・ノウハウ・価値観・ルールなど 、そ
の時代を構成していた従来の枠組がことごとく通用しなくなり 、時代の様相が
ガラリと変わる 」ことがあります 。

　これを "ゲームチェンジ（ ＊06 ）" と言いますが 、20 世紀初頭はまさにこの
"ゲームチェンジ " の節目に当たったのです 。

　すなわち "ゲームチェンジ " が起こったことで 、ついこの間まで彼らを支え 、
輝きを与えてきた「 19 世紀 」は見る間に色褪せ 、これに代わって到来した
「 20 世紀 」は 19 世紀までの "帝国主義的手法 " がまったく通用しない時代と
なっていったのでした 。

（ ＊02 ）これはあくまでも「 集団規範 」を論じているのあって「 個人規範 」ではないことに留意 。
　　　　ここでは本旨から逸れてしまうため 、これ以上詳しくは触れませんが 。

（ ＊03 ）詳しくは『 世界史劇場 アメリカ合衆国の誕生 』をご覧ください 。

（ ＊04 ）1494 年の「 トルデシリャス条約 」、1885 年の「 ベルリン条約 」など多数 。

（ ＊05 ）1854 年の「 日米和親条約 」、1889 年の「 ウッチャリ条約 」など多数 。

しかし、人は失敗して初めて"変化"に気づくのであって、当時はそんなこと
が起こっているなどとは夢にも思わず、イギリスは19世紀の定石通りに動きま
す。

　前幕の「フサイン=マクマホン協定」もそうして生まれたものです。

　じつは、まだ第一次世界大戦が始まって間もない1915年、当時の英陸相
Ｈ．Ｈ．キッチナー卿がアラブ人を自陣営に取り込まんとメッカ太守フサイ
ンと交渉し、彼との間に『ダマスカス議定書』が成立していました。

- アラブ人はイギリスに味方してオスマン帝国に叛乱を起こすこと。
- その代わりイギリスは「北は北緯37度（A-4）、東はイラン
  （B-5）国境、南はインド洋、西は地中海（A/B-2）・紅海（D-
  2/3）を境界線とする地域」にアラブ人の独立国家を認める。

　しかし、その直後の1916年に当のキッチナー陸相が戦死してしまったため、
議定書がウヤムヤにされることを恐れたフサインは、エジプト高等弁務官のマ
クマホンに確認の書簡（第1書簡）（C-3）を送り付けましたが、これが「フサ
イン=マクマホン往復書簡（D-2/3）」の始まりとなります。

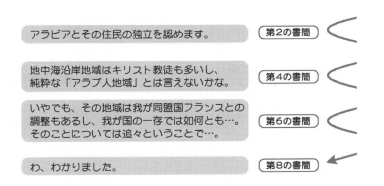

アラビアとその住民の独立を認めます。　　第2の書簡

地中海沿岸地域はキリスト教徒も多いし、
純粋な「アラブ人地域」とは言えないかな。　第4の書簡

いやでも、その地域は我が同盟国フランスとの
調整もあるし、我が国の一存では如何とも…。
そのことについては追々ということで…。　第6の書簡

わ、わかりました。　　第8の書簡

（＊06）もともとは経済用語でしたが、最近は歴史用語としても転用されるようになっています。
　　　　「ゲームチェンジ」に関しての詳細は、拙著『ゲームチェンジの世界史』（日本経済新聞出
　　　　版）をご参照ください。

——改めて確認しておきたいのですが、イギリス軍に戦争協力した暁には、

　　戦後、間違いなく『ダマスカス議定書』の内容はそのまま守られるのでしょうな!?

　これに対するマクマホンの返信は、「我が国はアラビア（イギリス）とその住民の独立を望んでいます（第2書簡）（C-1/2）」という、答えにも何にもなっていないピント外れなもの。

　"曖昧（あいまい）な言葉"で誤魔化そうとしていること自体、イギリスが「約束を守るつもりは毛頭ない」ことを如実に示しています[＊07]。

　しかし、フサインは引き下がらず、なおも強硬に「そんな曖昧（あいまい）な言葉ではなく、『議定書』で示された境界線を改めて明言するよう（第3書簡）（C-3）」要求すると、気圧（けお）されたマクマホンはつい本音を漏らします。

「とはいえ、地中海沿岸（A-2/3）はキリスト教徒が多いし、

　　ここは"純粋なアラブ人地域"とは言えないかな。」（第4書簡）（C/D-1/2）

　　これにフサインはブチ切れ。

——なんだ、それは!?　約束が違うではないか!!

　　宗教と民族は関係ないだろうが!?

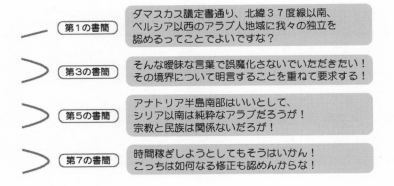

第1の書簡：ダマスカス議定書通り、北緯37度線以南、ペルシア以西のアラブ人地域に我々の独立を認めるってことでよいですな？

第3の書簡：そんな曖昧な言葉で誤魔化さないでいただきたい！その境界について明言することを重ねて要求する！

第5の書簡：アナトリア半島南部はいいとして、シリア以南は純粋なアラブだろうが！宗教と民族は関係ないだろが！

第7の書簡：時間稼ぎしようとしてもそうはいかん！こっちは如何なる修正も認めんからな！

（＊07）じつはこのときすでに、イギリスはフランスと「オスマン帝国領分割協議」に入っており（これがのちの「サイクス＝ピコ協定」となって結実）、『ダマスカス議定書』を反故にするつもりでいました。

そんなことは断じて認めんぞ！（第5・第7書簡）（C/D-3/4）

　フサインの剣幕にタジタジとなったマクマホンは、「そのことに関しては、また追々こちらから連絡をさしあげますので…（第6書簡）（C/D-1/2）」と時間稼ぎを試みましたが通用せず、最後には「あなたの要望を認めます（第8書簡）（D-1/2）」と前言（第4書簡）撤回させられています。

　しかし、19世紀までの "成功体験" にどっぷり首まで浸かっていたイギリスは、アラブをナメてかかってコトを深刻に考えず、「いざとなったら押し潰してやる！」とタカをくくり、約束を守るつもりなど毛頭なかったことは、この書簡の直後に締結された「サイクス＝ピコ協定（A-5）」（のちに露^{ロシア}・伊^{イタリア}も参加）からも明らかで、その中で書簡をまったく無視して「オスマン帝国分割案^{デブレット}」を密談しています。

```
・イギリス　統治領：ヨルダン　　　　　　　　　　　　（B-2/3）
　　　　　勢力範囲：イラク中南部　　　　　　　　　　（B-4/5）
・フランス　統治領：アナトリア南東部・地中海沿岸部　（A-2/3）
　　　　　勢力範囲：シリア・イラク北部　　　　　　　（A-3）
・英仏共同統治領：パレスティナ北部　　　　　　　　　（B-2）
・ロシア　　統治領：アナトリア東部・両海峡　　　　　（A-3/4）
・イタリア　統治領：アナトリア南部　　　　　　　　　（A-1/2）
```

　ついさっき、「アラブ人にあげる」と約束した土地を分け合う

・英代表：　Ｔ^{タットン}．Ｂ^{ベンヴェヌート}．Ｍ^{マーク}．サイクス　（A/B-4/5）

・仏代表：　Ｆ^{フランソワ}．Ｍ^{マリ}．Ｄ^{ドニ}．Ｇ^{ジョルジュ}．ピコ^{（＊08）}（A/B-5）

…は、さながら "略奪品を山分けする山賊" が如し。

　これはのちの「バルフォア宣言」と併せて、"三枚舌外交" と国際非難を受け

（＊08）現在にまで中東紛争の元凶のひとつとなった「サイクス＝ピコ協定」の中心人物でありながら、この10年後に「ノーベル平和賞」を受賞しています。

（＊09）英語では「合意」も「協定」も「agreement」。
　　　　いちいち反論する気も起きない、単なる "言葉遊び" に近い屁理屈。

ることになりましたが、現在に至るまでイギリスはこれを必死に弁明しています。

　曰く――

「こたびの 協 定（agreement）はあくまで英・仏（イギリス フランス）の代表が " 合 意 "（agreement）しただけで、議会の承認を得たわけではないのだから法的に問題はない。(＊09)」

「イギリスは最初から矛盾のない設定で考えていたのに、アラブ人やユダヤ人が勝手に勘違いしただけ。(＊10)」

　他にも諸々、凡そ（およ）「三枚舌外交」に対する言い訳はどれもこれ聞くに堪えない " お粗末 "" 幼稚 " な詭弁ばかりでいちいち論ずるにも値しません(＊11)。

　そして、戦争末期（1917年）になると、いよいよ戦費の捻出に困窮したイギリスは、外相 A ．J ．バルフォア伯（アーサー ジェームズ）（A/B-1/2）を通じて L ．W ．ロス（ライオネル ウォルター）

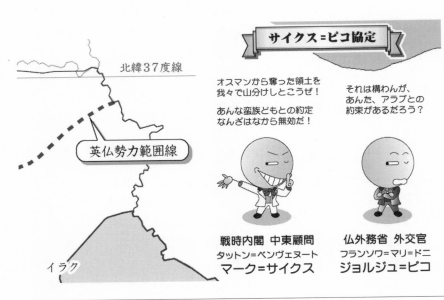

サイクス＝ピコ協定

北緯37度線

英仏勢力範囲線

イラク

オスマンから奪った領土を我々で山分けしとこうぜ！

あんな蛮族どもとの約定なんざはなから無効だ！

それは構わんが、あんた、アラブとの約束があるだろう？

戦時内閣 中東顧問
タットン＝ベンヴェヌート
マーク＝サイクス

仏外務省 外交官
フランソワ＝マリ＝ドニ
ジョルジュ＝ピコ

(＊10) この抗弁は、そもそもイギリス側が「アラブ人やユダヤ人が勘違いするようにわざと曖昧な表現を選んで使用し、勘違いへと誘導した」という、イギリス人の悪意については完全スルーしています。

(＊11) とはいえ、こうしたイギリス側の幼稚な抗弁をマに受けて、「じつは三枚舌外交は矛盾していないのだよ？」と得意げに公言する " ピエロ " が一定数いる哀しい現実があります。

チャイルド（A/B-1）へ送った書簡の中でこう述べます。

「 大英帝国は、パレスティナにユダヤ人のための"民族的郷土^{ナショナルホーム}"を建設すること
に最善の努力を払うつもりです。」（A-1）

ロスチャイルド家といえば、当時世界最大のユダヤ系金融資本家です。

その彼に、こんな阿った書簡を送ったのは、「金の無心^{カネ}（＊12）」のためでし
た。

ここでもイギリスは、慎重に言葉を選んで敢えて「民族的郷土^{ナショナルホーム}」という"曖
昧な言葉"を使いながらその定義にも範囲にも触れず、さらには「最善の努力
を払う」と言っているだけで「成し遂げる」とも「保障する」とも言っておら
ず、あとでどうとでも言い逃れできる余地をここかしこに残しておきます。

こうしたところからも、イギリスが「はなから守るつもりはない」ことがよ
くわかります。

ユダヤ人たちは当然これを「ユダヤ人の独立国家」と解釈しましたし、その
範囲も古代ヘブライ王国のあった領域（B-2/3の斜線あたり）だと認識しまし
た。

イギリスも「ユダヤ人がそう"勘違い"するような紛らわしい表現」を使い、
目的（ロスチャイルドから大金を引き出すこと）を達成してしまえば、「そうい
う意味じゃありません！」と突っぱねて、ウヤムヤにすればよいとタカを括って
いたわけです。

しかしイギリスは気づいていませんでした。

こうした帝国主義的な強引なやり方が通用したのは19世紀まで。

このときに吐いた"嘘"の代償をイギリスはこれから20世紀をかけて支払わ
されていくことになるとは夢にも思っていなかったことでしょう。

もっとも"ゲームチェンジ"というのは、のちの時代になって歴史研究が進
む中で次第に明らかになっていくのであって、"ゲームチェンジ"の只中にあっ
て、リアルタイムで「今、まさに"ゲームチェンジ"が起きている！」と認識で
きる者はほとんどいません（＊13）。

（＊12）つまり、「これを実現するためには、こたびの戦争に勝たなければならない。戦争に勝つ
ためには"先立つもの"が要る。ね？　わかるでしょ？」という意味。

　したがって、イギリスがこの時点で"ゲームチェンジ"を認識できず、旧い時代のやり方で失態を繰り返したとしても責められない部分もありますが、しかし、このときのイギリスの"三枚舌外交"が、この地域を「民族的にはアラブ人とユダヤ人が殺し合い、宗教的にはムスリムとユダヤ教徒が憎しみ合う修羅地獄」へと貶めた原因となったという厳正なる事実は、我々の心に留めおかねばならないでしょう。

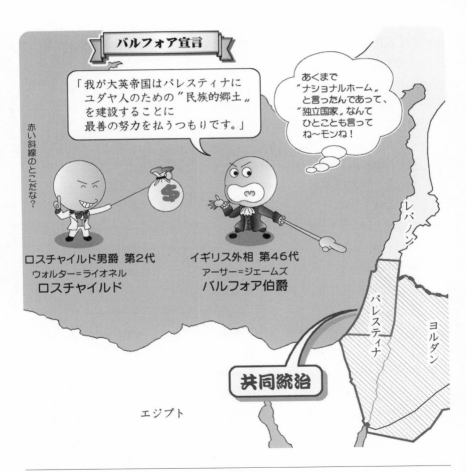

（＊13）それが認識できる者は"ゼロ"ではありませんが、ほんとうに稀です。

Column 条約と議定書の違い

　本幕で「ダマスカス議定書」というものが登場しましたが、歴史を学んでいると、「○○条約」「○○議定書」という名称が登場し、「条約と議定書って何が違う？」と学習者を混乱させます。

　しかしながら、「協商と同盟の違い」同様、この２つには一応"意味合いの違い"はありますが、実際の外交の場ではほとんど違いはありません。

　「協商と同盟の違い」については、すでに本シリーズ『第一次世界大戦の衝撃』でも触れましたが、

・「協商」は経済的色彩が強くて、「同盟」は軍事的色彩が強い
・「協商」は非公式な合意で、　「同盟」は公式な外交文書を伴う
・「協商」は連帯が比較的弱いが、「同盟」はそれが比較的強い

…という意味合いの違いはあれど、現実には「協商」の方が同盟並みに軍事的意味合いが強い場合もあるし、外交文書が伴うこともあるし、同盟並みに連帯が強いこともあり、結局のところ、両者に現実的な違いはありません。

　話を「議定書」に戻しますと、「条約」は簡単に言えば「文書を取り交わした国家間の合意」のことですが、このときに取り交わされた合意文書がその性質によって「（狭義の）条約」「規約」「憲章」「宣言」「議事録」「交換書簡」「議定書」などと呼び分けられているだけです。

　議定書は、本来は「議事録の記録簿」のことであり、一般的には「（狭義の）条約」の補完（改正・追加・解釈など）するものです。

　しかしながら、その名は単に慣習的に呼び分けられているだけで、種類によって効力の優劣があるわけでもありません。

　たとえば、中国で勃発した「義和団の乱」の戦後処理として「辛丑条約」が結ばれましたが、このときに取り交わされた議定書が「北京議定書」で、「辛丑条約」といっても「北京議定書」といっても同じものを指していると考えてもらって差し支えありません。

第5章 オスマン帝国滅亡

第4幕

屈辱の講和条約
セーブル条約

結局オスマン帝国は白旗を振り、ムドロス休戦協定を結ばされ、講和会議に臨みます。

そこに襲いかかってきたのがギリシアであった。ギリシアで親英派のヴェニゼロス首相が政権を握ると、彼は「大ギリシア主義」を唱え、オスマン帝国の黒海・エーゲ海沿岸を奪取しようと目論んだのであった。

ムドロス休戦協定

我が帝国はこれからどうなってしまうのだ！

オスマン朝 第36代
メフメト6世

〈 セーブル条約 〉

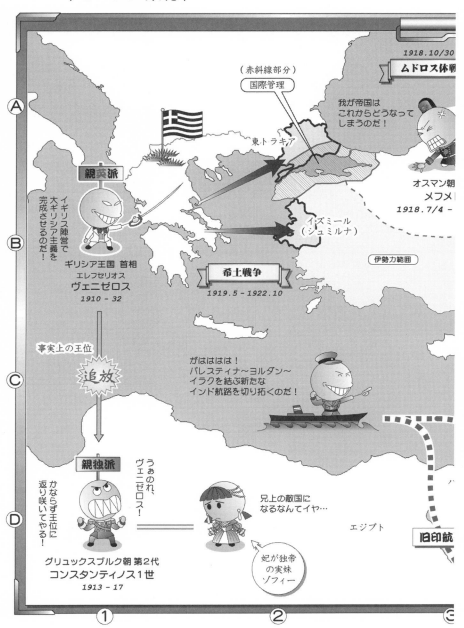

（赤斜線部分）
国際管理

1918.10/30
ムドロス休戦

我が帝国は
これからどうなって
しまうのだ！

東トラキア

オスマン朝
メフメ
1918.7/4 -

親英派

イギリス陣営で
大ギリシア主義を
完成させるのだ！

ギリシア王国 首相
エレフセリオス
ヴェニゼロス
1910 - 32

イズミール
（シュミルナ）

希土戦争
1919.5 - 1922.10

伊勢力範囲

事実上の王位

追放

がははは！
パレスティナ〜ヨルダン〜
イラクを結ぶ新たな
インド航路を切り拓くのだ！

親独派

うぉのれ、
ヴェニゼロス！

兄上の敵国に
なるなんてイヤ…

かならず王位に
返り咲いてやる！

エジプト

旧印航

グリュックスブルク朝 第2代
コンスタンティノス1世
1913 - 17

妃が独帝
の実妹
ゾフィー

① ② ③

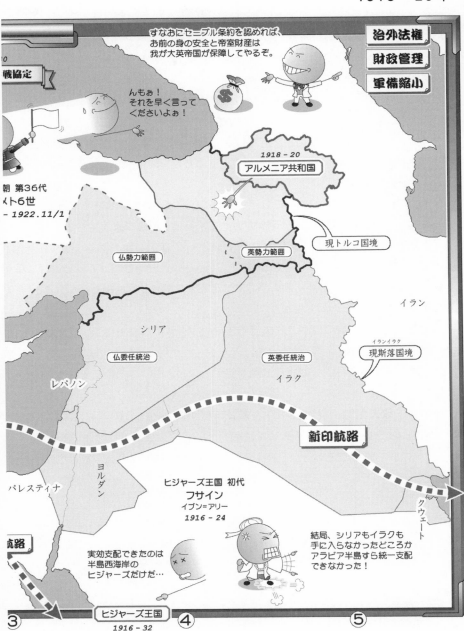

1918～20年

すなおにセニブル条約を認めれば、
お前の身の安全と帝室財産は
我が大英帝国が保障してやるぞ。

治外法権

財政管理

軍備縮小

戦協定

んもぉ！
それを早く言って
くださいよぉ！

朝 第36代
メト6世
- 1922.11/1

1918 - 20
アルメニア共和国

現トルコ国境

仏勢力範囲　英勢力範囲

イラン

仏委任統治　シリア

英委任統治

イランイラク
現斯落国境

レバノン

イラク

新印航路

ヨルダン

パレスティナ

ヒジャーズ王国 初代
フサイン
イブン＝アリー
1916 - 24

クウェート

航路

実効支配できたのは
半島西海岸の
ヒジャーズだけだ…

結局、シリアもイラクも
手に入らなかったどころか
アラビア半島すら統一支配
できなかった！

③　　ヒジャーズ王国　④
1916 - 32
⑤

のように、オスマンの与り知らぬところで帝国領分割（デブレット）の話は進んでい
く中、オスマン帝国（デブレット）は東はイラン（B/C-5）から、西はエジプト（D-
2/3）からイギリス軍に挟撃されていたうえ、北はカフカズ（A-4/5）からロシア
軍、南はヒジャーズ（D-3/4）で「アラブの叛乱」が起きて、まさに文字通り
東西南北の四方から攻め立てられて苦戦を強いられていました。

　オスマンも善戦したものの、やはりじりじりと悪化する戦況は覆すこと能わ
ず、ついに１９１８年和を請い、ここに休戦協定（＊01）（A-3）が成立します。

　休戦が成るや、英仏軍はただちに帝都（イスタンブール）に乗り込んでこれを占領し、その首
根っこを押さえると、"休戦"を"終戦"とするために講和条約の交渉に入りま
した（パリ講和会議）。

　足掛け４年を経た苦しい戦（いくさ）もこれでようやく終息するかと思いきや、予想外
にもオスマンにはもうひと試練が襲いかかってくることになります。

　それが「希土戦争（ギリシアトルコ）（１９１９〜２２年）（B-2）」です。

　すでに休戦協定が結ばれ、戦争が終わったあとから襲いかかってくるとは、
「なんと理不尽な！」とも思えますが、ではそもそもギリシアはなぜこんなこと
をしでかしたのか。

　このことを知るためには、ここに至るまでのギリシアの歴史について少し知
らなければなりません。

　じつは、ギリシアは第一次世界大戦が勃発したあともずっと中立を保ってい
ました。

　それは「政府の統一見解が中立主義だったから」というのではなく、当
時の国王のコンスタンティノス１世（D-1）が「親独派」（＊02）、首相の
Ｅ．ヴェニゼロス（エレフテリオス）（B-1）が「親英派」で両者の壮絶な"綱引き"が繰り広げ
られていたためで、どちらの陣営に付くか、国としての意思統一ができなかっ
たためです。

　その"綱引き"は「国家分裂（エスニコス・ディハズモス）」まで引き起こして揉めに揉めましたが、国

（＊02）希王（コンスタンティノス１世）の妻（ゾフィ）が独帝（ヴィルヘルム２世）の実妹であっ
　　　たため。

王が退位（事実上の追放）（C-1）したことでようやく首相派の下に意思統一され、「さあ！　これでやっと"大希主義（＊03）"を実現できる！」と息巻いた矢先、オスマン帝国が白旗を振ってしまったのでした。

──くそ！

　　間に合わなかったか！

　地団駄を踏んで悔しがるヴェニゼロス首相でしたが、どうしても諦めきれない彼は、わざわざパリに乗り込んで「大希主義」を熱弁し、米・英・仏の承認を得て帝国に攻め込んできた──というわけです。

　すでに第一次世界大戦で死力を尽くして、戦う力を失っていたオスマン帝国に為す術はなく、ギリシア軍にイズミール（＊04）（B-2）と東トラキア（A-2）

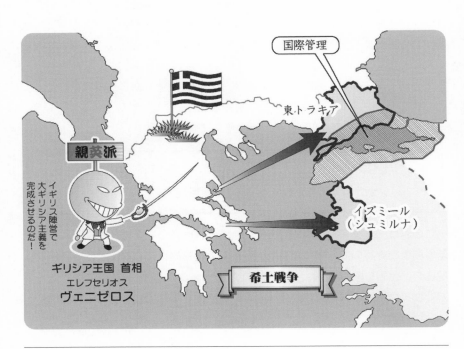

国際管理

東トラキア

親英派

イギリス陣営で大ギリシア主義を完成させるのだ！

ギリシア王国 首相
エレフセリオス
ヴェニゼロス

イズミール
（シュミルナ）

希土戦争

─────────────

（＊03）「メガリ＝イデア（偉大なる思想）」とも。
　　　　「アナトリア半島の西岸からボスフォラス・ダーダネルス海峡の両岸を経て北岸にかけてのギリシア人居住地域をギリシアに編入するべし」とする思想。

（＊04）ギリシア語では「シュミルナ」。

を占領されてしまいます。

　その直後に締結された「セーブル条約」では、基本的に「サイクス＝ピコ協定」を軸として進められたため、このとき 英・仏・伊 が得た領土・権利はこれに準じていることがわかります。

- ・イラク・ヨルダン・パレスティナ ：イギリスの委任統治領（＊05）
- ・シリア・レバノン 　　　　　　：フランスの委任統治領
- ・アナトリア半島 南東部 　　　　：フランスの勢力範囲
- ・アナトリア半島 中南部 　　　　：イタリアの勢力範囲

　じつは、イギリスが「フサイン＝マクマホン協定」を強引に反故にしてまでイラク（C-4/5）・ヨルダン（C/D-3/4）・パレスティナ（C/D-3）の獲得に執着したのは、その背景に「新たなインド航路（C/D-5）の獲得」があったのでした。

　そうして 仏・伊・露 には「サイクス＝ピコ協定」に準じた領地を与えようとしましたが、帝政ロシアはすでに滅亡（1917年）してしまっていたため、その故地から生まれた国（＊06）に与えたりしています。

- ・アナトリア北東部 　　　　　　：アルメニア（＊06）に割譲
- ・ボスフォラス・ダーダネルス海峡：国際管理下

　このように、交渉相手が同じ白人同士であれば、たとえ亡んだ国にすら義理堅く約束を守るのに、相手が有色人種となると途端にこれを反故にする態度は健在で、主君を裏切りイギリスに味方したフサイン（D-4）に対しては、あくまで「サイクス＝ピコ協定」に矛盾しない範囲内でしか独立を認められませんで

（＊05）「委任統治領」というのは、戦前までの「植民地」を言い換えただけの言葉。

（＊06）アルメニア第一共和国。ロマノフ朝が亡んだのち、革命の混乱の中で当時ほんの一時的（1918〜20年）に成立していた短期政権。のちのソ連の構成国アルメニア・ソビエト社会主義共和国（第二共和国）の前身で、現在は「第三共和国」。

したから、北緯37度以南すべてのオスマン領の統一を目指していた彼の夢は叶わなかったどころか、アラビア半島の西岸（ヒジャーズ地方）を少し分けてもらう程度で押し切られます。

> ・ヒジャーズ王国　　　　　　　　　：独立（初代国王フサイン）

このように、オスマン帝国が突きつけられた「セーブル条約」は、これだけでもたいへん厳しいものでしたが、これに加えて急遽、先の「希土戦争」の結果までねじ込まれることになったのでした。

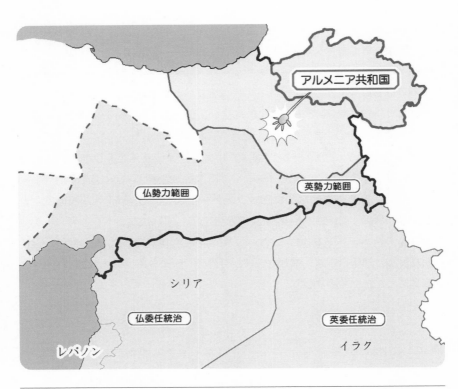

（＊07）イズミールに関しては、正確には「当面5年間はギリシアによる統治、その後は住民投票により帰属決定」というものでしたが、これは実質的な「割譲」でした。

> ・東トラキア・イズミール(＊07)：ギリシアに割譲

　オスマン帝国も、北緯37度線以南の地を失陥することは覚悟していましたが、よもやアナトリア半島まで分割されるとは想定外でした。

　これにより、実質的なオスマン帝国領は「帝都とアンカラ周辺のみ」という惨状となりましたが、そのわずかに残された領土にすら自治も認められないという厳しいものでした。

　具体的には、

> ・司法：治外法権(カピチュレーション)の復活
> ・財政：英(イギリス)・仏(フランス)・伊(イタリア)が管理
> ・陸軍：軍備制限(5万人)　　　　　　　　　　　　　　　（A-5）

　これではもはや「独立国家」としての体裁すらありません。

　当時、ドイツがとんでもない無理難題(ヴェルサイユ条約)を押し付けられていましたが、その"オスマン版"と言えましょう。

　孫子の兵法には「囲む師は必ず闕く(＊08)」という教えがありますが、どうも欧州には「やり過ぎては元も子もなくなる」系の智慧はないようで(＊09)。

　しかし、こんな屈辱的な条件をメフメト6世(A/B-3)は「我が身の安全と帝室財産の保障」を条件(A-4)として受諾してしまいます。

　要するに、メフメト6世は「我が身かわいさに祖国を売った」ということで、こんな腰抜けが皇帝では、彼がオスマン帝国の"ラストエンペラー"になったのも道理だったといえます。

（＊08）「敵を追い詰め過ぎてはいけない」という意味。「敵を追い詰め過ぎれば、相手も死にもの狂いとなって反抗してくるため、自軍に多大な損害を出すことは目に見えている。したがって、かならず敵に逃げ道を残しておくことが肝要だ」という先人の智慧。

（＊09）それを象徴するように、孫子が「如何に戦争を避けるか」に重きを置いているのに対し、クラウゼヴィッツは「如何にして敵を包囲殲滅するか」という技術に重点を置いています。

第5章 オスマン帝国滅亡

第5幕

恨み晴らすべし!

アンカラ新政府の誕生

オスマン帝国が希土戦争に敗れてシュミルナとルメリアを奪われると、ただちにその奪還を叫ぶ「アナドル＝ルメリ権利擁護委員会」が生まれ、その翌年「セーブル条約」を結ばされると、その不甲斐なきイスタンブール政府に怒りの声が上がって「トルコ国民会議」が開催され、彼らは「政府」を自称しはじめる。

スィヴァス会議

アナドル＝ルメリ権利擁護委員会

アナトリアとルメリアは我々トルコ人のものだ!絶対に明け渡さんぞ!

統一委員会は瓦解した!我々はただちにこれに代わる新たなる委員会を立ち上げなければならない!

オスマン帝国陸軍 将軍
ムスタファ＝ケマル

〈 アンカラ新政府の誕生 〉

ムドロス休戦協定
1918.10/30

さあ、さっさとそこにサインしやがれ！

うぅ…

オスマン朝 第36代
メフメト6世
1918 - 1922

セーブル条約
1920.8/10

がはははは！
公約通り、見事王位に返り咲いてやったわ！

グリュックスブルク朝 第4代
コンスタンティノス1世
1920 - 22

ルメリア

イズミール

大量虐殺

キリスト教系住民

くそ！
何もかもうまく行っていたのに！
後楯のアレクサンドロス1世に
急死されてから、選挙に大敗
宿敵前国王が復位してしまった！

ギリシア王国 首相
エレフセリオス
ヴェニゼロス
1910 - 32

A

B

C

D

① ② ③

1919〜22年

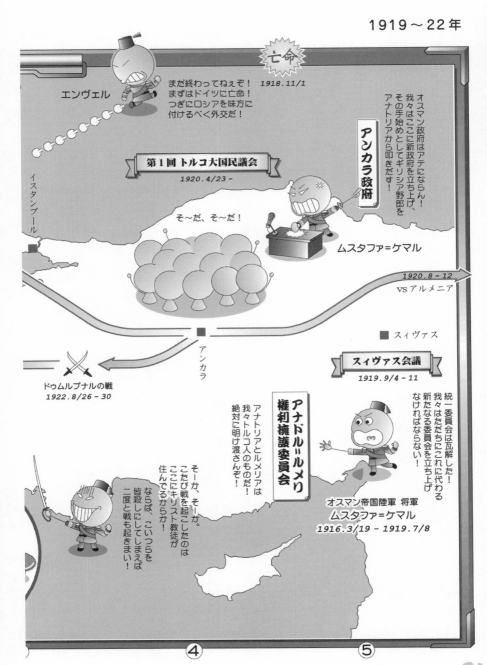

こ　れほど理不尽な条約を押し付けられたトルコは、このあとどのような歴史を歩むことになるのでしょうか。

　それを推察するのに、同時期のドイツと比較するとわかりやすいかもしれません。

　ご存知のようにドイツもまた、パリ講和会議で「ヴェルサイユ条約」というセーブル条約に負けず劣らず非道苛烈な条約を押し付けられています。

　そのあまりにも非常識で破廉恥（ハレンチ）な条約を前にしては、たとえ 独（ワイマール）政府が受諾したとしても国民が納得しません。

　ドイツ国民はほどなく、そんな条約にサインした"腰抜け政府"を見限り、これを叩き壊してくれる新たな"希望"を求めるようになります。

　そうした国民の信望を一身に承（う）けて生まれたのが「Ａ.ヒトラー（アドルフ）」です。

　さて、そのことを踏まえたうえでこのころのトルコを見てみると、トルコでもドイツと同じように民族の誇りも権利も何もかも剥（は）ぎ取るような傲岸不遜（ごうがん）な条

（＊01）もっともケマルは、ヒトラーのように戦争を引き起こすことなく、第二次世界大戦が勃発してもこれに中立を貫き、戦局が決まった1945年になってから"形だけの参戦"をしただけ──というところに相違点が見られますが、とはいえ、ヒトラーとて自ら望んで開戦したわけではありませんから、結果論にすぎません。

約を押し付けられたのでは、たとえ政府が認めたとしても国民が納得しません。

　トルコ国民もほどなく"腰抜け政府"を見限り、これを叩き壊してくれる新たな"希望"を求めるようになります。

　そして、その人物こそが本幕の主人公「Ｍ．ケマル」です。

　つまりこの「Ｍ．ケマル」という人物は、ドイツにおける「Ａ．ヒトラー」としての"歴史的役割"を担って歴史の表舞台に登場したことになります。

　したがって、こののち 彼 がヒトラー同様、"独裁者"としてトルコを牽引することになるのは"歴史の必然"と言えましょう（＊01）。

　ところで、Ｍ．ケマルは「統一と進歩委員会（統一派）」の初期からそこに席を置いていましたが、エンヴェルとの折合が悪く（＊02）、 彼 が党内で発言権を増してくるようになると党から距離を置くようになっていました。

　しかし、エンヴェルらの暴走が国を誤らせ、致命的敗戦となったとき、 彼 らは休戦協定の2日後には国外（ドイツ）に亡命し（A-4）、彼らの失脚とともに「統一派」も解体していくことになります。

　そこで、終始エンヴェルから距離を置いており、大戦でも軍人として活躍していた Ｍ．ケマルに国民の期待が集まることになります。

　彼は、散り散りになっていた帝国陸軍の将兵や、旧「統一派」の役員たちに招集をかけ、「スィヴァス会議（B/C-5）」を開催し、解体した「統一と進歩委員会」に代わる新たな指導部として「アナドル＝ルメリ権利擁護委員会（C-4/5）」を結成します（1919年9月）。

　これは「トルコ人が多数を占めるアナトリア半島とルメリア地方は不可分のトルコ領であり、これを明け渡すことは断じて認めない」ことを掲げた組織で、そのころ審議中だった「講和会議」の大旨を真っ向から否定したものです。

　こうした動きは国民の支持を得、その直後（12月）に開催された帝国議会総選挙では「権利擁護委員会」派が圧勝。

　すると、これに危機感を覚えた連合国は、軍を動かして 帝 都 を占領（1920年3月）してオスマン政府に圧力をかけ、帝国議会を解散させるという暴挙に

（＊02）ケマルとエンヴェルは何かと考え方が合わず、政敵関係にありました。

第1回 トルコ大国民議会

アンカラ政府

オスマン政府はアテにならん！
我々はここに新政府を立ち上げ、
その手始めとしてギリシア野郎を
アナトリアから叩きだす！

そ〜だ、そ〜だ！

ムスタファ＝ケマル

出ます。

　彼らは、ふた言目には「民主主義！」を掲げ、自分たちの植民地経営を「民主主義も知らぬ劣等民族のお前たちに〝文化〟というものを教えてやるためだ！」と正当化してくるくせに、ちょっと自分たちにとって都合の悪い議会が生まれただけで、その薄っぺらい〝化けの皮〟がたちまち剥がれ、民主的に選ばれた議会を握りつぶす──。

　その欺瞞・偽善ぶりには呆れるばかりですが、そんな連合国にいいようにあしらわれるオスマン政府（A-2）の不甲斐なさも許せない。

　こうして政府を見限った人々が1920年4月、アンカラに結集して「第1回トルコ大国民議会（A/B-4）」を開催し、ついにM．ケマルを首班とする「新

────────────────────

（＊03）これはオスマン帝国視点で見れば「国家反逆罪」にあたりますので、ムスタファ＝ケマルを始めとした中心メンバーは帝国軍法会議で「死刑」を宣告されています。

（＊04）「希土戦争」は、セーブル条約（1920年8月）を挟んでギリシアがイスタンブール政府（カリフ軍）と戦った前期（1919年5月〜）と、アンカラ政府（国民軍）と戦った後期（〜1922年10月）に分かれ、ここでは「後期」のことを言っています。

政府（Ａ-5）」を立ち上げます^(＊03)。

　以降、オスマン政府および軍を「イスタンブール政府」「カリフ軍」と呼び、新政権および軍を「アンカラ政府」「国民軍」と呼んで区別するようになりますが、こうして生まれたばかりの「アンカラ政府」が最初に手をつけたのが、“火事場泥棒”のような真似をしたギリシアを叩き、奪われた地を奪い返すことでした。

　いったんは「セーブル条約（Ａ/Ｂ-2）」の成立により終わったかに見えた希土戦争でしたが、継戦となって^(＊04)、戦う相手も「カリフ軍」から「国民軍」に入れ替わるや、ギリシア軍はたちまち劣勢に陥ります。

　ギリシア軍はイズミール（Ｃ-2/3）を死守するべく防衛戦を築いて守りを固めつつ、「なんとか外交による事態打開を！」と模索しはじめましたが、アンカラ政府は交渉の場に立つつもりはさらさらなく、「武力による失地完全奪還」一択でしたから、これに総攻撃をかけ^(＊05)、見事イズミールを奪還。

　イズミールに凱旋を果たしたトルコでしたが、これに満足することなく、これまでの恨み辛みを晴らすべく、イズミール地方におけるキリスト教系住民^(＊06)の大虐殺（Ｄ-3）を敢行します。

　そもそもギリシア軍がイズミールに侵攻した口実が「アナトリア半島沿岸にはキリスト教系ギリシア人が多く住んでいるのだから、民族自決の原則によって我がギリシア領である！」というものでしたから、「ならば、二度とそんな口が利けぬよう、アナトリアに住むキリスト教徒は皆殺しだ！」ということになったのでした。

　ところで国民軍は、これと並行してアルメニア共和国^(＊07)にも侵攻（Ｂ-5）（1920年8月〜）しており、12月までにこれを併合、こうしてセーブル条約で認められていたものをつぎつぎと潰していき、アンカラ政府はその破棄を宣

（＊05）1922年8月、ドゥムルプナルの戦（Ｂ/Ｃ-3/4）。

（＊06）当時、イズミール地方にはギリシア人とアルメニア人などのキリスト教系住民が多く住んでいました。

（＊07）「セーブル条約」でアナトリア半島北東部を併合することが認められていた第一共和国のこと（現在のアルメニアは第三共和国）。

言します。

　欧米人というのは、我々日本人と比べてはるかに「力」「強さ」「勝利」というものに重きを置く尚武的な民族（＊08）です。

　その特性が特に顕著に表れたのが帝国主義時代で、彼らはＡＡ（アジア アフリカ）圏の民を隷属・搾取し、人権すら与えず虐（いた）げましたが、それもこれもＡＡ（アジア アフリカ）圏諸国が欧州列強に"力"を示すことができなかったからです。

　彼らが「自分たちと対等」と見做（みな）すのは、唯一、自分たちと対等な"武力"を示したときのみで、白人が日本人を対等に扱うのは「日露戦争・太平洋戦争で"力"を示したから」です。

　彼らと同じ土俵で渡りあうために必要なものは「言葉」ではなく「武力」だということを理解せずして、歴史を理解することもできません。

　こたびも欧州（ヨーロッパ）列強が、あれほど不条理かつ理不尽な「セーブル条約」を有無も言わさず押し付けてきたのは、オスマン帝国が弱かったからに他なりません。

　しかし今、アンカラ政府は「力」を示したことで、連合国は初めて襟（えり）を正し、彼ら（アンカラ政府）と"話し合い"の席を設けることにしたのでした。

大量
虐殺

キリスト教系住民

（＊08）そういう価値観の民族になったのにもきちんと歴史的な背景や理由があるのですが、その点について解説しようとすると、それだけで１冊の分厚い本になってしまうので、ここでは触れません。

第5章 オスマン帝国滅亡

第6幕

オスマン帝国の滅亡
ローザンヌ条約

「セーブル条約」を撤廃するためには、〝力〟を示すだけでは足りません。条約を結んでしまったオスマン帝国を亡ぼし、自らが国の代表であることを内外に示さねば。そこで「スルタン制廃止宣言」を発してオスマン帝国を亡ぼし、講和条約のやり直しを要求。こうして結ばれたのが「ローザンヌ条約」であった。

ぐぞぉ～～～！！
せっかく王位に返り咲いたのに、
希土戦争に敗れたせいで
クーデタが起こってまたしても
退位に追い込まれてしまった！

グリュックスブルク朝 第4代
コンスタンティノス1世

〈 ローザンヌ条約 〉

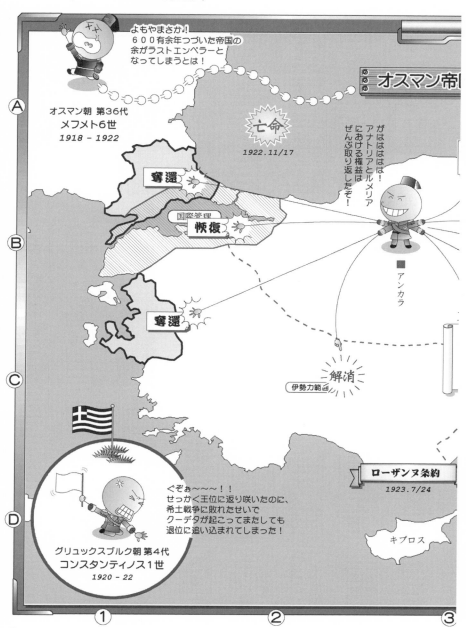

よもやまさか‼
600有余年つづいた帝国の
余がラストエンペラーと
なってしまうとは！

オスマン帝国

オスマン朝 第36代
メフメト6世
1918 - 1922

亡命

1922.11/17

奪還

がはははは‼
アナトリアとルメリア
における権益は
ぜんぶ取り返したぞ！

国際管理
恢復

アンカラ

奪還

解消

伊勢力範囲

ローザンヌ条約

1923.7/24

キプロス

ぐぞぉ～～～‼
せっかく王位に返り咲いたのに、
希土戦争に敗れたせいで
クーデタが起こってまたしても
退位に追い込まれてしまった！

グリュックスブルク朝 第4代
コンスタンティノス1世
1920 - 22

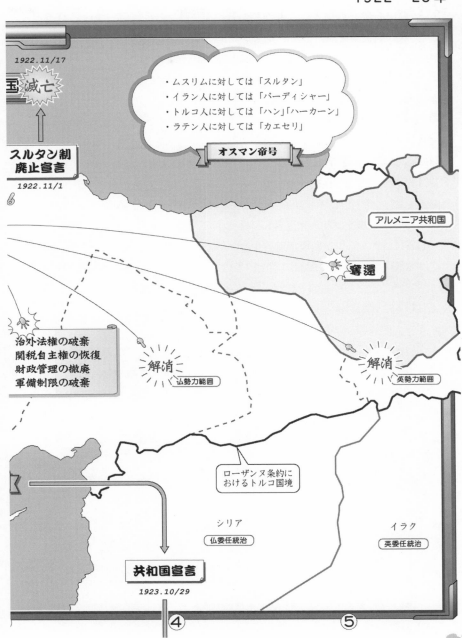

1922〜23年

スルタン制
廃止宣言
1922.11/1

1922.11/17
国滅亡

・ムスリムに対しては「スルタン」
・イラン人に対しては「パーディシャー」
・トルコ人に対しては「ハン」「ハーカーン」
・ラテン人に対しては「カエセリ」

オスマン帝号

アルメニア共和国

奪還

治外法権の破棄
関税自主権の恢復
財政管理の撤廃
軍備制限の破棄

解消
仏勢力範囲

解消
英勢力範囲

ローザンヌ条約に
おけるトルコ国境

シリア
仏委任統治

イラク
英委任統治

共和国宣言
1923.10/29

④

⑤

前 幕では、正式政府たる「イスタンブール政府」のあまりの不甲斐なさに愛想を尽かした人々によって革命政権（アンカラ政府）が作られると、彼らは希土戦争を続行して、イスタンブール政府が認めた「セーブル条約」を実力で否定した――というところまでご説明しました。

しかし、この"既成事実"を「国際承認」まで持っていくためには、もうひとつ越えねばならない試練があります。

それが、"二重権力（＊01）"状態の打開、すなわち「イスタンブール政府を亡ぼす」ことです。

イスタンブール政府を亡ぼすことでセーブル条約を無効とし、自らが「正式政府」となって改めて条約を結び直す必要があるためです。

こうして「希土戦争」が終わった直後の1922年11月早々、アンカラ政府によって「スルタン制廃止宣言（A/B-3）」が発せられました。

ちなみに、「スルタン制廃止宣言」というのは「帝制廃止宣言」と同義です。

広大な領地を有する多民族国家というのは、たいてい多岐にわたる君主号を持つ（＊02）ことが多いものですが、オスマンもご多分に漏れず、

・ムスリムに対しては「スルタン」　　　　　（権威者）
・イラン人に対しては「パーディシャー」　　（皇帝）
・トルコ人に対しては「ハン」「ハーカーン」（王・皇帝）
・ラテン人に対しては「カエセリ」　　　　　（カエサル由来の帝号）（A-4/5）

…と、各地民族の馴染み深い君主号をそのまま名乗っており、一定の帝号はありません（＊03）でしたが、その中でもっとも代表的なものはやはり「スルタン」で、アンカラ政府が「スルタン制を廃止する」と宣言したことは「オスマン帝国を亡ぼす」と宣言したのと同じです。

これを現代日本で例えるなら、「首相（スルタン）が野党から不信任決議を突き付けられ（アンカラ）

（＊01）ロシア革命のとき、「臨時政府」と「ソヴィエト」が併存した状態を表す歴史用語。

（＊02）たとえば、ローマでは「アウグストゥス（尊厳者）」「プリンケプス（第一人者）」「インペラトール（将軍）」「カエサル（人名）」などが用いられ、ロシアではローマ由来の「ツァール」「インペラトール」から「絶対君主」「最高君主」「領主」「大公」「公」「相続人」まで、その支配地ごとに君主号を使い分けています。

た」ようなもので、こうなると、帝国が生き残る道は武力を以てこれを黙らせる以外にありません。

　しかしながら、このとき肝心の皇帝が自らの保身のために祖国を売り渡すような"売国奴"メフメト６世（Ａ-1）。

　当時すでに還暦を越えた彼には戦う気力もなければ勇気もなく、さらには家臣からも国民からも見棄てられたような状態で為す術もなく、そのまま尻尾を

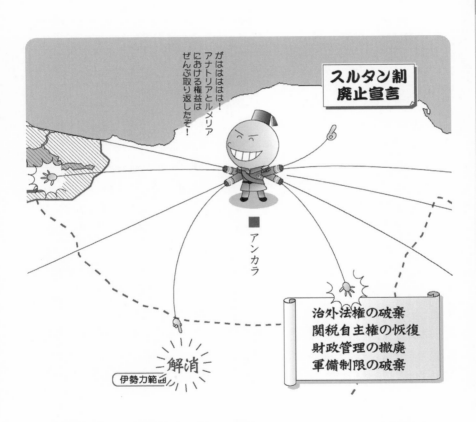

（＊03）したがって、オスマンの正式な国体は「国家（デブレット）」であって「帝国（サルタナット）」ではありません。一般的に「オスマン帝国」などと呼ばれているのはあくまで"俗称"にすぎません。

（＊04）イギリスに助けられ、マルタへ亡命しています。

巻いて逃げ出した^(＊04)（A-2）のでした。

　こうして、632年という永きにわたってつづいた^(＊05)オスマン帝国もここに幕を下ろすことになります（A-3）。

　オスマン帝国を亡ぼし、正式政府となったアンカラ政府はただちに連合国と交渉、セーブル条約を正式に破棄し、新たに「ローザンヌ条約（C/D-2/3）」を結び直すことになりました。

　セーブル条約から改められた条項としては以下の通り。

> ・ギリシア占領地の奪還　　　　　　　　（A/B-1/2）（B/C-1/2）
> ・アルメニア占領地の奪還　　　　　　　　　　　　　　（B-5）
> ・連合国（英・仏・伊）による勢力範囲の解消　　（C-2/4/5）
> ・治外法権の破棄、関税自主権の恢復
> ・財政管理の撤廃、軍備制限の破棄　　　　　　　　（C-3/4）
> ・海峡地帯^(＊06)における主権恢復（ただし非武装）　　（B-1/2）

　「北緯37度線以南^(＊07)のすべての領地の放棄」という条件は、セーブル条約通りに履行されることになったとはいえ、これはアンカラ政府も最初から認めていたものなので、こたびの交渉はアンカラ政府の要求が全面的に認められた、アンカラ政府の完全なる外交勝利となりました。

　このように、白人列強は「相手が弱い」と見れば取り付く島もなく徹底的に奪い尽くし、吸い尽くし、喰い尽くそうとしますが、「相手が力を示」せばたちまち君子豹変、威儀を正して話し合いに応じてきます。

　日本人が美徳とする「謙虚」「謙遜」「卑下」は、白人の価値観に基づく国際外交の場ではまったく通用せず、それどころか彼らを増長させるだけでまったくの逆効果だということを歴史から学ぶことができます。

（＊05）日本史に重ねると、鎌倉時代から始まり室町〜戦国〜江戸〜明治を経て大正時代まで。

（＊06）ボスフォラス海峡 〜 マルマラ海 〜 ダーダネルス海峡一帯を指す言葉。

（＊07）具体的には、シリア（D-4）・イラク（D-5）以南の旧オスマン帝国領や、キプロス（D-3）（イギリス）・エーゲ海諸島（ギリシア）・ドデカネス諸島（イタリア）などの地中海諸島。

第7幕

突き進むケマル＝パシャ
トルコ共和国の成立（トルコ革命）

オスマン帝国を亡ぼし、講和条約を結び直した。しかし、これからが正念場。帝国が4度挑戦してついに成し得なかった〝近代化〟を成功させねばならないからである。こうして初代大統領となったケマル＝パシャは、つぎつぎと近代化政策を実行していったが、そこには「脱イスラーム主義」が貫かれていた。

すばらしい、ケマル君！
君は英雄だ！
たいへんな功績だ！

大国民議会

〈 トルコ共和国の成立（トルコ革命）〉

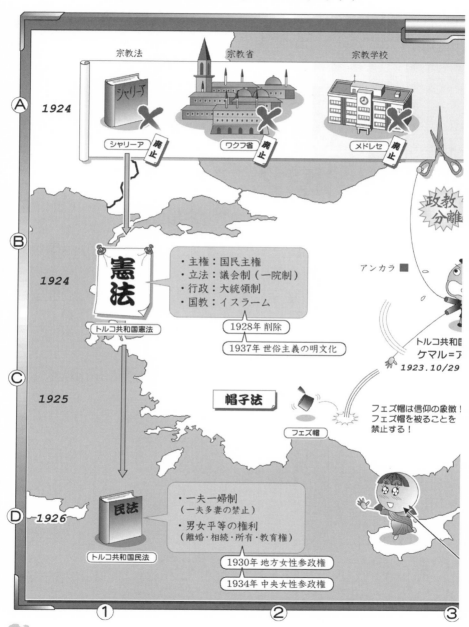

宗教法　　　　宗教省　　　　宗教学校

Ⓐ　*1924*

シャリーア　廃止　　　　ワクフ省　廃止　　　　メドレセ　廃止

政教
分離

アンカラ ■

Ⓑ　*1924*

憲法

・主権：国民主権
・立法：議会制（一院制）
・行政：大統領制
・国教：イスラーム

トルコ共和国憲法

1928年 削除

1937年 世俗主義の明文化

トルコ共和[国]
ケマル＝ア[タテュルク]
1923.10/29

Ⓒ　*1925*

帽子法

フェズ帽

フェズ帽は信仰の象徴！
フェズ帽を被ることを
禁止する！

Ⓓ　*1926*

民法

・一夫一婦制
（一夫多妻の禁止）
・男女平等の権利
（離婚・相続・所有・教育権）

トルコ共和国民法

1930年 地方女性参政権

1934年 中央女性参政権

①　　　　　　　　②　　　　　　　　③

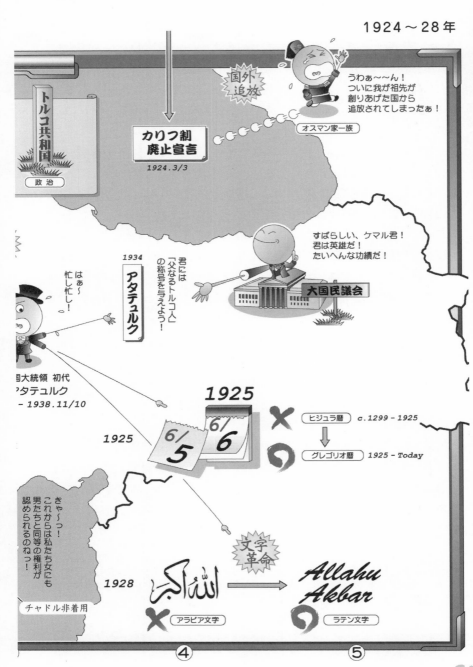

こうして、六百有余年の歴史を誇ったオスマン帝国^{デブレット}もついに亡び、セーブル条約も破棄され、アンカラ政府はアナトリア半島とルメリア地方の「独立」を守り切ることができました。

これにより M.ケマル^{ムスタファ}の人気は絶大となり、その勢いのままに彼は1923年「共和国宣言（前幕パネルD-4）」を行い、その初代大統領（B/C-3）に就任します（＊01）。

これに対して、たとえ「帝国^{デブレット}」はなくなったとしても「国家元首はあくまでもカリフたるべし！」とする保守勢力から猛反発を受け、ケマル＝パシャはこれを黙らせるため、翌24年、「カリフ制廃止宣言（A-4）」を発してオスマン家の血筋の者をひとり残らず国外追放（A-5）としました。

こうして22年の「スルタン制廃止宣言」、23年の「共和国宣言」、24年の「カリフ制廃止宣言」と連年発せられた3つの宣言によって、時代は一気に新時代へと舵をきっていきましたが、このあたりの動きは日本史の「幕末維新」にも似ていますから、これを比較しながら見ていくと理解しやすいかもしれません。

・旧政権：オスマン帝国^{デブレット}　→ 徳川幕府
・新政権：トルコ共和国　→ 明治政府
・革命①：スルタン制廃止宣言　→ 大政奉還
・革命②：共和国宣言　→ 王政復古の大号令
・革命③：カリフ制廃止宣言　→ 鳥羽・伏見の戦

言葉を加えて解説すると、「スルタン制廃止宣言（大政奉還）によってオスマン帝国^{デブレット}（徳川幕府）を倒し、「共和国宣言（王政復古の大号令）」を発して新政府（明治政府）を樹立してみたものの、いまだ帝国^{デブレット}（幕府）の復権を画策する者が策動していたため、これにトドメを刺すべく、「カリフ制廃止宣言（鳥羽・伏

（＊01）ナポレオン＝ボナパルトが、アミアンの和約（1802年）でイギリスを降し、ナポレオン法典（1804年）を制定したことで人気絶頂になった、その熱狂冷めやらぬうちに国民投票にかけて一気に「世襲皇帝」に就いてしまったときの動きに似ています。

（＊02）（　）内は日本史の動き。

（＊03）この詳細については、前巻『侵蝕されるイスラーム世界』をご参照ください。

見の戦）」でオスマン家を追放した（江戸開城）^{（＊02）}」といった感じです。

── 歴史は繰り返す。

　さて、これで〝オスマンの亡霊〟を倒したとはいえ、これで終わりではありません。

　むしろ、ここからが大変です。

　オスマン帝国^{デブレット}とて、生き残りを賭けて何度も何度も改革や近代化を試みてきました^{（＊03）}。

　〝上からの近代化^{（＊04）}〟だけでも、４度^{よたび}の近代化を試みながらことごとく失敗に終わり、ついに〝下からの近代化^{（＊05）}〟の時代に入って、「青年トルコ革命」を経て、最後は「トルコ革命」で滅亡に至りました。

　オスマン帝国^{デブレット}が夢にまで見、何度挑戦してもどうしてもうまく行かなかった近代化の〝試練〟を、新政府はどうやって乗り越えるのか。

　これを乗り越えられなければ新政府とてすぐに亡ぶ運命であり、混迷の時代がつづくことになるでしょう。

　ここでケマル＝パシャの〝政治家としての力量〟が試されます。

　ところで、このころ^{（＊06）}のアジア諸国を見渡せば、オスマン帝国^{デブレット}に限らずことごとく近代化に失敗していましたが、そうした中で唯一近代化に成功していたのは日本の「明治維新」だけでした。

　そのためケマル＝パシャも「明治維新」を強く意識し、大統領執務室には彼が尊敬してやまない明治天皇の肖像画が掛けられていたといいます。

── これまで何度試みても失敗に終わった近代化だが、

　　　日本人が成功させたのだから、

　　　日本人と同祖^{（＊07）}である我々が成功できないはずがない！

　そこで彼は大統領職に就くや、つぎつぎと大鉈^{おおなた}を振るいはじめます。

　彼の実行した改革は多岐にわたりますが、それらの共通点を挙げれば、「脱イ

（＊04）政府中枢（君主・官僚など）が中心となって行われる近代化のこと。
　　　　「チューリップ時代」「セリムの新制」「マフムートの新制」「恩恵改革」の４つ。

（＊05）下々の者（革命家・民など）が中心となって行われる近代化のこと。

（＊06）19世紀の後半から20世紀初頭にかけてのころ。

スラーム主義」です。

　イスラームの教えでは、中世に成立した『クルアーン』の教えを〝神の言葉〟として永久に一言一句紛うことなく守りつづけなければなりません。

　しかし、「近代化」するとなれば、『クルアーン』の教えに反することも実行しなければなりませんから、「近代化」に着手しようとした途端、たちまち法学者^{ウラマー}(＊08)たちの猛反発を受けてしまいます。

　そればかりか、これまでのイスラーム的な風習・価値観・行動様式^{エートス}・制度・政治理念など、伝統的な社会にもメスを入れなければなりませんが、庶民というものは従来の生活環境が変わることに嫌悪感・反発心を感じるもので、これが抵抗勢力となっていきます。

　いわば、「近代化とイスラーム」は〝水と油〟。

　ケマル＝パシャがトルコの近代化を成し遂げようと思うなら、まずは社会の隅々にまで浸透している〝イスラーム的なもの〟を片端から排除していかなければなりません。

　そこで1924年、その手始めとして政治・教育・法をイスラームから切り離すことを実施します。

- 宗教法^{シャリーア}(＊09)　の廃止（イスラームと法制の分離）（A-1）
- ワクフ省(＊10)の廃止（イスラームと政治の分離）（A-2）(＊11)
- 神学校^{メドレセ}(＊12)　の廃止（イスラームと教育の分離）（A-2/3）

　こうして、宗教権力が政治にも教育にも法律にも口出しさせないようにしておいたうえで、以下のような条項を骨子とする「近代憲法（トルコ共和国憲法）（B-1）」を制定します。

（＊07）トルコ人には、日本人とトルコ人は「アジア大陸の奥地に現れた共通の祖先から東西に分かれた同祖民」という認識があります。

（＊08）イスラーム法（シャリーア）を研究する学者。法学校を出たあとは、学校（マドラサ）の教師、裁判官（カーディ）、キリスト教であれば神父がこなすような仕事（モスクの管理・説教・クルアーン読誦など）をして生計を立てている。

宗教法　　　　宗教省　　　　　　宗教学校

シャリーア　　ワクフ省　　　　　メドレセ
廃止　　　　　廃止　　　　　　　廃止

・ 基本理念：主権在民
・ 立法府　：議会制度（一院制）
・ 行政府　：大統領制
・ 国家宗教：イスラーム（B-1/2）

　この時点（1924年）では宗教勢力に気兼ねして「国家の宗教はイスラームである」という条項が付けられていましたが、それも４年後（28年）には削除され（B/C-2）、さらに37年には「世俗主義」が明文化され（C-2）、段階的に「脱イスラーム」が進んでいくことになります。

　さらに改革のメスはファッションにも及び、翌25年には「帽子法（C-2）」が制定され、「トルコ帽（フェズ）（C/D-2）」が禁止されました。

　「たかが帽子」という勿れ。

　これには重要な意味があり、その昔（1644年）、中国（清朝）で発せられた

（＊09）イスラーム世界には、イスラームの教えから導き出された「宗教法（シャリーア）」と、政府が統治の必要性から制定した「世俗法（カーヌーン）」の２系統の法律がありました。

（＊10）イスラーム社会では貧しい者を扶ける行為が大きく３つあり、救貧税を「ザカート」、個人的寄付を「サダカ」、慈善事業・基金などを「ワクフ」といいますが、このうちワクフを司る省庁のこと。

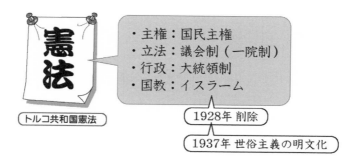

・主権：国民主権
・立法：議会制（一院制）
・行政：大統領制
・国教：イスラーム

トルコ共和国憲法

1928年 削除

1937年 世俗主義の明文化

「辮髪令」に通ずるものがあります。

「辮髪」というのは満洲族の髪型であり、辮髪令とはこの髪型を強制するものでしたが、これに従わず、断固として「長髪（漢民族の髪型）」を通している者は「謀叛の異心あり！」と断ぜられて皆殺しにされました。

このように、ファッションにはその人の信念が浮き彫りになることがあるため、その人のファッションを見れば、"叛逆心の有無"が明確になることもあります(＊13)。

今回の「トルコ帽禁止令」も同じで、トルコ帽には鍔がないので毎日行われる礼拝のときに邪魔にならずトルコ人に愛用されていました。

やがてそれが定着すると、トルコではトルコ帽をかぶることが「イスラームへの信仰の象徴」となり、鍔のある帽子は不信心の象徴として白眼視されるようになります。

今、ケマル＝パシャが強行している「脱イスラーム主義」には当然反発も多かった(＊14)ので、「自分に従う者」か「逆らう者」かを明らかにするため彼は敢えて「トルコ帽」を禁止にしたのでした。

（＊11）ただし、まったく消滅したのではなく、独立した「省」から総理府内の「部局（ワクフ総局）」へと格下げとされつつもその機能は共和政時代にも継承されています。

（＊12）「メドレセ」というのは「マドラサ（アラビア語）」のトルコ語発音。

（＊13）ファッションではありませんが、「信念や信仰が目に見える形になって現れる」という意味では、日本でいえば「踏み絵」がこれに近い。

　こうすれば、その法を破ってトルコ帽をかぶる者は、ひと目で「反政府主義者」だということがわかるようになり、トルコ帽をかぶる者を政府中枢や軍部要職から排除するだけで、「反政府主義者」だけをきれいに政府や軍部の中枢から排除できるというわけです。

　これに伴って、着衣の西洋化も推奨され、ケマル＝パシャ本人も洋装にシャッポ（鍔付帽子）（B-3）をかぶるようになると同時に、女性に対してはチャドル（＊15）をやめるよう推奨しました（D-3）。

　さらに暦では、「太陰暦」から「太陽暦」に移行（C-5）しましたが、これも宗教色を払拭するためです。

　翌26年には、「トルコ共和国民法（＊16）（D-1）」を制定し、ついこの間まで「世俗法」より重視されていた「宗教法」の法理念をつぎつぎと否定していきます。

> ・一夫一婦制（一夫多妻の禁止）
> ・男女平等（離婚権・相続権・所有権・教育権など）（D-1/2）

（＊14）反発者たちは、ケマルのことを「カーフィル（不信仰者）」と呼んで蔑みました。

（＊15）女性が頭からかぶるヴェール。これもトルコ帽同様、女性版イスラーム信仰の象徴。

（＊16）「世俗法（カーヌーン）」に相当。ほとんどスイス民法の翻訳。

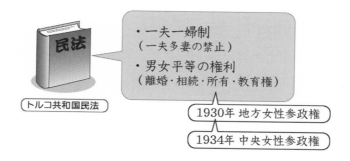

民法

・一夫一婦制
（一夫多妻の禁止）
・男女平等の権利
（離婚・相続・所有・教育権）

トルコ共和国民法

1930年 地方女性参政権

1934年 中央女性参政権

　この男女平等は順次拡張されたことで、教師・医師・裁判官などへの女性の社会進出が拡がり、さらに1930年には地方で、1934年には中央での女性参政権まで与えられた（D-2）ことで女性政治家も生まれてきます。

　そして1928年には、ついに信者（ムスリム）から“神（アッラー）の創り給うた文字”と信ぜられている「アラビア文字（D-4）」を廃し、欧州（ヨーロッパ）に倣（なら）ってラテン文字（D-5）を使用するよう法改正が行われました（文字革命）（D-4/5）。

　イスラームの聖典『クルアーン』はアラビア文字でなければなりませんから、この改革は国民が『クルアーン』が読めなくなることを意味します[17]。

　このように、彼が行った近代化はすべてその根柢に「脱イスラーム」「政教分離」「世俗主義」が貫徹されています。

　所謂（いわゆる）「トルコ革命」は、

第1期：1919～22年　セーブル条約破棄を目指した祖国解放運動
第2期：1922～23年　オスマン帝国からトルコ共和国への移行期
第3期：1924～30年代 トルコ共和国政府による近代化運動

…と3期に分けて展開しました[18]が、オスマン帝国（デブレット）が何度試みても失敗に

（＊17）そもそも『クルアーン』が「詠唱すべき書」という意味ですから、これを詠唱できなくなるのはイスラーム視点から見れば“悪法”です。

（＊18）狭義では「第2期のみ（or第2～3期）」と定義することもあります。

終わった近代化は、こうしてケマル＝パシャの下で一定の成果を挙げたため、大国民議会はその功をねぎらい、1934 年、彼に「アタテュルク[*19]」という号を諡ります（B-3/4）。

　このように、ケマル＝アタチュルクの近代化政策は一定の成果を得ましたが、オスマン帝国が何度試みてもどうしてもうまく行かなかった近代化を、どうしてケマル＝アタチュルクは成し得たのでしょうか。

　その理由のひとつは、すでに触れましたとおり、「オスマン帝国（デブレット）がどうしても切り離すことができなかった宗教（イスラーム）を切り離すことに成功したため」です。

　近代化というのは、人間で喩えれば「癌（ガン）に冒された患者を治療するための手術」に似て、たとえ癌（ガン）に冒されても体の隅々にまで転移した病巣をきれいさっぱり手術で摘出してやれば完治しますが、"理屈"はそうであったとしても"現実"にはなかなか思い通りにはいきません。

　これと同じように、近代化（癌（ガン）の手術）を成功させるためには、社会の隅々にまで浸透した旧弊・陋習（ろうしゅう）[*20]（病巣）を残らず取り除いてやればよい。

　ところが、オスマン帝国（デブレット）においてその病巣の温床となっていたのが「イスラーム」だったことが致命的でした。

　人が作りだしたものは、物質的なものであろうが、精神的なもの（理念・価値

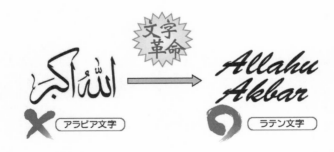

アラビア文字　→　文字革命　→　ラテン文字

（＊19）「父なるトルコ人」の意。元老院から「アウグストゥス」という号が与えられたオクタヴィアヌス、カリフから「スルタン」の号が与えられたトゥグリル＝ベク、そして日本では天皇から「征夷大将軍」が与えられた徳川家康など、成り上がり者がその国の「権威」からもっともらしい称号をもらうことで"箔を付ける"ということはよく行われました。

（＊20）古いしきたりや遅れた制度などの弊害と悪い習慣。

観・教えなど）であろうが、社会的なもの（制度・体制など）であろうが例外なく古くなります^{（＊21）}から、7世紀の社会や価値観に合わせて書かれた『クルアーン』が、1000年以上の時が経て、実情に合わなくなるのは当たり前のことです。

しかし、こうした理屈は信者^{（ムスリム）}には通じません。

——全智にして全能なる神^{（アッラー）}が「永遠に守るべき教え」として我々に授けてくださったものが『クルアーン』なのだから、それが「古くなる」などということは永久にあり得ない！

神^{（アッラー）}の教えを絶対として墨守し、「理性」より「信仰」を重んずるのが〝敬虔なる信者^{（ムスリム）}〟というものです。

しかもオスマン帝国^{（デブレット）}自身、そもそもイスラームの力を借りて発展し、イスラームとともに栄枯盛衰を分かち合ってきたが故に、両者はすっかり相即不離^{（そうそくふり）}、今更これを切り離すなど不可能な情勢になっており、もはや皇帝^{（スルタン）}ですら手が出せない〝聖域^{（サンクチュアリ）}〟と化していましたから、これを〝摘出〟することなど土台無理な相談だったのでした。

先の喩え^{（たと）}で言えば、「いざ開腹手術をしてみたら、癌^{（ガン）}が絶対に摘出できない膏^{（こう）}肓^{（こう）}に入る^{（い）}ことがわかった」ようなものです^{（＊22）}。

つまり、オスマン帝国^{（デブレット）}に近代化など端^{（はな）}から不可能だったわけです。

これに似た例が「徳川幕府」です。

徳川は武士の力で天下を獲り、武士に支えられて開幕^{（かいばく）}し、武士とともに三百年の歴史を歩んできました。

そのため幕府と武士は一心同体、時代が下って武士が〝時代遅れ〟になってもどうしても武士を切り棄てることができず、それ故、武士と命運を共にして亡んでいきました。

（＊21）人間が作りだしたものではないもの（物理法則などの原理や自然物）は別です。

（＊22）その場合、ただちに手術を中断して閉腹します。無理に手術を強行すれば、かえって患者の寿命を縮めるだけだからです。これと同じように、腐りきった国も無理に改革を推し進めるとかえって滅亡が早まります。たとえば、ソ連の末期に「ゴルバチョフ改革」が行われましたが、あれがかえってソ連の寿命を縮めたのもその典型例です。

　このころ近代化できずに亡んでいったカージャール朝・ロマノフ朝・清朝も内情はオスマン帝国（デブレット）と似たり寄ったりです。

　逆に、明治政府が近代化に成功できた理由は、旧弊の温床となっていた旧政権（幕府）を倒し、そうした筬（しがらみ）のない新政権を樹立して近代化を断行したから[＊23]であり、ケマル＝アタチュルクが近代化に成功できたのも同じ理由です。

　しかし、近代化に成功するためには、それだけでは足りません。

　もうひとつ、重要な要素が必要となります。

　じつは、新政権がどんなに旧弊・陋習（ろうしゅう）を殲滅（せんめつ）しようとしても、その旧弊・陋習（ろうしゅう）から甘い汁（うま）を吸ってきた勢力、その中でしか生きていけない勢力（抵抗勢力）が命を賭けて叛逆してくるため、これを討ち倒すことは容易ではありません。

　ではなぜ、ケマル＝アタチュルクはその困難を乗り越えることができたのでしょうか。

　じつは、「旧政府 vs 革命勢力」または「新政府 vs 抵抗勢力」という新旧の勢力が衝突したとき、その勝負を分けるのが「民衆の動向」です。

　民衆が「新政府（or 革命勢力）」を支持すれば〝新時代の幕開け〟となり、「抵抗勢力（or 旧政府）」を支持すれば〝旧時代の続行〟となります。

　新時代を切り拓くためにはどうしても「民衆の支持」が必要となりますが、それを得るためにきわめて有効なのが〝カリスマ〟です。

　オスマン帝国（デブレット）が近代化に失敗しつづけたのも、19世紀の後半から20世紀の初頭にかけてアジア各地で起こった近代化がことごとく失敗に終わったのも、その大きな理由のひとつが「カリスマの不在」です。

　それは裏を返せば、近代化に成功した国には〝カリスマ〟がいたことになりま

（＊23）徳川慶喜は大政を奉還したあとも、諸侯会議の議長（or 筆頭議員）として隠然たる発言権を維持しようと目論んでいましたが、もしそうなっていたら、オスマン帝国・カージャール朝・清朝同様、日本も近代化できずに滅亡、植民地となって欧米列強の奴隷民族に堕ちていたことでしょう。

す。

　明治維新が成功したのも、幸いなる哉、日本には「天皇」という世界中の王家とは“別格”の帝室があり、そのうえこのときに即位した睦仁天皇は精悍な尊容をもつ聡明な君主であり、日本国民の絶対的信望を集めるのに充分でした。

　もしこのときに即位した天皇が暗愚であったなら、明治維新の趨勢もどうなっていたことかと、想像するだにおぞましい。

　では、トルコではどうだったでしょうか。

　この点でも、帝国末期には無能・暗愚・凡愚な皇帝がつづき、オスマンはそうした意味でも“詰んでいた”と言えます。

　それに引き替え、共和国時代になると、近代化が次々と成功していきます。

　このこと自体、ケマル＝アタチュルクの“カリスマ性”を示していると言えます。

　彼が実施した改革はどれもイスラームの教えに逆らっており、社会の隅々にまで深く根を張っていた宗教勢力の反発もそれだけ大きいものでしたが、ケマル＝アタチュルクがこれを乗り切ることが出来たのも、国民の圧倒的支持があったためでした。

　しかし彼は、その激務が祟ったか豪飲が災いしたか、志半ばにして56歳の若さで亡くなります。

　彼の政治は「独裁」ではありましたが、現在に至るまで国民から慕われ、「救国の英雄」として神格化されているところは、同じ独裁者でもヒトラーとは一線を画すところです。

はぁ～
忙し忙し！

トルコ共和国大統領　初代
ケマル＝アタテュルク

第6章 エジプト・イランの再生

第1幕

欧州かぶれの操り人形
エジプト完全保護国化

大戦が始まると、アリー朝の副王（ディーヴ）（アッバース2世）は「これ幸い！」とオスマンに接近した。

驚いたイギリスはただちに彼を退位させ、その叔父にあたるフサイン＝カーミルをスルタンとしてこれを新たな"操り人形"とした。そのフサインもほどなく病没すると、今度はその弟ファードを新王に立てる。

先王を押しのけて即位するのがイヤで何度も固辞したが無理やり即位させられた…

号も「副王」から「スルタン」に変えさせられた。

スルタン

アリー朝 第8代
フサイン＝カーミル

〈 エジプト完全保護国化 〉

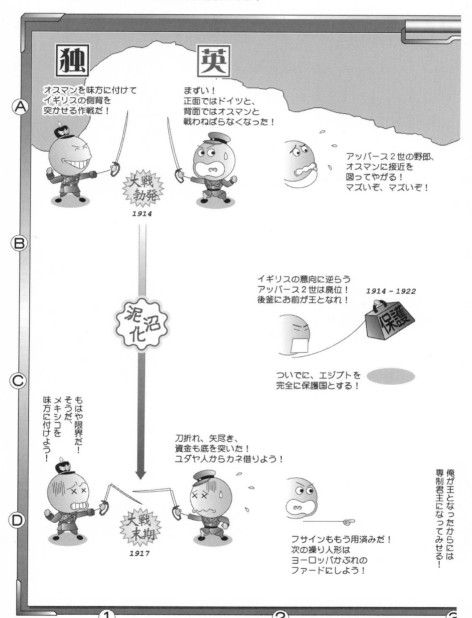

1910年代

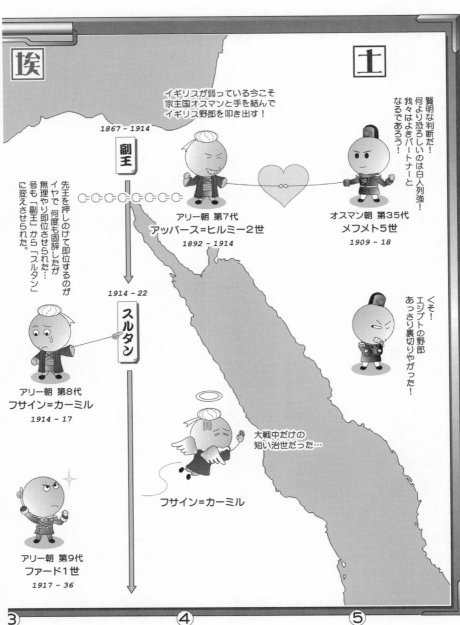

埃

土

イギリスが弱っている今こそ宗主国オスマンと手を結んでイギリス野郎を叩き出す！

賢明な判断だ！何より恐ろしいのは白人列強！我々はよきパートナーとなるであろう！

1867 - 1914

副王

先王を押しのけて即位するのがイヤで何度も固辞した…号も「副王」から「スルタン」に変えさせられた。

アリー朝　第7代
アッバース＝ヒルミー2世
1892 - 1914

オスマン朝　第35代
メフメト5世
1909 - 18

くそ！エジプトの野郎あっさり裏切りやがった！

1914 - 22

スルタン

無理やり即位させられた…

アリー朝　第8代
フサイン＝カーミル
1914 - 17

大戦中だけの短い治世だった…

フサイン＝カーミル

アリー朝　第9代
ファード1世
1917 - 36

③　④　⑤

第5章　オスマン帝国滅亡

第6章　エジプト・イランの再生

第7章　インドの独立運動

最終章　恐慌後のイスラーム

崇高なる国家（＊01）を自称したオスマン帝国は、こうして623年という悠久の歴史に幕を閉じました。

オスマンが滅亡したまさにその年（1922年）、エジプトが「独立」を達成しています。

そのことを知るために、第一次世界大戦が始まった1914年まで時間を巻き戻しましょう。

すでに見てまいりましたように、第一次世界大戦が始まるとイギリスは正面にドイツ、背にオスマンと戦わなければならなくなり、この戦（いくさ）を戦い抜くためにはエジプトを重要な軍事拠点かつ兵站線（へいたん）としてしっかりと押さえておく必要が生まれました（＊02）。

エジプトはすでに実質的にはイギリスの保護国（1882年〜）でしたが、名目上はあくまでも「帝国（デブレット）の属領」であったため、ここにきてエジプトがオスマン側に付いてしまっては非常にマズい。

案の定、エジプト副王（ヘディーヴ）（アッバース＝ヒルミー2世）（A/B-4）は「ここぞ！」とばかりオスマン（メフメト5世）（A-5）に接近して、この機にイギリ

オスマンを味方に付けてイギリスの側背を突かせる作戦だ！

まずい！正面ではドイツと、背面ではオスマンと戦わねばならなくなった！

アッバース2世の野郎、オスマンに接近を図ってやがる！マズいぞ、マズいぞ！

大戦勃発

（＊01）オスマン帝国の正式な国号は「オスマン家の崇高なる国家」です。

（＊02）日露戦争（第一次世界大戦）が勃発すると、朝鮮半島（エジプト）は日本（イギリス）にとって重要な兵站線となったため、戦争勃発した年に「第1次日韓協約」を結んでこれをを抑えこもうとしたのと同じ構図です（上記（　）内は本幕のパターン）。

（＊03）本書「第2章 第2幕」の（註03）をご参照のこと。

ス支配からの脱却を目論みます。

　そこでイギリスはまず、エジプトが二度とそんな気を起こさないよう、エジプトを名実ともに保護国化（B/C-2/3）するとともに、その翌日には統制（コントロール）が利かなくなったアッバース２世を廃位に追い込んで、彼の伯父（おじ）のフサイン＝カーミル（C-3）を新たな"傀儡（かいらい）"に立てます。

　この動きに伴って、その君主号もオスマン皇帝から授爵した「副王（ヘディーヴ）（＊03）（A/B-3/4）」ではなく、オスマン帝国と同格の「スルタン（デブレット）（B/C-3/4）」に変えさせました（＊04）。

　こうしてエジプトは、完全にオスマンから切り離されて「イギリスの植民地」となり下がると、イギリスはただちに軍を進駐させ、エジプトはその軍政下に置かれ、多くの兵員（＊05）・軍需物資・建物・動物を徴兵・徴集・徴用されていくことになりました。

　そもそもこたびの大戦はエジプトと何の係わりもない戦（いくさ）です。

　そんな戦争に多くのエジプトの若者の命が失われ、さらには経済的な負担をかけられ、エジプト国民は怨嗟（えんさ）の声を上げることになります。

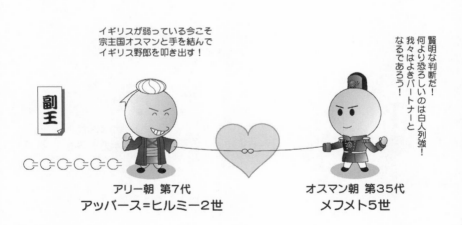

イギリスが弱っている今こそ
宗主国オスマンと手を結んで
イギリス野郎を叩き出す！

賢明な判断だ！
何より恐ろしいのは白人列強！
我々はよきパートナーと
なるであろう！

アリー朝　第7代
アッバース＝ヒルミー２世

オスマン朝　第35代
メフメト５世

（＊04）「副王」はオスマン皇帝から授爵された君主号であるため、これを名乗ること自体が「オスマン帝国の属領」であることを意味するため。

（＊05）150万人以上ものエジプト人が徴兵されました。

じつは、戦前までのエジプト独立運動はあくまで知識人（インテリゲンツィア）が中心となって動き、庶民はあくまで彼らに煽動される形で参加する"消極的"なものであったのに対し、戦後は庶民が"積極的"に独立運動に参加するようになりましたが、それもこの戦争でエジプト国民のイギリスに対する不満が鬱積したためです。

　こうした"不穏な空気"を察したイギリスは、いっそのことジブラルタルやマラッカ同様、エジプトも「植民地」ではなく「併合（＊06）」してしまおうかとも思いましたが、戦況がどんどん悪化するにつれ、「そんな余裕はない」との結論に達し（1917年）、もっと要領よくエジプト王（スルタン）を手なづけて操ろうと画策します。

　そんな折、さんざんイギリスの手先となって国民からの深い恨みを買っていた王（スルタン）フサイン＝カーミルが病死したため、イギリスは次の"操り人形"としてその異母弟で欧州（ヨーロッパ）かぶれの人物を即位させます。

　これこそ第9代ファード1世です。

俺が王となったからには専制君主になってみせる！

アリー朝　第9代
ファード1世

大戦中だけの
短い治世だった…

アリー朝　第8代
フサイン＝カーミル

（＊06）ジブラルタルは1713年、マラッカは1867年に併合され、ジブラルタルに至っては現在に至るまでイギリスの直轄領です。

第2幕

革命でつかんだ "ニンジン"

エジプト形式独立の達成

大戦が終わり、パリ講和会議が始まると、エジプトはサアド゠ザグルール（ワフド）を中心として「我々の代表もパリに送らせろ！」と要求。イギリスがこれを拒絶するとともにサアドを逮捕すると、エジプト革命が発生。驚いたイギリスは、エジプトに見せかけだけの "形式独立" を与えてお茶を濁そうとする。

そぅんなに
独立したかったんだぁ？
知らなかったよぉ！（棒）
じゃ、独立を認めてあげる！

形式
独立

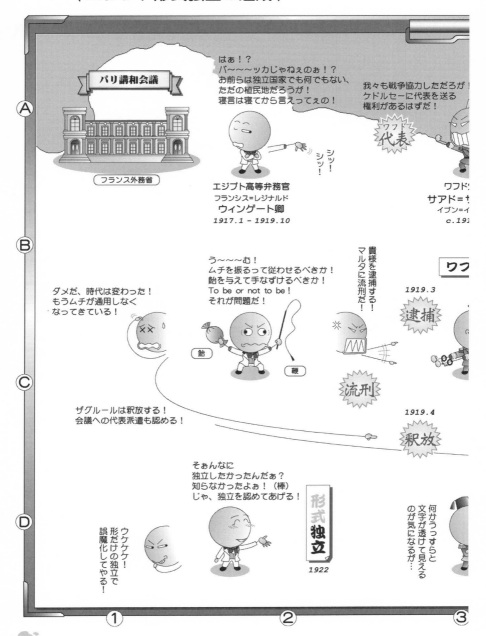

〈 エジプト形式独立の達成 〉

1920 年

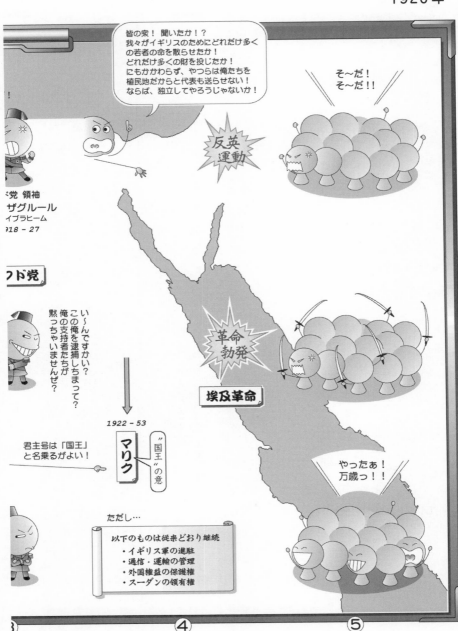

皆の衆！ 聞いたか！？
我々がイギリスのためにどれだけ多く
の若者の命を散らせたか！
どれだけ多くの財を投じたか！
にもかかわらず、やつらは俺たちを
植民地だからと代表も送らせない！
ならば、独立してやろうじゃないか！

そ〜だ！
そ〜だ！！

反英
運動

革命
勃発

埃及革命

〜党 領袖
ザグルール
イブラヒーム
918 - 27

ﾄﾞ党

い〜んですかい？
この俺を逮捕しちまって？
俺の支持者たちが
黙っちゃいませんぜ？

君主号は「国王」
と名乗るがよい！

1922 - 53

マリク

"国王"の意

やったあ！
万歳っ！！

ただし…

以下のものは従来どおり継続
・イギリス軍の進駐
・通信・運輸の管理
・外国権益の保護権
・スーダンの領有権

第 5 章　オスマン帝国滅亡

第 6 章　エジプト・イランの再生

第 7 章　インドの独立運動

最終章　恐慌後のイスラーム

そうこうしているうちに大戦が終わり、パリ講和会議が開催されることが決まると、エジプトの民族主義者グループがエジプト高等弁務官（レジナルド・ウィンゲート）（A/B-2）に要求を突きつけてきました。

「こたびの大戦では、我々もイギリスに戦争協力したのだから、
　パリに代表（ワフド）を送る権利があるはずだ！
　我々の代表（ワフド）を外務省（ケドルセー）（＊01）に出席させろ！」（A-3）

　しかし、パリ講和会議には主要参戦国の独（ドイツ）・墺（オーストリア）・露（ロシア）にすら発言権を与えなかったくらいですから、たかが植民地ごときに出席させるなど、そんな要求をイギリスが呑む（の）はずもありません。

──代表を送らせろだと！？　寝言は寝てから言え！

　お前らは独立国家でも何でもない、ただの植民地だぞ？

　植民地ごときにそんな権利があるわけないだろうが！（A-2）

　もっとも「代表（ワフド）」を要求した民族主義者グループ（以後「ワフド党」）とて、この要求が通るなどとは端（はな）から期待しておらず、ただ「イギリスの拒絶」を口実として反英運動を盛り上げんとしただけでした。

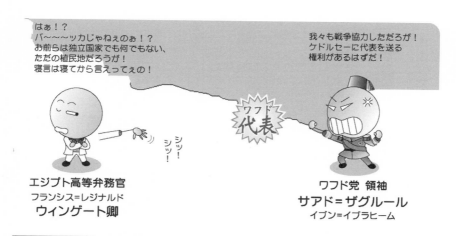

はぁ！？
バ～～～ッカじゃねぇのぉ！？
お前らは独立国家でも何でもない、
ただの植民地だろうが！
寝言は寝てから言ってぇの！

我々も戦争協力しただろうが！
ケドルセーに代表を送る
権利があるはずだ！

シッ！
シッ！

ワフド
代表

エジプト高等弁務官
フランシス＝レジナルド
ウィンゲート卿

ワフド党　領袖
サアド＝ザグルール
イブン＝イブラヒーム

（＊01）パリにあるフランス外務省のことで、パリ講和会議の会場となった建物。

（＊02）ひとくちに「エジプト革命」と言っても、1919年・1952年・2011年と3回あるため、これらと区別したいときは、年号を冠して「○○年エジプト革命」などと言います。

「 皆の衆！　聞いたか！？

我々がイギリスのためにどれだけ多くの若者の命を散らせたか！

どれだけ多くの財を投じたか！　どれだけ犬馬の労を尽くしたか！

にもかかわらず、やつらは俺たちを "植民地" だと蔑んで代表も送らせない！

代表（ワフド）を送ることができるのは、独立国家だけだとさ！

ならば、お望み通り、独立してやろうじゃないか！」（A-4）

彼の檄（げき）は、不満が限界まで鬱積していた国民を立ち上がらせるのに充分でした。（A/B-4/5）

　この動きに驚いたイギリスは、見せしめとばかりワフド党 領 袖（りょうしゅう）サアド＝ザグルール（A/B-3）を逮捕、マルタ島への流刑（C-2/3）に処すことで事態の沈静化を図りました（1919年3月）が、事は沈静化どころか革命化（エジプト革命（＊02））（C-4/5）してしまいます。

（＊03）デモなどに参加した一般市民が800人以上殺されました（当時の『New York Times』の報道に拠る）。

（＊04）最初は武器も持たない "平和的デモ" にすぎなかったものが、イギリスの強硬な態度にストライキ → ゼネスト → 武装蜂起へと発展していきました。

時は 20 世紀。

　すでに "19 世紀までの帝国主義的な強引な手法" は通用しなくなっていることにいまだ気づかないイギリスは、歴史の流れに逆らってなおも大弾圧（＊03）を試みましたが、事態は悪化の一途をたどり（＊04）、ついにイギリス軍の手に負えなくなって首都機能が停止してしまいます。

　この程度の騒乱、これが大戦前であれば鎧 袖 一触で鎮圧できたでしょうに、これほどあっさり腰砕けになってしまったのは、大戦後のイギリスの国力が大幅に衰えたことを示しています。

　しかし、そうであるが故に、イギリスはいよいよ以てエジプトに寄生して生きていかなければなりませんから、これを手放すわけにはいきません。

　とはいえ、往年の国力を失って、どうやってエジプトを抑え込むか。

　じつは、力が衰えたなら衰えたなりの "やり方" があります。

　「腕力の衰えた老いた剣士」が「力みなぎる若い剣士」と対等以上に渡り合うことができるのは、腕力を技術で補うからです。

　同じように、国力（腕力）の衰え 著 しいイギリスも外交の "老獪さ

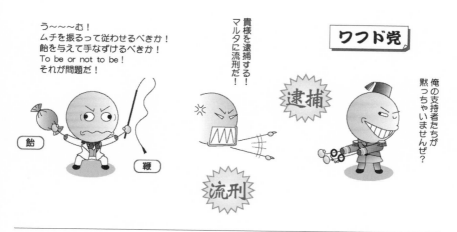

（＊05）欧米列強はＡＡ圏諸国を隷属化させるときはかならず、「邪教しか知らぬ蛮族どもにキリスト教を伝道するため」「民主主義も知らぬ蛮族どもに "文化" を教えるため」という "お為ごかし" で自らの悪逆非道を正当化してきました。

（技術）〞にかけてはどの国にも引けを取ることはありません。

──〞鞭〟が通用せぬなら〞飴〞だ！（C-2）

そこでイギリスは強硬策から懐柔策へと方針を１８０゜転換し、サアド＝ザグルールを釈放（４月）（C/D-3）したうえ、パリ講和会議へエジプト代表を送ることも許可します。

小出し遅出しは兵法の愚、イギリスはさらなる大胆な提案をします。

──我々がエジプト行政を代行させてもらったのは、私心からではなく、

　エジプトに民主主義をお伝えしたいがための親心（＊05）でしたが、

　親の心子知らず、そこまで独立をお望みとあらば、いいでしょう！

　独立を認めようではありませんか。（D-2）

独立を認める？

しかし、彼らのこうした言葉をそのまま鵜呑みにはできません。

これまでさんざん見てまいりましたように、欧米列強がＡＡ圏の国の人々に対して〞満面の笑みと甘言で手を差し伸べてくる〞ときにはかならずその裏に〞邪な考え〞が隠れているからです。

そこに気づかず言葉をすなおに受け、喜んで手を差し出した瞬間、その手を

第５章　オスマン帝国滅亡

第６章　エジプト・イランの再生

第７章　インドの独立運動

最終章　恐慌後のイスラーム

取られて払い腰から袈裟固めをかけられるのがオチです。

　20世紀のＡ　Ａ圏諸国の独立運動の歴史は、延々とこの策に嵌って「騙されてはねじ伏せられ、また騙されてはねじ伏せられ……」の繰り返しです。

　今回もその例外ではありません。

「ついに独立が認められた！　万歳！」

　無邪気に狂喜するエジプト人（Ｄ-5）。

　これを機に、君主号も独立国家として「スルタン」から「国王」に改号（C/D-3/4）し、1922年（＊06）2月22日、エジプト人が夢にまで見た「エジプト王国」の独立が達成されました。

　しかし。

　案の定、ちゃんと"裏"が隠されていました。

──ただし、いきなり完全独立というのも無理な話ですから、

　　独立を認めるためには"条件"があります。

　条件──これが曲者で、

①まずは"甘いアメ（独立）"を与えて油断させておいて、

②つぎに"毒入り茶（条件）"を出してこれを呑ませる。

……というのは、彼らの常套手段です。

「じょ、条件とは？」

──正直申し上げて、オスマンから"巣立ち"してまだ日も浅いエジプトが

　　独立するのはまだ時期尚早だと我々は考えております。

　　したがいまして、こたびエジプトが「独立」となった場合、

　　我々にはひとつの"憂い"がどうしても拭えません。

　　それは、「まだまだ未熟なエジプトが、万一敵国から攻められた場合、

　　独力で自国を守り切れるだろうか」という懸念です。

　　せっかく私どもがエジプトを独立させて差しあげましても、

　　すぐに他国に攻め取られてしまったのでは、

　　私どもと致しましても立つ瀬がありませぬ。

（＊07）ただし、資源もなければ地政学的価値もない、列強がなんら征服に値する魅力を感じないような小国・弱国・貧国はその限りではありません。

　そこで提案です。
　エジプトを守る“防衛の任”につきましては
　引きつづき我が国にお任せいただきたい。

何やら長々と講釈を垂れていますが、要するに「軍事権は渡さん」ということです（D-4）。

しかしながら、そもそも「軍事権の保有」と「独立国家」は同義であって、軍事権を持たぬ国はかならず“その国の軍事を肩代わりしている国”が宗主国（マスターカントリー）となっている属国（＊07）です。

つまり、“見せかけだけ”独立という体（てい）を取って国際外交に無知な民を喜ばせておきながら、そのじつ首根っこを押さえて実質的な「宗主国（マスターカントリー）」でありつづけようというわけです（＊08）。

「もし、嫌だといったら？」

――もちろん、この話（独立）はなかったことになりますな。

「独立」と彫られた“ニンジン”を目の前にぶら下げられて、これに喰い付けば大きな釣針が上顎（あご）に刺さりますが、敢えて“ニンジン”欲しさに喰らい付くか、「バカにするな！」と啖呵（たんか）を切って“ニンジン”を地面に叩きつけるか。

サアド＝ザグルールも悩みます。

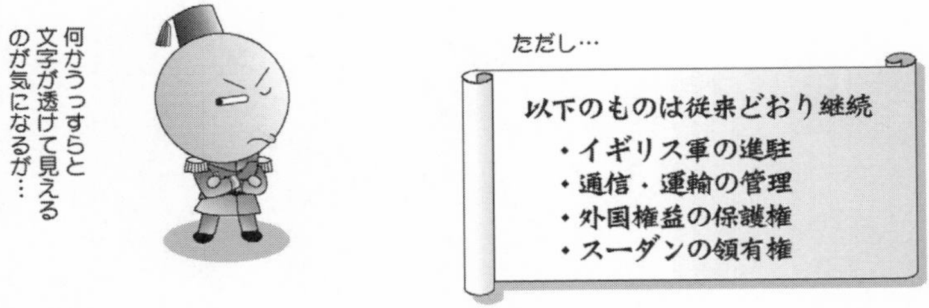

（＊08）このときのイギリスの手法をそっくりそのままマネしたのがアメリカです。戦後の日本に対し「平和憲法」という美名の下、日本の軍部を解体し、「日本の防衛はアメリカが肩代わりする」ことになりました。つまり、戦後の日本は“独立国家”という体のアメリカの“属国”ということです。エジプトとの違いは、宗主国が「イギリス」か「アメリカ」かいう点と、国民がそのことに気づいているか、気づいていないかの差にすぎません。

「 確かにこたびの独立は "独立" などと呼べる代物ではないかもしれん 。

　名目独立 、形式独立 、まやかしの独立 。されど "独立" ！

　ここで席を蹴っては一歩も進まぬが 、

　この "ニンジン" を喰らえば一歩進むではないか！ 」

　外交とは 、相手が一歩引く姿勢を見せたら三歩進んで尻の毛まで毟り取るの
が基本です 。

　サアド＝ザグルールが引くと見ると 、イギリスはここぞと畳みかけてきます 。

――もちろん 、我々がエジプト防衛の任を負うということは 、

　これを全うするためにエジプト国内の通信・運輸施設は

　これからも我々が管理させてもらいますぞ 。

　あと 、エジプト国内の外国権益もこのまま我々が保護しますし 、

　スーダンは我々が制圧したのですから今後とも我々が統治します 。（Ｄ-４）
　如何かな？

　しかし 、これらの条件をすべて呑んででも「 独立 」の体裁が欲しかったエジ
プトはこれを受諾します 。

　こうしてエジプトは "独立" を達成したのでした 。

　形だけの独立を 。

やったぁ！
万歳っ！！

第3幕

国を守るための"みかじめ料"
英　斯条約
(イギリス ペルシア)

第一次世界大戦が始まると、一、カージャール朝は北からロシア露軍、西から独軍・土軍、東から英軍に攻め立てられる。しかし、こたびの大戦を機に露・独・土はつぎつぎと滅亡、カージャール朝に残ったのはイギリスだけとなった。そこでイギリスはカージャール朝と「英　斯条約」を結んでこれを保護国化する。

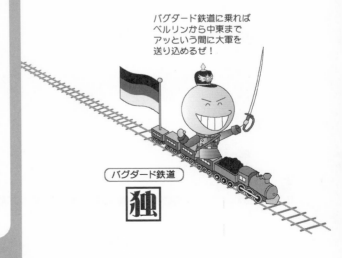

バグダード鉄道に乗れば
ベルリンから中東まで
アッという間に大軍を
送り込めるぜ！

バグダード鉄道

独

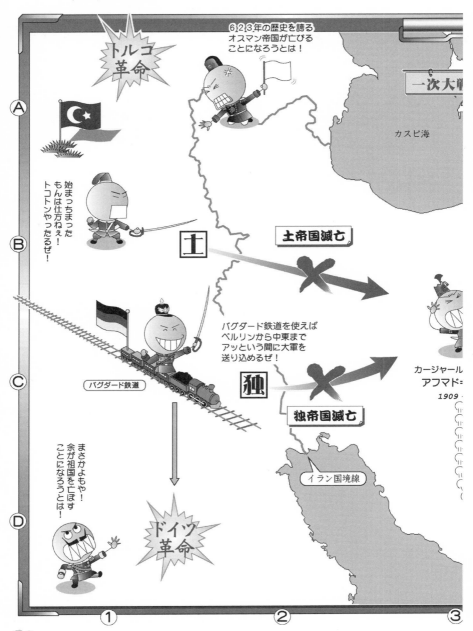

〈 英斯条約 〉

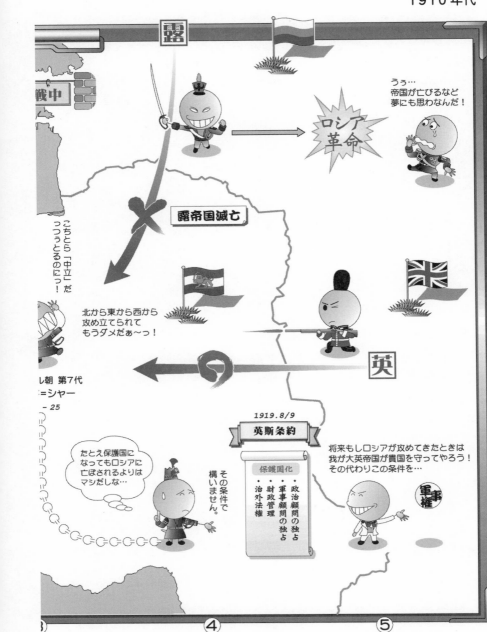

第一次世界大戦が勃発する直前、カージャール朝（D-3）は「英露協商（*01）」によって事実上分割されており、帝国の北西部がロシアの、南西部がイギリスの勢力範囲とされ、それを足掛かりにしてじわじわと国家利権が蚕食されていました。

そんな中に起こったのが、第一次世界大戦です。

開戦とともにカージャール朝はただちに「中立」を宣言（B-3）しましたが、カージャール朝が地政学的に重要な位置を占めていたが故に、そんなことはお構いなしに同盟軍・協商軍ともに侵攻、その係争地となってしまいます。

北からはロシア軍（A-4）、東からはイギリス軍（C-5）、西からはドイツ軍（C-2）・オスマン軍（B-1/2）が侵攻してその戦場となり、カージャール朝は荒廃していきます。

為すところなくただ翻弄されるがままのカージャール朝でしたが、大戦も佳境に入った1917年になると、この"カージャール朝争奪戦"からまずロシアが脱落します。

言わずもがな、「ロシア革命（A-5）」が勃発して帝政ロシアが滅亡（B-4）してしまったためです。

歴史の皮肉というべきか、これまでさんざんにやられたい放題（*02）にやられてきた"いじめられっ子（カージャール朝）"より"いじめっ子（帝政ロシア）"の方が先に死んでしまったのでした。

さらに、翌18年には「ドイツ革命（D-1/2）」が勃発してついにドイツ帝国も亡び（C-2/3）、さらに翌19年から勃発した「トルコ革命（A-1）」によってオスマン帝国も戦後ほどなく亡び（B-2）、こうして戦中戦後にかけて一斉に三大帝国（*03）が地球上から消え去り、蓋を開けてみればカージャール朝に残ったのはイギリスだけとなります。

（＊01）詳しくは、『世界史劇場 天才ビスマルクの策謀』（最終章 第5幕）をご覧ください。

（＊02）一連の「露斯（ロシア＝イラン）戦争」のこと。露斯戦争は、第1次（1651〜53年）、第2次（1722〜23年）、第3次（1795〜96年）、第4次（1804〜13年）、第5次（1826〜28年）と展開しましたが、特に「ロマノフ朝vsカージャール朝」の構図は第3次以降。詳しくは前巻『侵蝕されるイスラーム世界』参照。

そこでイギリスは、この機にイランの独占支配を確固たるものにするべく、1919年、カージャール朝と条約を結びました。

それが「<ruby>英<rt>イギリス</rt></ruby>　<ruby>斯<rt>ペルシア</rt></ruby>　条約（協定）（C/D-4/5）」です。

── 今、一時的に<ruby>独<rt>ドイツ</rt></ruby>　<ruby>露<rt>ロシア</rt></ruby>の脅威は去ったとは言え、

　　ドイツはまだしもロシアはすぐに態勢を立て直して、

　　ふたたび南下してくるだろう。

　　そのときが来たら、我が国が貴国を守って進ぜよう。（C/D-5）

前幕のエジプト同様、軍事を他国に<ruby>委<rt>ゆだ</rt></ruby>ねた国はその時点で「独立国家」とは呼べません。

イギリスとてお人好しでイランを<ruby>援<rt>たす</rt></ruby>けようというわけではありませんから、

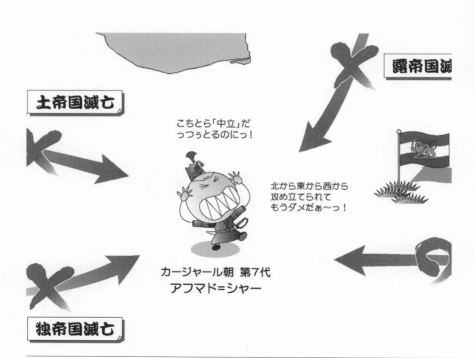

こちとら「中立」だっつぅとるのにっ！

北から東から西から攻め立てられてもうダメだぁ～っ！

カージャール朝　第７代
アフマド＝シャー

土帝国滅亡

露帝国滅亡

独帝国滅亡

（＊03）日本語にすれば３つとも「帝国」と訳されますが、ロシアは「ツァールストヴォ／インピェーリア」、ドイツは「ライヒ」、オスマンは「デブレット」で、厳密に言えばそれぞれ微妙に概念が違います。

そのつぎに出る言葉は決まっています。

——その代わり。

我が大英帝国が政治顧問・軍事顧問を独占することを認め、

財政管理を我が国に任せ[＊04]、

治外法権を認めること。(D-4/5)

要するに、「いざというときになったら我が国が助けてやるから、その代わりみかじめ料はたっぷりもらうぞ！」というわけで、言ってみれば昭和ヤクザの手口と同じものですが、「昭和ヤクザのやり方が平成・令和では通用しなくなった」のと同じように、こうした"19世紀的"な帝国主義のやり口は20世紀に入ると通用しません。

案の定、こうしたイギリスのやり口は、国連を始めとした国際輿論の批判を浴びることになり、むしろイギリスは自らの立場を殆うくしてしまいます。

"時代の変質[＊05]"が起きていることに気づかぬ者はかならず破滅の道を歩む——というのはいつの時代も変わらぬ"歴史の定理"です。

そしてそれは、すぐに表面化していくことになります。

(＊04)たとえば、関税収入の一部をイギリスの懐に入れるなど。

(＊05)本書「第5章 第3幕」を参照のこと。

第４幕

コサック旅団の英雄

パフレヴィー朝の誕生

英斯条約によって実質的なイギリスの保護国となったカージャール朝であったが、その代償として一朝事が起こったときにはイギリス軍が助けてくれることになっていた。ところが、いざロシア軍が攻めてくると、イギリスはこれを黙殺。ロシア軍を撃退したのは、コサック旅団の将校レザー＝パフレヴィーであった。

俺としては「共和国」を
想像していたのだが、
各方面からの猛反発と
皇帝推挙を受けて、
即位することにしたのだ。

皇帝

パフレヴィー朝 初代
レザー＝シャー
パフレヴィー

〈 パフレヴィー朝の誕生 〉

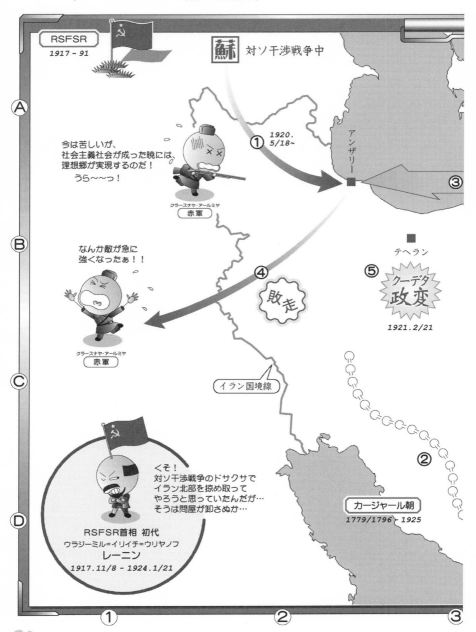

1920年代

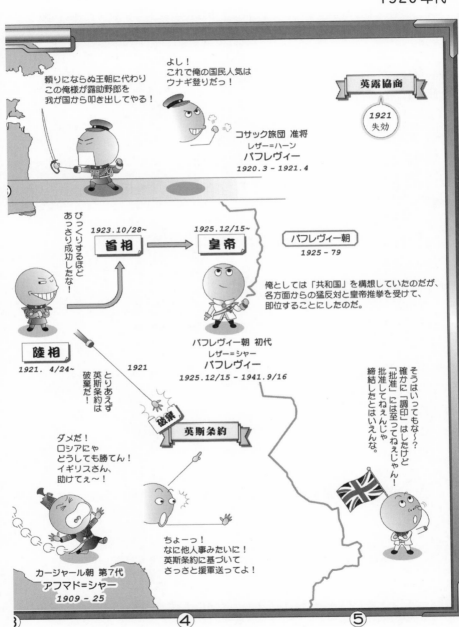

頼りにならぬ王朝に代わり
この俺様が露助野郎を
我が国から叩き出してやる！

よし！
これで俺の国民人気は
ウナギ登りだっ！

コサック旅団　准将
レザー＝ハーン
パフレヴィー
1920.3 - 1921.4

英露協商

1921
失効

びっくりするほど
あっさり成功したな！

1923.10/28～
首相

1925.12/15～
皇帝

パフレヴィー朝
1925 - 79

俺としては「共和国」を構想していたのだが、
各方面からの猛反対と皇帝推挙を受けて、
即位することにしたのだ。

陸相
1921. 4/24～

1921

とりあえず
英斯条約は
破棄だ！

パフレヴィー朝　初代
レザー＝シャー
パフレヴィー
1925.12/15 - 1941.9/16

破棄

英斯条約

ダメだ！
ロシアにゃ
どうしても勝てん！
イギリスさん、
助けてぇ～！

そういってもな～？
確かに「調印」はしたけど
「批准」には至ってねぇじゃん！
批准してねぇんじゃ
締結したとはいえんな。

カージャール朝　第7代
アフマド＝シャー
1909 - 25

ちょーっ！
なに他人事みたいに！
英斯条約に基づいて
さっさと援軍送ってよ！

③　　　④　　　⑤

265

すぐに「英斯条約」で想定された懸案は現実のものとなりました。

「対ソ干渉戦争」中のロシア(＊01)軍が反撃に出て、カスピ海西岸を南下し(A/B-2)、カージャール朝に侵攻してきたのです。

当時のロシアは建国早々「対ソ干渉戦争」を喰らって存亡の機に立たされていましたが、徐々に形勢が逆転してくると、カスピ海沿岸への野心を燃やし始めていたのでした(D-1)。

カージャール朝が利権も誇りもかなぐり棄て、"イギリスに隷属"してまで「英斯条約(C/D-4)」を結んだのはまさにこのときのため。

皇帝アフマド(D-3/4)はただちにイギリスに援軍要請をかけました(D-4)が、これに対してイギリスが取った態度は、なんと"黙殺"(D-5)。

強いと評判の用心棒を雇ってみたら、「若いころは強かった」という"過去の栄光"にすがるだけのヨボヨボ爺さんで、高いみかじめ料を取っておきながら「いざ！」というときになったら逃げられた——ようなものです。

我々はすでに「白人は有色人種との協定・条約を平気で反故にする」ことをさんざん学んでまいりました。

しかしその際、彼らは一応"もっともらしい"口実を用意します。

あるときは"曖昧な表現"、またあるときは"意図的誤訳"。

然して今回は。

じつは、こたびの「英斯条約」は"調印"こそされましたが、これがイラン国内に伝わると猛反発を受けて"批准"に至っておらず(＊02)、イギリス側はこれを口実としました。

——こたびの条約は"批准"に至っておらぬではないか！

批准なきものは発効しておらぬ故、無効である！

確かに、条約は「批准を以て発効」とされることが多いのは事実です。

しかしながら、イギリスはすでに条約の利権(＊03)を行使しており、義務が

(＊01)このときのロシアは正式名称「ロシア＝ソヴィエト連邦社会主義共和国(ＲＳＦＳＲ)」といい、のちの「ソビエト社会主義共和国連邦(ＵＳＳＲ)」の盟主的存在。

(＊02)「調印」と「批准」の違いについては、本シリーズ『ナチスはこうして政権を奪取した』の「第1章 第2幕」のコラム欄で詳説していますので、ここでは触れません。

発生した途端に「発効していない」は通りません。

　それならば、イギリスも条約が批准（ひじゅん）されるまで利権を行使してはならないからです。

　そんなことは後付けの聞くに堪えない“言い逃れ”にすぎず、要するに、戦後のイギリスは「すでに老いさらばえて昔日の面影なく、威勢のいいのは口だけ、今からロシアと全面対決する意志も覚悟も実力も持ち合わせていなかった」というだけのことです。

　イギリスの威信も地に堕ちたり。

　これに激怒した皇帝アフマドでしたが、だからといってイギリスに制裁を加える力もなく泣き寝入り状態の中、ここにひとりの“英雄”が現れます。

　それが当時コサック旅団長であったレザー＝ハーン＝パフレヴィー（A/B-4/5）です。

英斯条約

破棄

そうはいってもな〜？
確かに「調印」はしたけど
「批准」には至ってねぇじゃん！
批准してねぇんじゃ
締結したとはいえんじゃん。

ダメだ！
ロシアにゃ
どうしても勝てん！
イギリスさん、
助けてぇ〜！

カージャール朝　第7代
アフマド＝シャー（シャー）

ちょーっ！
なに他人事みたいに！
英斯条約に基づいて
さっさと援軍送ってよ！

（＊03）政治顧問・軍事顧問の独占、財政管理など、前幕でも解説した「英斯条約」でイギリスが獲得した利権。

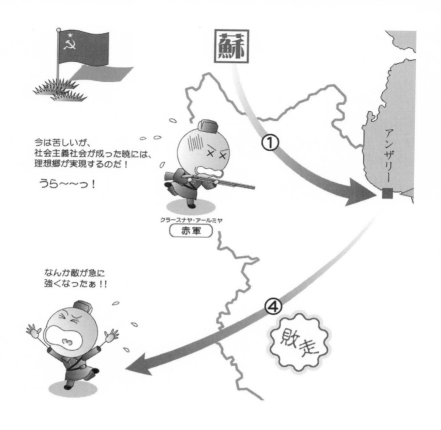

　1921 年、彼はコサック軍を率いてイギリスが尻込みした<ruby>赤<rt>クラースナヤ</rt>軍<rt>・アールミヤ</rt></ruby>（＊04）
（A/B-1/2）と戦い、これを見事撃退（B/C-1）することに成功したのでした。
　頼りない王朝に絶望感・悲壮感の漂っていた国内の重い<ruby>空気<rt>ニューマ</rt></ruby>は破られ、彼は
全国民から歓喜・熱狂を<ruby>以<rt>もっ</rt></ruby>て迎えられて凱旋、絶大な支持を受けることになり
ました。

（＊04）RSFSR軍のこと。のちにソ連軍に発展解消（1946 年）されます。

（＊05）1921 年の「ペルシア政変」のこと。

（＊06）「ブリュメール 18 日政変」のこと。正確にはこの政変の首謀者はシェイエスでナポレオン
　　　はその協力者にすぎませんでしたが、その成果をナポレオンが独占する形となりました。

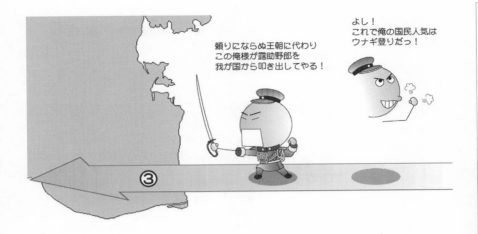

このあたりの事情はナポレオンとよく似ています。

　ちょっと時間を巻き戻して、18世紀末のフランスを振り返ってみますと、当時、何をやってもうまくいかない革命政府（総裁政府）に市民（シトワイヤン）は不信感を募らせていましたが、そうした重い空気を吹き飛ばすかのように、若き日のナポレオンがつぎつぎと戦勝・凱旋を繰り返したことで、市民（シトワイヤン）の中から「ナポレオン待望論」が湧き起こったものでした。

　よく似た生い立ちを持つナポレオンとレザー＝ハーン。

　では、この後の経歴もふたりは似ているのでしょうか。

　レザー＝ハーンは、このあと国民の人気を利用して政変（クーデタ）（＊05）（B/C-2/3）を起こし、軍人から政界に進出して「陸相（C-3）」を経て「首相（B-3/4）」になっていますが、これはナポレオンが市民の人気を利用して政変（クーデタ）（＊06）を起こし、軍人から政界に進出して「統領（コンシュラ）」になったことを彷彿とさせます。

　晴れて政治家となった彼（レザー）は、その手始めとして国民から不評だった「英斯（イギリスペルシア）条約」を一方的に破棄する（＊07）（C-4）という外交成果を挙げ、国民から喝采を浴びました。

（＊07）といえば聞こえはいいですが、すでにイギリスが反故にしていますから、すでに既成事実となっていたものを"表明"しただけのことですが。

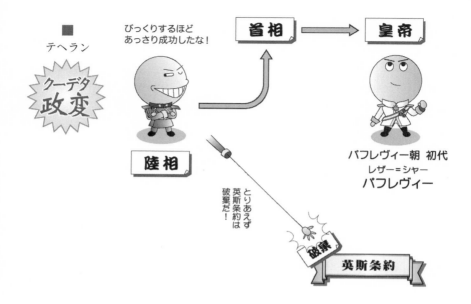

さらに、彼には"運"も味方します[＊08]。

たまたまこの年（1921年）に「英露協商」が失効（A-5）したのですが、それがあたかも彼の功績のように称えられ、「英斯条約」と「英露協商」をつぎつぎ"破棄"したとして、彼の人気は絶頂に至ります。

こうした国民人気を背景にして、1924年、彼は議会にて「カージャール朝の廃止」を決議し、翌年には自ら即位して新王朝の初代皇帝となりました[＊09]（B/C-4/5）。

このあたりもナポレオンと酷似しており、彼もまた「アミアンの和約」という外交成果を挙げて市民の喝采を浴び、その人気を利用して国民投票を実施して、合法的に「皇帝」まで上り詰めています。

（＊08）歴史上、古今東西すべての分野において頂点に君臨する者はかならず「強運」です。

（＊09）彼は初めから皇帝になろうという野心を抱いて挙兵したのではなく、首相になったばかりのころは隣国トルコに倣って「共和制」を樹立しようと考えていました（1923年）。
　　　　しかし、こうした彼の意図はウラマー層からの強い反対にあって断念しています。

　ここまで似ていると、まさにレザー＝ハーンは「イランのナポレオン」とも
呼んでよいでしょう[＊10]。

　こうして生まれた王朝こそ、前６世紀にアケメネス朝が創建されて以来、
2500年にわたって脈々と続いてきたペルシア帝国の最後を飾る「パフレヴィー
朝ペルシア帝国[＊11]（B-5）」です。

　しかし、彼も皇帝に即位したからとて、これで安心して玉座を温めていられ
る──というわけではありません。

　むしろこれからがたいへんです。

　玉座に就いたレザー＝シャー＝パフレヴィー１世は皇帝として何を為すべき
か。

　彼（レザー）が強く意識したのがトルコです。

　ちょうどこのころ、イランと同じく「帝国を亡ぼして再起を図っていたケマ
ル＝アタチュルク」と自分を重ねていましたから、オスマン帝国（デブレット）を亡ぼしたあ
とケマル＝アタチュルクが何をしたか[＊12]を考えれば、自然と彼（レザー）の為したこ
とも見えてきます。

　もちろん「近代化」です。

　この時代、近代化に失敗すればどんな大帝国であろうがたちどころに亡び、
近代化に成功すれば、小国でも生き残れます。

　19世紀までアジア大陸の東西南北を押さえていた四大帝国（清朝・オスマン
帝国・カージャール朝（デブレット）・帝政ロシア）も20世紀に入った途端、片端から消滅
したのもそのためで、明治日本や共和政トルコが生き残ることができたのも同
様です。

　すでに彼は、首相時代にアメリカから財政顧問団を招聘（1922年）して「近
代化」準備を進めていましたが、即位後、それがつぎつぎと成果を出し始めま
した。

（＊10）そして、最後は２人とも「失脚」というオチまで似ています。

（＊11）パフレヴィー朝の国号「ペルシア帝国」は、建国から10年後の1935年、「イラン帝
　　　　国」と改号されました。現代でもこの国を「イラン」と呼ぶのはこれ以降です。

（＊12）本書「第５章 第７幕」参照。

具体的には──

- 司法改革（法曹の宗教界独占を廃止）
- 行政改革（公務員の貴族独占の廃止）
- 経済改革（国立銀行の設立）
- 税制改革（資源開発税の導入）
- 軍制改革（近代的国民軍の創設）
- 法政改革（ナポレオン法典を範とした民法制定）

…などを矢継ぎ早に実施し、基本的に「トルコ革命」を範として政教分離を押し進め、教育における宗教色の排斥、女性解放も進められます。

　さらに、対外的には不平等条約をつぎつぎと破棄させ、治外法権の撤廃や関税自主権を勝ち取りました。

　では、戦後のイランはトルコと似たような歴史を辿るのか、はたまたここから枝分かれしていくのか。

くそ！
対ソ干渉戦争のドサクサで
イラン北部を掠め取って
やろうと思っていたんだが…
そうは問屋が卸さぬか…

RSFSR首相　初代
ウラジーミル＝イリイチ＝ウリヤノフ
レーニン
1917.11/8 - 1924.1/21

第7章 インドの独立運動

第1幕

約束された自治
モンタギュー声明

大戦が勃発すると、インドでは「今こそ独立の好機（チャンス）では!?」と沸き立ったが、イギリスへの戦争協力を主張してこれを押し止めたのがM・ガンディーであった。そのためインドとは関係のない戦争に多くのインドの若者が送り込まれ、そして殺されていく。それでもガンディーは叫んだ。「あと少しの辛抱だ!」

じつはカクカクシカジカ…
俺たちはインド人は
"人間の盾"にされて
イギリス兵に背中から
撃たれた…

帰国してきた傷病兵

みんな!
もう少しの辛抱だ!
がんばろう!

ガンディー

〈モンタギュー声明〉

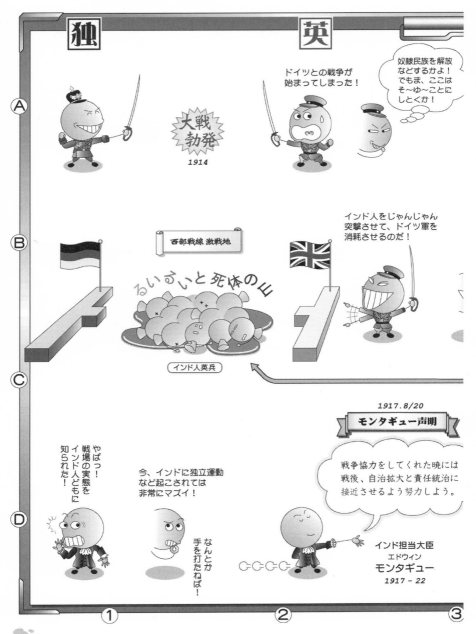

1910年代

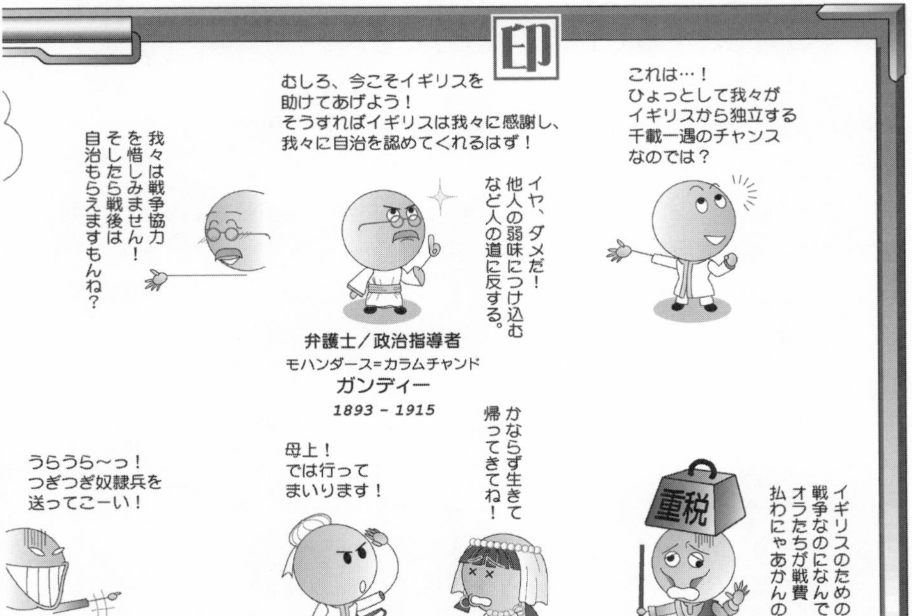
印
これは…！
ひょっとして我々が
イギリスから独立する
千載一遇のチャンス
なのでは？
むしろ、今こそイギリスを
助けてあげよう！
そうすればイギリスは我々に感謝し、
我々に自治を認めてくれるはず！
イヤ、ダメだ！
他人の弱味につけ込む
など人の道に反する。
我々は戦争協力
を惜しみません！
そしたら戦後は
自治もらえますもんね？
弁護士／政治指導者
モハンダース＝カラムチャンド
ガンディー
1893 - 1915
イギリスのための
戦争なのになんで
オラたちが戦費
払わにゃあかんの？
重税
かならず生きて
帰ってきてね！
母上！
では行って
まいります！
うらうら～っ！
つぎつぎ奴隷兵を
送ってこーい！
徴兵
独立だっ!!
なんなんだ、これは！
イギリス人どもは
我々インド人を虫ケラだ
とでも思ってやがんのか！
じつはカクカクシカジカ…
俺たちはインド人は
”人間の盾〟にされて
イギリス兵に背中から
撃たれた…
帰国してきた傷病兵
みんな！
もう少しの辛抱だ！
がんばろう！
わ～～い！
イギリスが自治を
認めてくれた！
ガンディー
④
⑤

さ
て、ここまで「第一次世界大戦後のトルコ」、そして「同時代のイラン」と見てまいりましたので、本章からは同じ時代のインドに視点を移して見ていくことにしましょう。

1906年に開催されたインド国民会議「カルカッタ大会」では「自治獲得^{スワラージ}」が叫ばれるまでになっていましたが、そうした情勢の中、勃発したのが第一次世界大戦です（A-1/2）。

イギリスは、インドの植民地支配を維持するために駐留していた兵を欧州^{ヨーロッパ}に呼び戻さざるを得ず、一時、インド駐留兵は「1500名を下回ったときさえある^{（＊01）}」ほどの状況となり、当時のインドの人口（３億1500万人）を考えれば、この機に乗じてインドが独立運動を起こせば、容易く独立できたはずでした。

しかし、すでに見てまいりましたように、インド人の〝お人好し〟ぶりは筋金入り。

「相手が困っているときを狙って立つ、というのは人の道に反する。

そうではなく、むしろ今こそイギリスを助けてあげようではないか。

そうすれば我々は感謝され、戦後、悪いようにはされないであろう。

そうなることで、我々は平和的に〝自治獲得^{スワラージ}〟を達成できるのだ！」（A-4）

嗚呼^{ああ}！

中国には「敵を知り己^{おのれ}を知らば、百戦殆^{あや}うからず^{（＊02）}」という言葉がありますが、インド人はイギリス人からあれだけひどい仕打を受けながら、イギリス人の本性というものがまるで理解できていなかった——ということがわかります。

そんなことは天地がひっくり返ってもあり得ないことです。

イギリス人はインド人のことを「対等な人間」だなどと夢にも思ったことなどないからです。

（＊01）インド総督レディング伯爵（任1921〜26年）の言。

（＊02）孫子の言葉。

（＊03）マハトマとは「偉大なる魂」という意味の尊称であって本名ではありません。
　　　　本名は「モハンダース＝カラムチャンド＝ガンディー」。

——インド人など、我々イギリス人に仕えるためだけに存在している、

生まれながらの奴隷民族である。

心の底から本気でそう信じています。

したがって、"奴隷"が御主人様に尽くすことなど当たり前のことであって、インド人がどんなにイギリスに尽くそうが、そこに「感謝」の気持ちなど微塵も湧いてきません。

しかし、こうした"イギリス人の本性"はあのマハトマ＝ガンディー[＊03]（A/B-4）でさえまったく理解できていません[＊04]でした。

彼（ガンディー）は若いころ、南 阿（アフリカ）連邦のナタール州で弁護士をしていましたが、そこでの生活でさんざんイギリス人からひどい人種差別を受けていたにもかかわらず、先のような理由から率先して「イギリスに戦争協力しよう！」と呼びかけています。

こうして、インドは「戦争協力」へと舵を切ることになりましたが、それはナマ易しいことではありませんでした。

我々は戦争協力を惜しみません！そしたら戦後は自治もらえますもんね？

むしろ、今こそイギリスを助けてあげよう！そうすればイギリスは我々に感謝し、我々に自治を認めてくれるはず！

イヤ、ダメだ！他人の弱味につけ込むなど人の道に反する。

これは…！ひょっとして我々がイギリスから独立する千載一遇のチャンスなのでは？

弁護士／政治指導者
モハンダース＝カラムチャンド
ガンディー

（＊04）彼は若いころ（18歳）のころから30年近くイギリス（＆南ア連邦）に留学していたこともあって、祖国インドに帰国（46歳）するまで"イギリス紳士"として振る舞おうとするなど、少々イギリスにかぶれていたところがありました。イギリスの"その場しのぎの見え透いたウソ"にあっさり騙されてしまった理由もそのあたりにありそうです。

インド人とは何の関係もない戦争の費用を賄うために毎年税金が跳ね上がった^(＊05)（B/C-5）ばかりか、物価も高騰^(＊06)して国民生活が逼迫するなど序の口、増税とは別に15億ポンド^(＊07)もの戦費を負担させられ、さらには徴兵まで行われて、150万人近くの若者が遠く離れた欧州に送り込まれます（C-3/4）。

しかし、それほどの犠牲を払ってでもインド人は「戦後の自治獲得」を信じて、ひたむきに虚心坦懐・滅私奉公に務めるのでした。

ところが。

翌15年になると、とんでもない事実が明らか^(＊08)になります。

欧州戦線に駆り出されたインド兵は、西部戦線（B-1/2）でももっとも戦死率の高い激戦地に送り込まれ、その最前列に立たされます。

そして、その後衛にイギリス兵が並び、イギリス人将校（B/C-2/3）の命が下ります。

――進め！

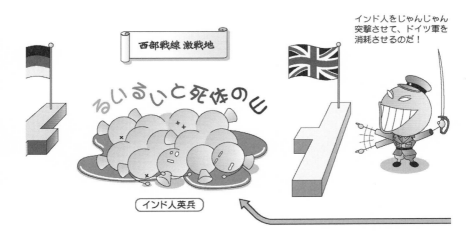

（＊05）1916年から19年の3年間で43％もの増税となっています。

（＊06）物品にも拠りますがおよそ1.3〜2倍程度。

（＊07）現在の貨幣価格に換算すると、約75兆円。

　しかし、「進め」も何も、ドイツ軍の雨霰（あられ）と降りそそぐ弾幕でとても進める
ような状態ではなく、これにインド兵が尻込みしていると、後衛のイギリス兵
の銃口がインド兵の背中に向けられます。

――命令に従わぬ者は射殺する！

　　進め！

　イギリス兵は後衛の安全圏からインド兵にその銃口を向け、前衛をインド兵
としてこれを突撃させてドイツ軍の消耗を図る――という作戦です。

　これでは、インド兵は進めばドイツ軍に蜂の巣にされ、退がればイギリス軍
の容赦のない一斉射撃を受け、英（イギリス）独（ドイツ）両軍に挟撃されたインド兵はアッという
間に全滅（B/C-1/2）。

　目の前で七転八倒（＊09）するインド人を見下ろしながら、イギリス将校は叫
びます。

――ふん！　役立たずどもめ！

　　ええい、兵が足らん！

母上！
では行って
まいります！

かならず生きて
帰ってきてね！

重税

イギリスのための
戦争なのになんで
オラたちが戦費
払わにゃあかんの？

────────────────────────────────

（＊08）欧州戦線に駆り出されて、傷病兵として帰国してきた若者の証言から判明しました。

（＊09）戦争映画などでは、敵兵に撃たれた兵は〝即死する兵〟ばかりが描かれるため勘違いして
　　　いる人は多いですが、実際の戦場では「即死できたら幸せ者」、一戦終わったあとの戦場
　　　には、死にきれずに七転八倒してもがき苦しむ兵の姿があたり一面に広がるという〝この
　　　世の地獄〟です。

じつはカクカクシカジカ…
俺たちはインド人は
"人間の盾"にされて
イギリス兵に背中から
撃たれた…

帰国してきた傷病兵

独立だっ!!

なんなんだ、これは!
イギリス人どもは
我々インド人を虫ケラだ
とでも思ってやがんのか!

　　もっとインド兵を連れてこい!（B/C-3）

　このように、欧州戦線に駆り出されたインド人はただただ"人の盾"とされて犬死にさせられていたのでした。

　嗚呼!

　インドとは何の関係もない戦争で"敵（ドイツ）"ではなく"味方（イギリス）"に殺されていったインドの若者たち。

　その無念のほどは計り知れません。

　遠い異国の地で文字通りの"無駄死に"させられた幾万もの若者が、祖国で独立運動のために戦っていたならインドはとっくに独立できていたでしょうし、そうして祖国のために捧げた命なら戦死した若者も浮かばれましょう。

　イギリスの本性を見抜けず、150万もの若者を"地獄"に送り込んだガンディーの罪は深い。

　こうした戦地の事実を知ったインド人は激昂（D-5）。

「なんなんだそれは!?

　イギリス人は我々を何だと思っているのだ!?」

（＊10）こんなひどい仕打を受けながら、ガンディーはどうして愚を重ねたのか。
　　　　そのことに関する考察は本幕コラムをご覧ください。

　これにより、インド人の猛反発が湧き起こり、戦争協力どころか独立運動すら起きかねない不穏な情勢になります。

――今、独立運動でも起こされたらマズイ！（D-1）

　そこでイギリスは一計を案じ、急遽「モンタギュー声明（C/D-2/3）」が発せられることになりました（1917年）。

――よろしい。それではこうしよう。

　　もし、このまま戦争協力をしてくれたならば、戦後、インドの自治を拡大し、責任統治に接近させるよう努力しよう。（D-2/3）

　これにインド人は歓びます。

「これで言質（げんち）が取れた！　我々の自治は約束された！」

　ガンディーもまた、このときイギリスの「約束」を信じてイギリス政府への協力を呼びかけています[*10]（D-3/4）。

「さあ、もうひとふんばりだ！

　イギリスに戦争協力しよう！」

　もはやかける言葉も見つかりません。

　こうしてインド人は、欺（だま）されても欺（だま）されても、"次"になればまた欺（だま）されることを繰り返すのでした。

モンタギュー声明

戦争協力をしてくれた暁には戦後、自治拡大と責任統治に接近させるよう努力しよう。

インド担当大臣
エドウィン
モンタギュー

わ〜〜い！
イギリスが自治を
認めてくれた！

みんな！
もう少しの辛抱だ！
がんばろう！

ガンディー

Column コンコルド効果

　ガンディーは、同胞がこれほどひどい仕打を受けているのに、どうしてイギリスへの協力をやめようとしなかったのでしょうか。

　その原因の根本に、ガンディーが「相手への思いやり」「同情」「信義」などの純インド的な哲学・倫理観がイギリス人にも通用すると誤解していたことが挙げられます。

　もうひとつの原因は、"コンコルド効果"が働いた可能性です。

　"コンコルド効果"とは、「それ以上の投資が無駄になるということが理性ではわかっていながら、それまでの投資が無駄になってしまうことを惜しんで投資をつづけてしまう状態」のことをいいます。

　身近な例を挙げれば、ギャンブルや恋愛ですが、じつは太平洋戦争も"コンコルド効果"が働いた結果です。

　慧眼・石橋湛山などは、満洲事変の10年も前（1921年）からそうなることを恐れて「満洲など棄ててしまえ！」と主張していましたが、当時の日本人は「十万の英霊（日露戦争戦没者）に申し訳ない」という感情論が蔓延していてどうしても満洲が棄てられず、その結果、ズルズルと日中戦争、太平洋戦争へとハマったのでした。

　"初期投資（英霊10万）"にこだわったために"大損失（300万の英霊）"を出す結果になったわけで、"コンコルド効果"の典型例といえるでしょう。

　このときのガンディーも「ここで反旗を翻せば、これまでの犠牲がムダになってしまう！」「あと少し我慢すれば戦争は終わる！」「戦争さえ終われば自治が獲得できる！」「そうすれば死んでいった若者たちも報われよう！」という"コンコルド効果"に陥っていた可能性があります。

　もっとも、もしガンディーがあそこで前言撤回してしまうと、「多くの若者が異国の地で無念の死を遂げていったのは誰のせいだ！？」「ガンディーに殺されたようなものだ！」となってガンディーに非難が集中したでしょうから、単純に「保身が働いただけ」かもしれませんが。

第7章 インドの独立運動

第2幕

反故にされた自治
ローラット治安維持法

大戦中に約束された「自治」は、戦後になってあっさりと反故にされた。怒り心頭のインドでは独立運動が叫ばれたが、ガンディーはそれでも「非暴力」を主張する。これに賛同した人々による非武装・非暴力の運動に対してイギリスの出した答えは〝問答無用の皆殺し（アムリットサル虐殺事件）〟であった。

（サティヤーグラハ）

非暴力・不服従

同じ人間同士、
誠意を以て話し合えば
わかってくれるはず！

それでも暴力はダメだ！
暴力に対して暴力で応えず
されどもけっして服従せず、
あくまでも穏便に
我々の誠意を示すのだ！

ガンディー

〈 ローラット治安維持法 〉

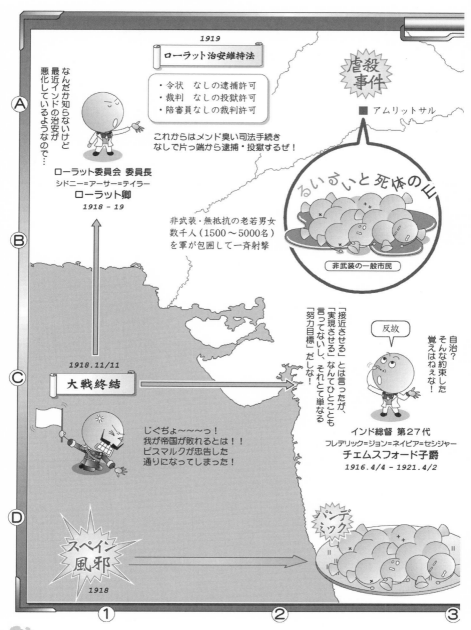

1919

ローラット治安維持法

・令状　なしの逮捕許可
・裁判　なしの投獄許可
・陪審員なしの裁判許可

これからはメンド臭い司法手続き
なしで片っ端から逮捕・投獄するぜ！

なんだか知らないけど
最近インドの治安が
悪化している
ようなので…

ローラット委員会 委員長
シドニー＝アーサー＝テイラー
ローラット卿
1918 - 19

非武装・無抵抗の老若男女
数千人（1500〜5000名）
を軍が包囲して一斉射撃

虐殺事件

■ アムリットサル

るいるいと死体の山

非武装の一般市民

1918.11/11

大戦終結

じぐぢょ〜〜〜っ！
我が帝国が敗れるとは！！
ビスマルクが忠告した
通りになってしまった！

「接近させる」とは言ったが、
「実現させる」なんてひとことも
言ってないし、それとて単なる
「努力目標」だしな！

反故

自治？
そんな約束した
覚えはねぇな！

インド総督 第27代
フレデリック＝ジョン＝ネイピア＝セシジャー
チェムスフォード子爵
1916.4/4 - 1921.4/2

パンデミック

スペイン風邪

1918

A B C D
① ② ③

1918～19年

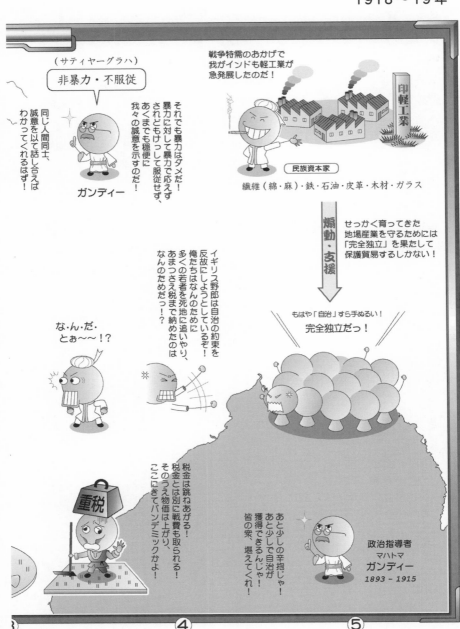

悪いときに悪いことは重なるもの。

大戦も末期に近づいた1918年には欧州（ヨーロッパ）でパンデミック――所謂「スペイン風邪（D-1）」が猛威を振るうようになると、それは帰国してきた傷病兵を通じてインドにも波及します（＊01）（D-2/3）。

しかし、そこまでの甚大な人的被害・物的損害を被ってもなお、イギリスの"約束"を信じてガンディー指導（D-5）の下、インド人はひたむきに戦争協力をつづけたのでした（D-3/4）。

しかし、ようやく戦争が終わった（C-1）とき、時の総督（ガバナー・ジェネラル）チェルムスフォード卿（＊02）（C-2/3）の言葉にインド人は愕然となります。

―― 自治だと？

そんなこと約束した覚えはねぇな。

じつは「モンタギュー声明」は、これを出すに当たって慎重に言葉を選び、曖昧（あいまい）な表現が随所に散りばめられ（＊03）、一読した程度では「自治を認める」と言っているように見せかけ、そのじつ、精読すればどこにも「確約する」な

インド総督 第27代
フレデリック＝ジョン＝ネイピア＝セシジャー
チェムスフォード子爵

（＊01）「スペイン風邪」はアメリカから発生し、スペインで確認され、折からの大戦により全欧に拡散していきましたが、それが前線から帰ってきた帰還兵を通じてインドにもたらされ、遠く離れたインドでも甚大な被害をもたらすことになりました。

（＊02）本名はフレデリック＝セシジャー。戦時中の人材不足のため、仕方なく選ばれただけの小人物。政治家としても「力で押さえつける」ことしか知らない無能。レイシスト。

戦争特需のおかげで我がインドも軽工業が発展したのだ！

印軽工業

民族資本家

繊維（綿・麻）・鉄・石油・皮革・木材・ガラス

ど書かれていないという代物でした。

　したがって、熱さも喉元を過ぎれば、その"曖昧さ（グレイゾーン）"を盾にとってイギリスに都合よく解釈し、これを反故にしようとします。

　これにはさしもの温厚なインド人も憤激（C-3/4）、インド各地で反英運動が頻発（C-5）するようになったのは当然ですが、じつはこれを下支えする経済基盤も生まれていました。

　それが「民族資本家（ナショナルブルジョワジー）（＊04）（A-4/5）」です。

　第一次世界大戦が勃発すると、イギリスは総力戦を戦い抜くため、国内の工場を順次軍需産業に切り替えていきましたが、それによる日用品不足をインドからの輸入で賄おうとしました。

　そのため、インドでは戦争中に軽工業が発展（A-5）することとなり、それに伴って民族資本家（ナショナルブルジョワジー）が力を付けてきていたのです。

　しかし、せっかく育ってきた民族資本家（ナショナルブルジョワジー）でしたが、それも戦争特需に支えら

（＊03）我々はすでに学んでまいりました。イギリスは約定を反故にする際、あらかじめ"曖昧な言葉"を挟んでおくということを。

（＊04）その国の土着民から輩出した資本家のこと。
　　　　この場合は、インド人の産業資本家を指します。

れてのものでしたから、戦後イギリスの国内工場が旧に復し、ふたたびインドへの輸出を再開させるようになれば、急速に発注が減り、大不況が襲いかかることになるのは火を見るより明らか[*05]。

この事態を避け、彼らが生き残る道はひとつ、インドが「完全独立」して保護関税貿易を行うこと。

したがって、彼ら民族資本家（ナショナルブルジョワジー）らは戦後に盛り上がった独立運動を支援することになったのでした。

こうした情勢を受けてイギリスは「ローラット委員会」を設置して善後策を検討、その結果を受け、1919年3月、「ローラット治安維持法（A-1/2）」を制定します。

──最近なにやら、治安が悪くなっているようなので、

治安を維持するため「令状なき逮捕」「裁判なき投獄」を合法とする。

要するに、「ごちゃごちゃ吐かてやがると皆殺しにするぞ？」という脅し（ブラフ）です。

こうしたイギリスの抑圧政策に対して声を上げたのが、ガンディー（A-3/4）

なんだか知らないけど
最近インドの治安が
悪化しているようなので…

ローラット治安維持法

・令状　なしの逮捕許可
・裁判　なしの投獄許可
・陪審員なしの裁判許可

これからはメンド臭い司法手続き
なしで片っ端から逮捕・投獄するぜ！

ローラット委員会 委員長
シドニー＝アーサー＝テイラー
ローラット卿

（＊05）おなじころの日本経済を思い浮かべれば想像に難くないでしょう。

（＊06）サンスクリット語で、「サティヤ（真理）」と「アーグラハ（把握）」を繋げた造語で「真理を捉えた正しい方法」の意。

です。

　このとき彼が訴えたのが、あの有名な「非暴力不服従運動^(＊06)」でした。

　ガンディーは「暴力に対して暴力で返す」ことを窘めました。

「暴力に対して暴力で返せば、憎しみを膨らませるだけじゃ。

　『バガヴァッド＝ギーター^(＊07)』の教え「不殺生」に立ち帰って、

　愛と自己犠牲を以て臨み、相手の良心に訴えれば、

　相手の敵意を鈍らせることができるじゃろう。」

　そんな"きれいごと"が通用する相手ではないのですが、彼のこうした"純インド的"な考え方は当時のインド人の心に響き、以降、広く実践されていくことになります。

　しかしながら、古今東西、こうした「現実」を無視した理想論がうまくいった例はなく、この運動はこれからつぎつぎと"試練"に逢着することになります。

　1919年4月、パンジャーブ州のアムリットサル（A-2/3）で「非暴力不服従運動」に賛同した人々が1万2000人ほど集って「ローラット治安維持法」への抗議集会を開いたのですが、ここで事件が起こりました。

　公園の入口に突如英軍^(＊08)一個小隊が現れたかと思うと、いきなり問答無用で一斉射撃しはじめたのです。

　現場となった公園は出入口がひとつしかなく、逃げ場を失った民衆は高い塀をよじ登って逃げようとしましたが、その背中に向けて弾がなくなるまで無差別斉射を仕掛け、数千（1500～5000）人もの死傷者を出し（B-2/3）ました。

　この集会はあくまで「非暴力不服従運動」に則った、女・子供も参加したまったく非武装・非暴力的なものでしたから、武器も持たない無抵抗な民衆が死体の山を築く阿鼻叫喚の地獄絵図と化します。

　これが、あの悪名高き「アムリットサル虐殺事件」です。

（＊07）「神の歌」の意。バーラタ族の王子アルジュナとクリシュナ（ヴィシュヌ神の化身）の会話を歌にしたもの。バラモン教の真髄が記されている。

（＊08）正確には、イギリス人准将（R．E．H．ダイヤー）とグルカ兵で編成されたインド帝国軍。

歴史を紐解けば。

　この事件のような「非武装・非暴力の一般市民に対して軍が無差別攻撃をやらかした政府」は、たいていほどなく倒れます。

　たとえば ——

・ロシアでは、「血の日曜日事件」によってロマノフ朝への国民の信は地に落ち、これがロシア革命へ繋がる契機となりましたし、

・アメリカでは、「ボストン虐殺事件」がイギリス本国への不信となってアメリカ独立革命の契機のひとつとなり、

・フランスでは、「ジャンドマルス虐殺事件」でフィヤン政府への支持は急落し、次のジロンド政府への道を開くことになったものです。

　例を挙げればキリがありませんからこれくらいにしておきますが、無抵抗な市民を虐殺すれば、市民からの深い恨みを買うだけで政府に何ひとつ利点はなく、その死期を早めるだけ(＊09)なのに、そうした悪手を躊躇いなく打ってしまうところに 総 督 チェルムスフォード卿の「無能ぶり」が露骨に表れています。

　こたびの「アムリットサル虐殺事件」の惨劇もインド人の心に深く刻み込まれ、その恨み辛みがインド帝国の寿命を縮めることになりました。

非武装・無抵抗の老若男女
数千人（1500〜5000名）
を軍が包囲して一斉射撃

非武装の一般市民

（＊09）1989年、中国では天安門に集まった人民に対して軍が投入され、重火器どころか戦車まで繰り出して人民を無差別殺戮（死者：数千〜数万人）しておきながら、21世紀を迎えた今も健在です。この例などは「例外か？」と思われたかもしれませんが、このとき天安門に集まった市民は一定の武装（ライフル・機関銃を1丁づつに火炎瓶・鉄パイプなど）をしており、今回の「非武装」「非暴力」という条件には当てはまりません。

第3幕

"見せかけ"の自治

モンタギュー＝チェルムスフォード改革

イギリスの仕打ちに対するインド人の怒りは収まらず、イギリスが出した懐柔案「モンタギュー＝チェルムスフォード改革」も効果なく、イギリス官憲を殺してしまう事案が発生。ガンディーは自らの策が思うように機能しないことを「ヒマラヤの誤算」と嘆き、その失敗の責を"民の未熟"に転嫁する。

いやいやいや！
自分の政策の失敗を
民の未熟のせいにする
のは違うでしょ！

詩人・作曲家・思想家
ラビンドラナート
タゴール

ヒマラヤの失敗

あ〜もぉ！
だから暴力はダメだっつぅてるのに！
どうしてわかってくれないんだ！
サティヤーグラハが失敗した
原因は民衆の未熟のせいだ！

〈 モンタギュー＝チェルムスフォード改革 〉

ふん！
誰が貴様ら蛮族どもに
権限なんか与えるかよ！

ではこれならどうかね？
慈悲深き我らイギリス人は
君たちインド人にも一定の
政治的発言権を与えよう
ではないか！ どうだね！？

1919

モンタギュー＝チェ…

（インド統治…

・各州に一定の自治…
　インド人に政治的…
・ただし──
・ただし──
・ただし──（実…

インド総督
フレデリック＝
チェルムスフォード
1916 - 21

インド担当大臣
エドウィン
モンタギュー
1917 - 22

くそ！
見抜かれたか！
ならば…

ここはひとつ、我が国の
王子様にお出ましいただいて、
盛大なパレードでも挙行すれば
インド人の機嫌も直るでしょう！
よろしくお願いします。

人っ子ひとりいない
無人の街を練り歩くのは
めっちゃ恐いんですけど…

え？
どゆこと？

ウィンザー朝 王太子
ウェールズ公
エドワード＝アルバート＝デイビッド
1911 - 36

うぁのれ！
インド人の分際で
この俺様にハジ
かかせやがって！
ぶち殺してやるっ！

弾圧

では、インド人を
鎮圧しに
行ってきます！

1919〜22年

アムリットサル虐殺事件はインドの反英運動を激化させる結果となり、イギリスはその対応を迫られることとなります。

　しかし、これまでの歴史を学んでいれば、つぎにイギリスの打つ手は見えてきます。

　強硬策（ムチ）が効かぬときは懐柔策（アメ）、懐柔策（アメ）が効かぬときは強硬策（ムチ）。

　この繰り返しなのですから。

　そこでイギリスが発表したのが「インド統治法」の改正。

　これは、当時のインド担当大臣（モンタギュー卿）（A/B-1/2）と総督（ガバナー・ジェネラル）（チェルムスフォード卿）（A/B-1）の連名で「モンタギュー＝チェルムスフォード改革（A-3）」と呼ばれ、「各州に一定の自治を与え、インド人に政治的発言権の門戸を開く」として懐柔を図ったものでした。

　ところが、いざ蓋（ふた）を開けてみれば、依然として総督（ガバナー・ジェネラル）には絶大な権限が与えられたままで、「自治」など"見せかけ"だけであることは明らか（＊01）で、

ふん！
誰が貴様ら蛮族どもに権限なんか与えるかよ！

インド総督
フレデリック＝
チェルムスフォード

ではこれならどうかね？
慈悲深き我らイギリス人は
君たちインド人にも一定の
政治的発言権を与えよう
ではないか！　どうだね！？

インド担当大臣
エドウィン
モンタギュー

モンタギ

・各州
　イン
　ただ
・ただ
・ただ
・ただ

（＊01）インド人に政治的発言権を与えたとは言っても、多数派のヒンドゥー教徒が絶対に過半数を取れないように仕組まれた選挙法であるうえ、インド総督が議会に対する拒否権を持っていましたから、結局、インド人の意見はけっして通らないようになっていました。
　さらには、警察権は依然として中央が牛耳り、これに反抗する者をただちに鎮圧する体制も万端でした。

ただインド人の反発を招く（A-4）だけの結果となります。

そこで 総督（ガバナー・ジェネラル）はさらなる懐柔として、今度は1921年、王太子のウェールズ公（＊02）（B/C-2/3）を「親善大使」として訪印させました。

どうして「憎っくき敵国の王太子が訪印」したら「インド人が悦ぶ」と思ったのか、ちょっとチェルムスフォード卿に問い糾（ただ）したいところですが、そこには、「我が偉大なる大英帝国の王太子が親善にやってくるのだぞ！？

インド人だって悦ぶに決まっている！」という彼の傲慢が読み取れます。

ところが案の定、いざ訪印してみたら彼を観に来る者などなく、人っ子ひとりいない閑散とした大通りをゆくパレード（B/C-3）は殺伐とした雰囲気のものとなり、インド人の怒りのほどが再確認されただけのものとなります。

これまでチェルムスフォード卿の無能ぶりはすでにさんざん見てまいりましたが、こんな"当然の結果"すらまったく予想できなかった彼は「メンツを潰された」と怒り狂い、感情的になってふたたび弾圧に転換。

ュー＝チェルムスフォード改革

（インド統治法の改正）

に一定の自治を与え、
ド人に政治的発言権の門戸を開く。
し──
し──
し──（実質的に自治の無効化）

なんだそれは！？
表向きだけ発言権があるように
見せかけてあるが、よくよく読めば、
俺たちにはなんにも発言権が
ねぇじゃねぇか！！

もぉ騙されんぞ！

（＊02）のちのエドワード8世。即位直後、不倫関係にあったアメリカ人女性（ウォリス＝シンプソン）との結婚を王室から反対され、「王冠」を取るか「惚れた女」を取るかの二者択一で彼女との結婚を選び、在位1年と経たずに退位したことで有名（王冠を賭けた恋）。
一般的には「ウィンザー公」という号の方が有名ですが、これは退位後の号であり、王太子のころは「ウェールズ公」。

懐柔策 → 強硬策 → 懐柔策 → 強硬策とめまぐるしく政策を変えてくるチェルム
スフォード卿とは対照的に、これに対峙するガンディーは「非暴力不服従^{サティヤーグラハ}」一
辺倒（A-5）。

　しかし、またしても運動を始めてすぐに運動が頓挫する事件が起こります。

　「非暴力不服従^{サティヤーグラハ}」運動に参加していた民衆が、イギリス官憲のあまりのひどい
仕打にキレて暴徒化し、官憲22名を殺してしまう事件（D-3）が起こってし
まったのです（1922年）。

　事件を知ったガンディーはこれを「ヒマラヤの誤算^{（＊03）}（C-5）」と言って
大いに嘆きました。

──嗚呼^{ああ}！　私は間違っておった！

　今のインド人はまだ「非暴力不服従^{サティヤーグラハ}」を実践するほど成熟しておらぬ！

　「非暴力不服従^{サティヤーグラハ}」はまだ時期尚早じゃった！（C/D-5）

　ガンディーは、インド人のいったい何が「未成熟」だったというのでしょう
か。

　彼はその理由を語ります。

──「非暴力不服従^{サティヤーグラハ}」を成功させるためには、

　国民が積極的・自発的に法に服するほど成熟していなければならぬ。

　じゃが、今のインド人は消極的・義務的に法に服しておる。

　これでは「非暴力不服従^{サティヤーグラハ}」がうまくいくはずがない。^{（＊04）}（D-5）

　つまり、ガンディーは「違反すれば罰せられるから仕方なく（消極的・義務的
に）法に従う」民ではなく、「法の意味をよく理解したうえで自ら進んで（積極
的・自発的に）法を守る」ような民でなければ「非暴力不服従^{サティヤーグラハ}」は実践できな
い──と、自らの標榜する運動が挫折した原因を〝自らの理想を実践できない
民衆の未熟〟に求めたのでした。

　しかしながら、それはガンディーの心得違いです。

　彼の責任転嫁は、「字がうまく書けないのを筆のせいにする書家」と同じで、

（＊03）「ヒマラヤ山脈のように大きな誤算」の意。

（＊04）Ｍ.ガンディー著『ガンディー自伝』より。

あ〜あ、
つい殺っちまった…

イギリス官憲 22名

　どんな業界・分野でも「プロ」というものは "与えられた条件" の中で成果を挙げるものであって、「弘法、筆を選ばず」の格言通り、仕事の不出来を「道具」のせいにするプロは三流です。

　同様に、民衆指導者も「民が自分の理想を実践できないことを嘆く」のではなく、「今、目の前にいる民にできることで指導」するべきです。

　この彼の "嘆き" は、ガンディーが「指導者としての基本的な心得」がまったく理解できていなかったことを表しています。

　さらにいえば、この運動そのものがガンディーの "頭の中だけで思い描かれた空想的・観念的理想論" であって、"現実" が見えていない書生論であったことに根本的な問題がありました。

　人は「感情のないロボット」ではない、「感情のある生き物」なのですから、それを「圧し殺せ」と命ずる非暴力不服従というやり方に無理があるのであって、この結果は当然のことといえます。

　すでに学んでまいりましたように、政治に「頭の中だけで思い描いた理想」を当てはめようとすると、かならず破綻します。

（＊05）ベンガル出身の詩人・作曲家・思想家。アジア初のノーベル賞受賞者（1913年）。

（＊06）他にもアマルティア＝クマール＝センなど、ガンディーのやり方に疑問を投げかける識者は多くいました。

これは筆者の見解というだけでなく、ガンディーのことを最初に「偉大な魂」と呼んだ　R　.タゴール[*05]（B/C-4）ですらも、この運動が始まる前から危惧していたことです[*06]。

　彼は予言しました。

「非暴力不服従は、かならず制御不能な暴力となって帰結するであろう。」

　事実、彼の危惧はそのまま現実となったわけですが、ガンディーがその誤りを認めることは終生ありませんでした。

──　タゴールよ、お前も紡ぐがよい。

　　他の人と同じように。

　これ以降も「非暴力不服従運動」は何度も試みられますが、それが盛り上がりを見せるのはいつも最初だけで、すぐに今回同様、一部の者たちの暴走が始まって内から頓挫していくことになります。

　こうして各方面から失望されたガンディーは、彼の逮捕・投獄による政治的不在[*07]も重なって急速に求心力を失っていき、それに伴って、独立運動の中心は国民会議派の幹部であった　P　.　J　.ネルー[*08]へと移っていくことになるのでした。

ヒマラヤの失敗

あ～もぉ！
だから暴力はダメだっつぅてるのに！
どうしてわかってくれないんだ！
サティヤーグラハが失敗した
原因は民衆の未熟のせいだ！

（＊07）ガンディーは第1次非暴力不服従運動が失敗した1922年から24年まで逮捕・投獄されていました。

（＊08）初めはガンディーを支持していましたが、R.タゴールやA.K.センら同様、やはりガンディーの現実を無視したやり方に疑念を抱くようになり、このころから袂を分かつように。

最終章 恐慌後のイスラーム

第1幕

自主化と近代化
世界大恐慌後のトルコ・イラン

世界恐慌が勃発すると、一気に戦争の跫音（あしおと）が近づいてくる。そこでトルコは政策の重心を内から外に向け、対独「バルカン協商」、対ソ「サーダーバード条約」、対伊「モントルー条約」をつぎつぎと結ぶ。イランでは不平等条約の撤廃に力を注ぎ、国号も「ペルシア帝国」から「イラン帝国」に改号して心機一転を図る。

ファシズムに対抗するため
バルカン諸国と安全保障の
ための同盟だ！

内に平和、外に平和

トルコ共和国　初代
ケマル＝アタチュルク

〈 世界大恐慌後のトルコ・イラン 〉

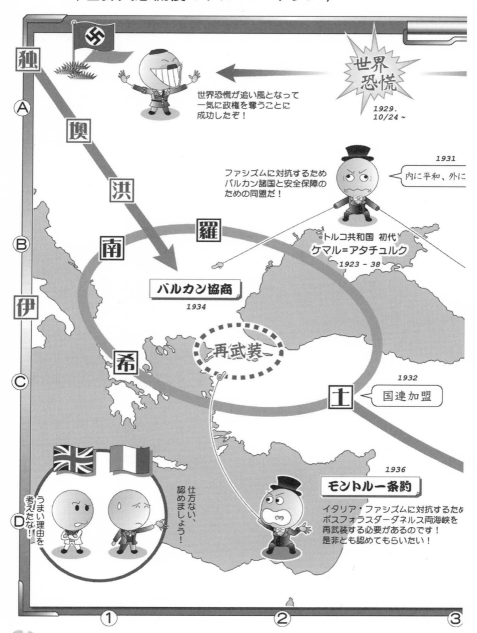

世界恐慌が追い風となって
一気に政権を奪うことに
成功したぞ！

世界
恐慌
1929.
10/24 ～

ファシズムに対抗するため
バルカン諸国と安全保障の
ための同盟だ！

1931
内に平和、外に

トルコ共和国　初代
ケマル＝アタチュルク
1923 - 38

バルカン協商
1934

再武装

1932
国連加盟

1936
モントルー条約

イタリア・ファシズムに対抗するた
ボスフォラスダーダネルス両海峡を
再武装する必要があるのです！
是非とも認めてもらいたい！

独
墺
洪
羅
南
伊
希
土

うまい理由を
考えたな！！

仕方ない、
認めましょう！

A
B
C
D
① ② ③

1930年代

蘇

世界恐慌で西側世界は
ガタついておるな。
これは南下政策のチャンス！

スターリン

南下政策

世界大恐慌後の土・斯
「自主化と近代化に力を注ぐ10年」

：平和

ソ連の南下に対抗するため
西アジア諸国と安全保障の
ための同盟だ！

サーダーバード条約
1937

トルコ・イラク・イラン・
アフガニスタン四ヶ国
による「対ソ軍事同盟」

ソ連の脅威に備えるため、
永年の "宿敵" だった
トルコと同盟を結ぶ！

サーダーバード ■

1935

ペルシア帝国
イラン

これより、
「ペルシア帝国」改め
「イラン 帝国」とする！

パフレヴィー朝 初代
レザー＝シャー
パフレヴィー
1925 - 1941

落

斯

富

めには

国有化

1937~ 努力

紙幣発行権

石油利権

ペルシア帝国銀行

④

⑤

さ て、本書では「帝国主義時代」におけるイスラーム情勢を追ってまいりましたが、これをさらに「第一次世界大戦」と「世界恐慌」で時代区分しています。

> ・第1段階：（1870年代〜1914年）本書 第1〜4章
> ・第2段階：（1914年　〜1929年）本書 第5〜7章
> ・第3段階：（1929年　〜1939年）本書 最終章

　そしていよいよ本書 最終章では、世界恐慌から第二次世界大戦直前までの10年間の動きを俯瞰（ふかん）していくことになります。

　この10年は、前代までにすでに独立を勝ち取っていたトルコとイランでは「自主化と近代化に力を注ぐ10年（A/B-5）」となり、いまだイギリスの植民地支配下にあったエジプトとインドは「完全独立を目指すが挫折する10年」となります。

　では、具体的にまずはトルコから見ていくことにしましょう。

　前段階では、第一次世界大戦後の「セーブル条約」で失った主権を「ローザンヌ条約」で取り戻すことに成功したとはいえ、トルコにとって敗戦の痛手はたいへん大きなものでした。

　ついこの間まで「世界帝国（＊01）」であったことも、春の夜の夢の如し。

　六百有余年もつづいた帝国（デブレット）も露と消え、手足を挽（も）がれてアナトリア半島だけ（＊02）の民族国家（＊03）に零落しました。

　とはいえ、これも時代の趨勢（すうせい）。

　季節が変わればそれに合わせて衣を替えるように、時代が変わればそれに合わせて国家形態も変えていかなければ生き残れません。

（＊01）多民族・多文明圏を支配する国家のこと。その君主号は時代や地域によってバラバラですが、日本語に訳されるときは「皇帝」で統一されることが多い。

（＊02）アナトリア半島以外では東トラキア地方（バルカン半島）だけは死守しましたが。

（＊03）ひとつの民族を基盤として形成された近代国家のこと。「世界帝国」と対をなす概念。ただし、トルコの場合、クルド人・アルメニア人等の少数民族問題を抱えていますが。

ファシズムに対抗するため
バルカン諸国と安全保障の
ための同盟だ！

内に平和、外に平和

トルコ共和国　初代
ケマル＝アタチュルク

ソ連の南下に対向するため
西アジア諸国と安全保障の
ための同盟だ！

　今は後ろを見て懐古するのではなく、しっかりと前を見て道を切り拓かねば
ならないとき。

　したがって、1920年代のトルコはまだ生まれたばかりの新国家の地盤固め
として「近代化（トルコ革命）」に精を出していました。

　そんなときに襲いかかってきたのが1929年の「世界大恐慌（A-2/3）」で
す。

　これを境として以降10年、世界は第二次大戦まで転げ落ちていくことになり
ますが、そうした最中の1931年、ケマル＝アタチュルク（B-2/3）は「内に
平和、外に平和(＊04)（A/B-3）」という外交方針を掲げて、内政よりも外交に
力を入れるようになり、翌32年に国連加盟（C-2/3）を果たしたことを皮切り
に、つぎつぎと集団防衛同盟を結んでいきます。

　まずは1933年、ドイツでナチス政権が生まれたことを契機として日に日
に強まるファシズム（独・墺・洪）の脅威に対抗するため、翌1934年、
羅（B-1/2）・南（B-1）・希（C-1）とともに「バルカン協商（B/
C-1/2）」を結んで集団防衛を図ります(＊05)。

（＊04）トルコ語を直訳すると「祖国に平和、世界に平和（Yurtta sulh, cihanda sulh.）」
　　　　ですが、慣習的にこう表現されています。

さらに１９３６年には、伊（イタリア）ファシズムの脅威に対抗するため、バルカン協商国（羅（ルーマニア）・南（ユーゴスラヴィア）・希（ギリシア））とともに「海峡地帯の再武装（＊06）（C-1/2）」を英（イギリス）・仏（フランス）（D-1）に要求してこれを認めさせた（＊07）（D-2/3）ばかりか、翌37年には、ソ連（スターリン）（A-4）の南下（B-3/4）の脅威に対抗して落（イラク）（D-3/4）・斯（イラン）（D-4/5）・富（アフガニスタン）（D-5）と結んで集団防衛を強化しています（サーダーバード条約）（B/C-3/4）。

　こうして、刻々と悪化するファシズム陣営とブロック経済陣営を尻目に、トルコは「中立主義」を国策として両陣営に距離を置いた政策を進めたのでした。

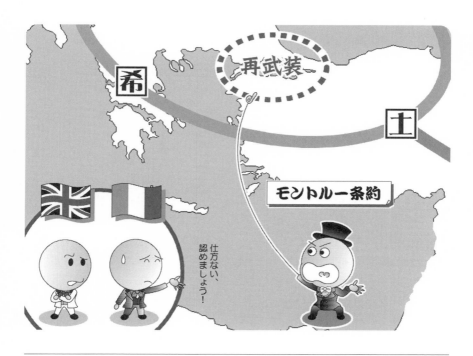

（＊05）もっともこの軍事同盟は、盟友のルーマニア・ユーゴスラヴィアが仮想敵国の枢軸側にすり寄ったことで、第二次世界大戦の勃発とともに解体してしまいましたが。

（＊06）ローザンヌ条約で「非武装」とされていました。詳しくは、本書「第5章 第6幕」参照。

（＊07）モントルー条約（D-2/3）。本文に書かれた諸国に加え、海峡植民地に利害の絡むソ連や、ローザンヌ条約に名を連ねていた日本もこれを批准しています。

つぎに、お隣イラン。

イランもまたトルコ同様「自主化と近代化に力を注ぐ 10 年」となり、カージャール朝時代にイギリスに奪われた国家利権の奪還に尽力します。

まずは世界恐慌が起こった翌 1930 年、「ペルシア帝国銀行（D-5）」の紙幣発行権を取り戻す[*08]と、32 年以降は石油利権の国有化に力を注ぎます（D-4）。

こうした動きは民族意識を高揚させ、改革の矛先は永年にわたって使用され

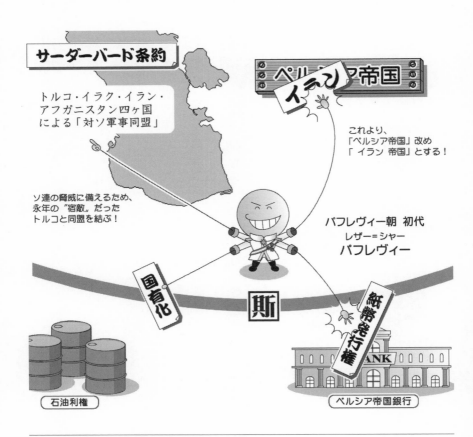

サーダーバード条約

トルコ・イラク・イラン・アフガニスタン四ヶ国による「対ソ軍事同盟」

ペルシア帝国
イラン

これより、「ペルシア帝国」改め「イラン 帝国」とする！

ソ連の脅威に備えるため、永年の "宿敵" だったトルコと同盟を結ぶ！

パフレヴィー朝 初代
レザー＝シャー
パフレヴィー

国有化

斯

紙幣発行権
BANK

石油利権

ペルシア帝国銀行

（＊08）本書「第 3 章 第 1 幕」参照。

（＊09）当時の正式な国号は「カージャール朝ペルシア帝国」。

てきた国号^(＊09)にまで及ぶことに。

　そもそも当時の「ペルシア」という国号の語源は「ペルシス地方^(＊10)に住む人々」の意でイラン人全体を指す言葉ではないうえ、異民族（古代ギリシア人）が付けたものです。

　これは喩えるなら、日本が正式な国号を「ＴＯＫＩＯ国^(＊11)」と言っているようなもので、そこで建国10周年となる1935年、国号を「ペルシア帝国」改め「イラン帝国（B/C-5）」とします。

　「イラン」というのは「アーリア人の国」に由来し、語源的には「高貴な民族」という意味です。

　こうして、トルコとイランはともに「自主化と近代化」に力を注ぎましたが、まだ志半ばにして、1939年、第二次世界大戦が勃発してしまったため頓挫してしまいます。

　両国はただちに「中立宣言」するものの、結局は巻き込まれていくことになるのでした。

世界恐慌が追い風となって
一気に政権を奪うことに
成功したぞ！

（＊10）イラン高原南西部の現ファールス地方。「ペルシス」というのはそのギリシア語発音。

（＊11）「ＴＯＫＩＯ（東京）」はドイツ人の呼び方だし、日本人全体を指す言葉でもない。

第2幕

"毒入り"の同盟条約
世界大恐慌後のエジプト

世界恐慌はエジプトにも影響を及ぼす。
恐慌の影響でイギリスは弱体化し、イタリアはエチオピア侵掠（しんりゃく）を始めると、スーダンを挟んで埃（エジプト）・伊（イタリア）が同盟を結ぶことを恐れ、懐柔を図った。
それが「英（イギリス）・埃（エジプト）同盟条約」である。
しかし、ここにもカラクリが隠されていた。

ひたひたと忍び寄る

戦争の跫音

〈 世界大恐慌後のエジプト 〉

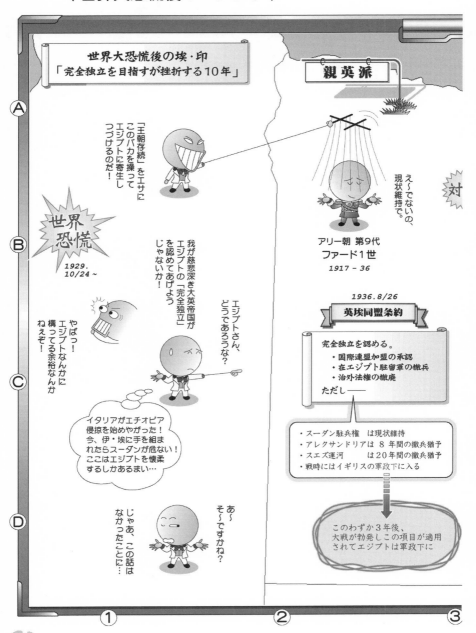

世界大恐慌後の埃・印
「完全独立を目指すが挫折する10年」

親英派

「王朝存続」をエサに
このバカを操って
エジプトに寄生し
つづけるのだ！

え～でないの、
現状維持で。

対

アリー朝 第9代
ファード1世
1917 - 36

世界恐慌
1929.
10/24 ～

我が慈悲深き大英帝国が
エジプトの「完全独立」
を認めてあげよう
じゃないか！

エジプトさん、
どうであろうな？

1936.8/26
英埃同盟条約

完全独立を認める。
・国際連盟加盟の承認
・在エジプト駐留軍の撤兵
・治外法権の撤廃

ただし ――

やばっ！
エジプトなんかに
構ってる余裕なんか
ねえぞ！

イタリアがエチオピア
侵掠を始めやがった！
今、伊・埃に手を組ま
れたらスーダンが危ない！
ここはエジプトを懐柔
するしかあるまい…

・スーダン駐兵権 は現状維持
・アレクサンドリアは 8 年間の撤兵猶予
・スエズ運河   は20年間の撤兵猶予
・戦時にはイギリスの軍政下に入る

あ～
そ～ですかね？

じゃあ、この話は
なかったことに…

このわずか3年後、
大戦が勃発しこの項目が適用
されてエジプトは軍政下に

308

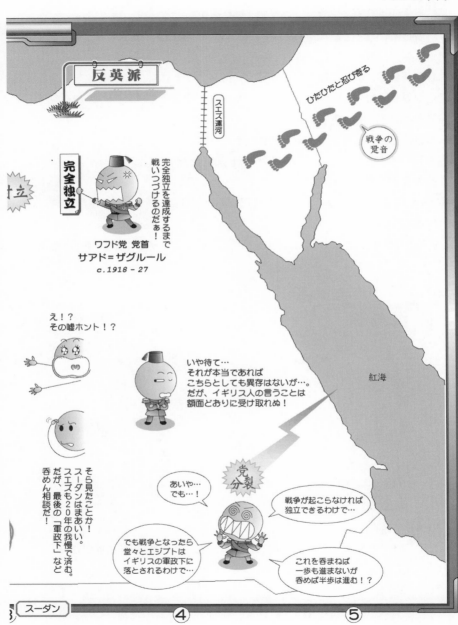

1930年代

第 5 章　オスマン帝国滅亡

第 6 章　エジプト・イランの再生

第 7 章　インドの独立運動

最終章　恐慌後のイスラーム

反英派

ひたひたと忍び寄る

戦争の足音

スエズ運河

完全独立

完全独立を達成するまで戦いつづけるのだぁ！

ワフド党 党首
サアド＝ザグルール
c.1918 - 27

え！？
その嘘ホント！？

いや待て…
それが本当であれば
こちらとしても異存はないが…。
だが、イギリス人の言うことは
額面どおりに受け取れぬ！

紅海

そら見たことか！
スーダンはまあいい。
スエズも20年の我慢で済む。
だが、最後の「軍政下」など
呑めん相談だ！

あいや…
でも…！

党分裂

戦争が起こらなければ
独立できるわけで…

でも戦争となったら
堂々とエジプトは
イギリスの軍政下に
落とされるわけで…

これを呑まねば
一歩も進まないが
呑めば半歩は進む！？

スーダン

④

⑤

前 幕で見てまいりましたトルコやイラン同様、やはりエジプトやインドでも「1929年」が大きな転機となります。

　前段階までのエジプトは、1922年にイギリスから「独立」を認められてはいましたが、それは "形だけ" のものでした。

　したがって、独立以降も「完全独立」を勝ち取るべく、ワフド党を中心として動いてはいた（A/B-3/4）ものの、相手は老獪_{ろうかい}なイギリス、なかなかワフド党の思うように事が進みません。

　本来であれば、全エジプトが挙国一致して当たらねばならない国家と民族の最重要案件なのに、イギリスはエジプト王家を丸め込んでおり（A/B-2/3）、肝心の王朝（アリー朝）が親英（A-2/3）という有様で、議会は「王党派（親英）vs ワフド党（反英）」という構図となってエジプトの力は相殺されてしまっていたためです。

　これまでも見てまいりました通り、欧米列強による植民地支配は「離間策を

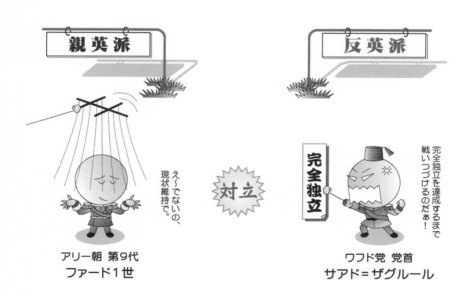

親英派

反英派

対立

え～でないの、現状維持で。

アリー朝 第9代
ファード1世

完全独立

完全独立を達成するまで戦いつづけるのだぁ！

ワフド党 党首
サアド＝ザグルール

（＊01）『世界史劇場 第二次世界大戦 熾烈なるヨーロッパ戦線』の「第1章 第6幕」を参照のこと。

310

用いて現地人同士をいがみ合わせ、憎しみ合わせ、殺し合わせておいたうえで自らは高みの見物」というものでしたから、ここでもその“常套手段”が粛々と遂行されていたことになります。

　しかし、そこに“転機”をもたらしたのが、トルコやイラン同様、「世界大恐慌（B-1）」でした。

　これによりイギリスはエジプトに力を注ぐ余裕がなくなり、王党派はその“強力な後盾”を失って後退し、相対的にワフド党が力を付け、両党の力関係が肉薄、激しい政争が繰り広げられるようになります。

　しかし、ついに 1935 年にはワフド党が与党となり、さらにその年、イタリアが「エチオピア侵掠（＊01）」を始めたため、イギリスは危機に陥ります。

――まずいぞ、まずいぞ！
　　このままではワフド党政権がイタリアと手を結んでしまうかも知れぬ！
　　そうなれば、エジプトがファシズム陣営に組み込まれてしまうどころか、
　　スーダンが危ない！（＊02）（C/D-1）

　そこでイギリスは、速やかに次の手を打ちます。

　1922 年の時には、アリー朝に“アメ（王朝保障）”を与えておいてこれを抱き込みましたが、政権交代が起きたとなれば、今度はワフド党政権を抱き込まねばなりません。

――エジプトさんよ、どうであろうな？
　　これからエジプトさんが「独立国家」として国際社会で“一人前”にやって
　　いくためには、国連に加盟する必要があろう？
　　よろしい！
　　我が大英帝国が一肌脱ごうではありませんか！
　　それどころか、エジプトから 英（イギリス）駐留軍を撤兵させ、
　　さらには治外法権撤廃のために尽力して差し上げましょう！（C-2/3）

　当時、国連に加盟することは「独立国家」としてのひとつの有力な条件となりますし、“迫りくる戦争の跫音（あしおと）（A-5）”に対処するためにも、エジプトは国

――――――――――――――――――――――――――――――――――――

（＊02）スーダンは地政学的に見ると、北にエジプト、南にエチオピアに挟まれているため、エジプトとイタリアが手を結ぶことにでもなれば南北から挟撃されることになるためです。

連に入りたいと熱望していました。

　さらに、「在 埃 駐留軍の撤兵」も「治外法権の撤廃」もエジプトの宿願です。

　こんなありがたい申し出はありませんが、もちろん〝タダ〟ではありません。

　何度も申し上げておりますように、欧米列強がＡ　Ａ圏の国の人々に対して〝アメ〟を差し出すとき、そのアメはかならず〝毒入り〟です。

── もしそれをお望みとあらば、我が国と正式に条約を結びましょう。

「その条約とは？」

── なに、大したことではありません。

　　在 埃 駐留軍は撤兵させますが、スーダンはその限りではありません。

　当時、エジプトとスーダンはすでに切り離されていましたから、この条件はエジプトとしても想定内でした。

── また、「今すぐ全軍撤兵」というわけにも参りませんので、最重要拠点の

　　アレクサンドリアとスエズ駐留だけは今しばらく認めてもらいたい。

　　なに、もちろん「永久に」とは申しません。

　　アレクサンドリアは条約締結から８年、スエズは２０年間だけのことです。

　　規定期間に達すれば、全軍撤退いたします。(C/D-2/3)

　駐留がまだ「20年つづく」というのは引っかかりましたが、それもスエズだけのことですし、20年待てば撤兵するのであれば、ここは我慢のしどころ。

「わかりました。認めましょう。」

── よろしい。ここまでは〝平時〟の話。

　　最後に、万一〝戦時〟となった際には、エジプトはただちに

　　「イギリスの軍政下に入る」ことを認めること。

「え!?　それはちょっと……。」(C/D-3/4)

　この前年「1935年」は、当時ヒトラーが「再軍備宣言」をして急速に国際関係が悪化していたころです。

　　英 ・ 仏 ・ 伊はヒトラーの動きに敏感に反応して「ストレーザ戦線」を、さ

───────────────────

（＊03）実際、こじれにこじれて、このわずか３年後（1939年）に「第二次世界大戦」が勃発しています。

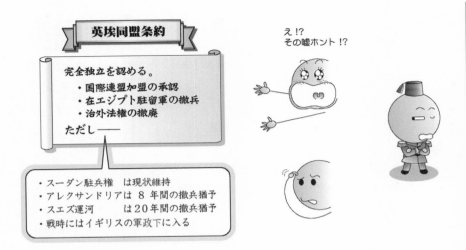

英埃同盟条約

完全独立を認める。
・国際連盟加盟の承認
・在エジプト駐留軍の撤兵
・治外法権の撤廃

ただし——

・スーダン駐兵権　は現状維持
・アレクサンドリアは 8 年間の撤兵猶予
・スエズ運河　　　は 20 年間の撤兵猶予
・戦時にはイギリスの軍政下に入る

え !?
その嘘ホント !?

らに 仏（フランス）・ソ連が「仏ソ相互援助条約」を締結してこれに対抗し、イタリアはエチオピア侵掠（しんりゃく）を始めて"風雲急を告げる"中、これがこじれて近い将来「開戦」ということは充分考えられることでした[＊03]。

　そうなれば、ようやく摑んだ「エジプト独立」もするりと手からこぼれ落ち、ふたたびイギリスの軍政下に戻ることになるのですから、エジプトが渋るのも道理。

　しかし、エジプトが首を縦に振らないとなると、「では、この話はなかったことに」とイギリスに席を蹴られれば、摑む（つか）ことすらできません。

　受けるべきか受けざるべきか。

——To be, or not to be, that is the question !——[＊04]

　ハムレットはひとりで思い悩んだのですから決断は容易ですが、ワフド党は"集団"ですから意見も分かれます。(D-4/5)

「そう何度も何度も騙されるものか！
　こんな似非（エセ）独立など受け入れてはならぬ！」

──────────────────────────────

（＊04）シェイクスピア『ハムレット』（第 3 幕 第 1 場）で主人公のハムレットが決断に悩んだときの名言。

「いや、ここは受け入れて一歩でも、いや、半歩でも前進しようではないか！」

"目の前にぶら下げられた毒入り人参"に食いつくべきか、食いつかざるべきかをめぐって、ついに「ワフド党」は穏健派（受諾派）と急進派（拒否派）に分裂してしまいます（C/D-4/5）。

これは、インドにおいて「モーリー＝ミントー改革法」の受け入れをめぐって「国民会議派」が穏健派と急進派に分裂[＊05]してしまったのと同じパターン。

── 現地人をいがみ合わせ、憎しみ合わせておいて支配する ──

…という白人列強の植民地政策はここでも貫徹され、見事に当たっていることがわかります。

しかし、結局は「受諾派」が多数派となり条約は成立、これが1936年8月の「英埃同盟条約（B/C-2/3）」です。

しかし、そのたった3年後（1939年）。

案の定、エジプトが懸念した第二次世界大戦が勃発し、エジプトは「独立した」かと思った瞬間、ただちにイギリスの軍政下に戻ることになるのでした。

あいや…
でも…！

党
分裂

戦争が起こらなければ
独立できるわけで…

でも戦争となったら
堂々とエジプトは
イギリスの軍政下に
落とされるわけで…

これを呑まねば
一歩も進まないが
呑めば半歩は進む！？

（＊05）本書「第4章 第3幕」参照。

最終幕

欺瞞に満ちた世界最長憲法

世界大恐慌後のインド

世界恐慌が勃発した直後に開催された国民会議（ラホール大会）では「完全独立（プールナスワラジ）」が叫ばれた。翌年にはガンディーが「塩の行進」を行う。

国力の衰えたイギリスはなんとかインドを封じ込めようと画策し、三度にわたる「英印円卓会議（イギリス／インド）」を開催、これに基づいて「新インド統治法」を公布した。

英印円卓会議

〈 世界大恐慌後のインド 〉

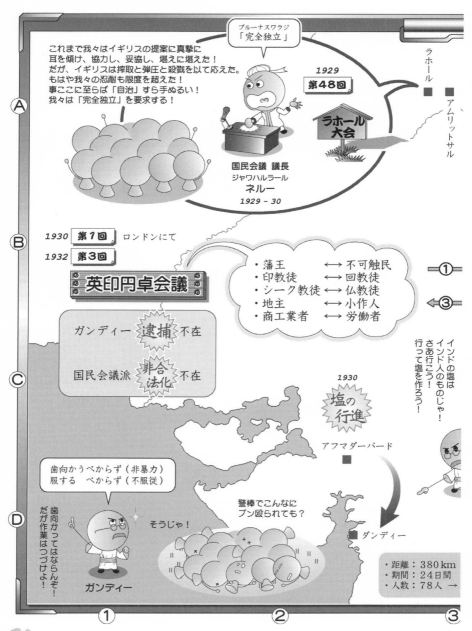

これまで我々はイギリスの提案に真摯に
耳を傾け、協力し、妥協し、堪えに堪えた！
だが、イギリスは搾取と弾圧と殺戮を以て応えた。
もはや我々の忍耐も限度を超えた！
事ここに至らば「自治」すら手ぬるい！
我々は「完全独立」を要求する！

プールナスワラジ
「完全独立」

1929
第48回

ラホール
大会

ラホール

アムリットサル

国民会議 議長
ジャワハルラール
ネルー
1929 - 30

1930 第1回 ロンドンにて
1932 第3回

英印円卓会議

・藩王 ←→ 不可触民
・印教徒 ←→ 回教徒
・シーク教徒 ←→ 仏教徒
・地主 ←→ 小作人
・商工業者 ←→ 労働者

①
③

ガンディー 逮捕 不在

国民会議派 非合法化 不在

1930
塩の
行進

アフマダーバード

インドの塩は
インド人のものじゃ！
さあ行こう！
行って塩を作ろう！

歯向かうべからず（非暴力）
服する べからず（不服従）

歯向かってはならんぞ！
だが作業はつづけよ！

そうじゃ！

警棒でこんなに
ブン殴られても？

ガンディー

ダンディー

・距離：380km
・期間：24日間
・人数：78人 →

① ② ③

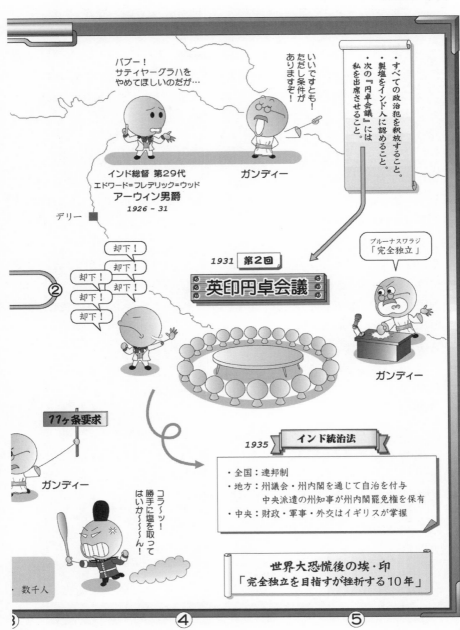

さて、同じころのインドもエジプトと似た歴史を歩みます。

すなわち、「イギリスからの完全独立を目指すものの挫折する10年（D-5）」です。

ここに至るまで、英・印との間には不穏な空気が流れていました(＊01)が、その最悪のタイミングであの「世界大恐慌（1929年10月）」が起こります。

これによりインドの"宗主国"たるイギリスは足腰も定まらぬ有様となり、当然、その煽りはインド経済にも打撃を与えることになりましたから、いよいよインドでも「独立」気運が高まっていきました。

そして、その年の年末に開催されたインド国民会議（第48回大会）はラホール（A-3）で開催されることになりましたが、ラホールと言えば過ぐる年、「アムリットサル虐殺事件」が起こった現場のすぐ近くで、しかも前年には非暴力運動を行っていた指導者が官憲に撲殺された事件の記憶も新しい、イギリスに対する憎悪が渦巻く因縁の都市。

こんなご時世、こんな場所で国民会議が開催されるとなれば、その決議内容が過激なものになることは想像に難くありません。

国民会議議長に急進派のジャワハルラール＝ネルー（A/B-2）が選ばれたのも自然の流れといえましょう。

——これまで我々は、イギリスの提案に真摯に耳を傾け、

協力し、妥協し、堪えに堪えた！

だが、その我々に対し、イギリスは搾取と弾圧と殺戮を以て酬いた。

もはや我々の忍耐も限度を超えた！

こうなれば「自治」すら手ぬるい、「完全独立(＊02)（A-1）」だっ！

さらに、年が明ける（1930年）や、ガンディーが「非暴力不服従運動」の再開(＊03)を宣言し、「11ヶ条要求（C-3/4）」を掲げましたが、中でも特に重要な意味を持っていたのが「塩の専売禁止要求」でした。

（＊01）1928年には「インド独立について調査するため」として憲政改革調査委員会 —— 通称「サイモン委員会」が派遣されましたが、インドの独立問題を調査するのに、その委員はイギリス人ばかりでインド人はひとりもいないという有様で、インド人の怒りが爆発、「サイモン帰れ！」というシュプレヒコールとともに死者まで出る大反英運動に発展していました。

「たかが塩」という勿れ、インド人にとって「塩」は日本人が想像する以上に重要な意味を持ちます。

とにかく暑いお国柄、いっぱい汗を掻きますから、塩はその分たくさん摂らなければ生きていけない"命綱"です。

しかし、その塩の生産権・販売権をイギリスに奪われていましたから、イギリスが塩の値段をどんなに吊り上げようと買わざるを得ませんでしたし、そのうえそれは「あまり俺様に逆らうと、塩を売ってやらんぞ？」という"暗黙の恫喝"となっていたのでした。

ガンディーはこれを打破せんと、「塩の行進（ダンディー・サティヤーグラハ）（C-2/3）」を始めます。

最初、彼の活動拠点となっていた修道場（アシュラム）（アフマダーバード）（C/D-2/3）を出発したときには彼は直弟子78人だけを引き連れてのものでしたが、目的地の海岸（ダンディー）（D-2/3）に着いたときには数千人に膨れあがっていまし

（＊02）「スワラジ」の源義は「自己統制」であり、ニュアンス的には「自治」から「独立」まで含まれる概念であるため、どちらに訳すかは前後関係で決まります。
　　　今回は「完全な（プルーナ）」という冠が付くため「独立」と訳されます。

（＊03）非暴力不服従運動は「第1次」が1919〜22年、「第2次」が1930〜34年。

た。

　じつは、アフマダーバードからダンディーまでは約380kmもあり、その道中、近隣各村に寄り道ながら24日もかけてゆるゆる歩いて進んだため、ガンディーの姿をひと目拝みたいと村々や街道で人々が待ち受け、彼らからの布施を路銀（旅費）とし、そのまま行進に参加する者が相次いだためです。

　ここがガンディーの賢いところで、列車などを使わず敢えて時間をかけて練り歩いたことによって人々の共感を呼び起こし、大規模な運動に発展したのでした。

　目的地に着いたガンディーは人々に製塩を促すと、イギリスの官憲（D-3/4）が（違法であるため）飛んできて警棒を振るってこれを制止しようとしましたが、ガンディーは叫びます。

──殴られても歯向かってはならぬ！（非暴力）

　　だが、作業はつづけよ！　　　　（不服従）（D-1）

　こうした彼の行動は全インドに「非暴力不服従運動（第2次）」を巻き起こすことになりましたが、イギリスにしてみれば苦しい今だからこそ、インドの上に乗っかって、これに寄生し、犠牲にして、この急場を乗り切ろうとしましたから、独立など断じて認められない。

　そうしたイギリスの焦燥は、一部（ペシャワール）で歩兵部隊どころか戦車・爆撃機まで動員して大弾圧する事態にまで発展します。

──これはまずい事態になった。

　イギリスは事態の収拾を図るため、今度は"ムチ"に代わって"アメ"をチラつかせることにします。

──正直申し上げて、インドが独立するのはまだ時期尚早だと

　　我々は考えております。

　　　　1919年の「パリ講和会議」では、口を開けば「民族自決！」と繰り返して自らを正当化していたくせに、我が身のこととなれば「時期尚早」を口実としてけっして民族自決を認めないイギリスの身勝手な姿がここにあります。

（＊05）第1次が1930年、第2次が1931年、第3次が1932年。

しかしながら、あなた方がそこまでおっしゃるのであれば、

これについて話し合う 場（プラットフォーム） を設けて差し上げようではありませんか。

どこかで聞いたような台詞（＊04）ですが、こうして開催される運びとなったものが「 英 印（イギリス インド）円卓会議（＊05）（B-1 ）」です。

「 円卓 」というのは「 上座・下座を決めず（＊06）、インドにおけるすべての人たちが平等な立場から意見を出し合いましょう 」という意味が込められていますが、巧言令色鮮なし仁 、もちろん彼らの言うそうした〝美辞麗句〟をそのまま鵜呑みにしてはいけません 。

美しい薔薇（バラ）には棘（とげ）があるもの、ウマい話には裏があるもの 。

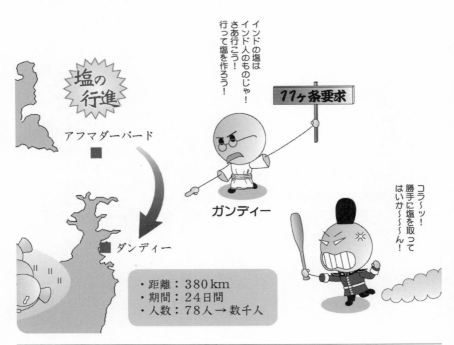

（＊06）長方卓ではかならず「 上座 」「 下座 」が生じ、座る者に上下関係が生じますが、円卓では座る位置によってそうした上下関係が生まれません。

（＊07）カースト制のどの階層にも属さない最下層の賤民で、日本でいえば「 穢多 」「 非人 」に相当する人たちのこと。

イギリスは、円卓会議を開くに当たって、「インドの未来について話し合う重要な会議なのですから、すべての階層に開かれた、どんな立場の者たちにも平等に発言権を！」という方針（コンセプト）を打ち立て、

- 　藩王　　を呼ぶなら 不可触民（バーリヤ）（＊07）も呼び、
- 印教徒（ヒンドゥー）　を呼ぶなら 回教徒（ムスリム）　　も呼び、
- シーク教徒を呼ぶなら 仏教徒　　　　も呼び、
- 　地主　　を呼ぶなら 小作人　　　　も呼び、
- 商工業者（ブルジョワ）を呼ぶなら 労働者（プロレタリア）　　も呼びます。（B/C-2）

　こうして、あらゆる利害が敵対する者同士を議員に選んで、ぜったいに意見が纏（まと）まらないように仕組んでおきます。

　そもそもインドというところは"民族と宗教の坩堝（るつぼ）"であって、太古より現代に至るまで「パキスタンから南印まで全インドを統一的に支配したインド王朝はただのひとつもない（＊08）」ほど支配の難しい地域です。

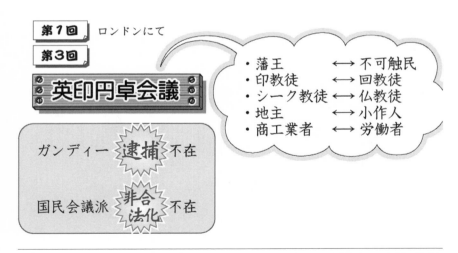

（＊08）シャイシュナーガ朝・ナンダ朝・マウリア朝・サータヴァーハナ朝・クシャナ朝・グプタ朝・ヴァルダナ朝・デリー＝スルタン朝・ムガール帝国のどれひとつとしてインド全域を南印まで統一支配した国はありません。唯一「インド帝国（1877～1947年）」だけがこれを成し遂げましたが、あれは「イギリス植民地」であって「インド王朝」ではありませんので、本文の条件に当てはまりません。

　ましてや、こんな陰謀渦巻く会議では、誰かがひとつ意見を出せば、敵対する立場の者がかならず「反対！」とこれを遮る(さえぎ)に決まっています。

　さらには、その開催地をインド国内ではなくロンドンに設定します。

　もしこの会議がインド国内で開催されれば、それだけイギリスの陰謀が露見しやすく、インド人が尖鋭化・暴徒化しやすいと考えたためです。

　このように、微に入り細に入り、空恐ろしいまでの用心深さを見せるイギリスですが、それでもまだイギリスには"不安材料"がありました。

　それが「ガンディー」の存在です。

　もし、この会議にガンディーが出席したのでは、"絶対に纏(まと)まらないように仕向けられた会議"が彼を紐帯(ちゅうたい)として纏(まと)まってしまうかもしれない。

　――そうはさせじ！

　そこでイギリスは、あらかじめガンディーを逮捕・投獄(＊09)（B/C-1）しておき、さらに念のため「国民会議派」を非合法化（C-1）して排除しておきました。

　ここまで準備万端「絶対に纏まらない会議」を調えたうえで、ようやくその開催を宣布します。

　――さあ、準備は調(ととの)いました！

　　　インドのすべての階層・すべての立場の人々を"平等"に集めて差し上げましたから、どうぞ、思う存分意見交換してインドの未来について話し合ってください！

　こうして"絶対に合意が生まれないように仕組まれた会議"は、案の定と言うべきか、筋書通りと言うべきか、どんなに議論をぶつけ合っても時間だけが無為に流れつづけるだけでけっして結論が出ない"小田原評定"となりました。

　――あらまあ！

　　　せっかくインド独立について話し合いの場を設けて差し上げましたのに

　　　結局、何ひとつ結論がでなかったようですね？

　　　やはり我々が言った通り、まだまだあなた方に「独立」など

（＊09）1930年5月4日、先の「塩の行進」を行った廉で。

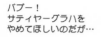

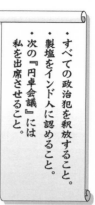

インド総督　第29代
エドワード＝フレデリック＝ウッド
アーウィン男爵

ガンディー

　　時期尚早だったようですな！（嘲笑）

　そうして事が済んでから懐柔にガンディーを釈放してやります。

　しかし、釈放したらしたでガンディーのこと、ただちに動きはじめるでしょう。

　平時ならまだしも今はまずい。

　そこで、時の　総　督（アーウィン卿）（A/B-4）が先手を打ってガンディーに頭を下げます。

―― バプー（＊10）。

　我々の協調のため、非暴力不服従運動をやめていただけないだろうか。

「いいですとも！

　じゃが、それには条件がありますぞ。」

―― なんでも言ってください。

「まず、すべての政治犯を釈放すること。

　つぎに、製塩をインド人に認めること。

　そして、次の『円卓会議』には私も出席させること。」（A-5）

（＊10）ガンディーに対する愛称。「お父さん」の意。

——わ、わかりました。

すべて認めましょう。(＊11)

これにより、「第２回 円卓会議（１９３１年）（B-4/5）」にはガンディーを筆頭に国民会議派も出席できることになりました。

すると案の定、ガンディー・国民会議派は「完全独立！（B-5）」を声高に叫んだため、慌てたイギリスは「あなたの意見は少数意見」として「却下！」「却下！」「却下！」（B/C-3/4）とガンディーの発言を遮ります。

彼らのやり口はいつも同じ。

最初から「結果ありき」でこちらの発言はいっさい取り上げないそのやり口は「東京裁判」さながら。

こうして無為に終わった円卓会議にガンディーは怒り心頭、帰国するやただちに「非暴力不服従運動」を再開します。

するとイギリスは、これに弾圧を以て臨み、ふたたびガンディーを逮捕、さらに国民会議派も非合法化しておいてから、"鬼の居ぬ間に"「第３回 円卓会議（１９３２年）（B-1）」を開いて、これも益なく終わらせると、イギリスは歎息し

(＊11)このときの合意は、合意された場所から「デリー協定」、時の総督の名から「ガンディー＝アーウィン協定」と呼ばれます。

て言います。

── 我々はあなた方に３度もチャンスを与えましたな？

　ところが、その結果はどうでしたかな？

　あなた方は何ひとつとして自分で決めることができなかったではありませんか。

　やはり我々が最初に申し上げました通り、このインドを治めるにはあなた方にはまだ荷が勝ち過ぎておられたようですなあ。

　では仕方がありません。

　これからも我々があなた方を指導して差し上げようではありませんか！

　こうしてイギリスは１９３５年、旧来の「インド統治法」を大幅改定し、「欺瞞に満ちた世界最長の憲法」との悪名を轟かせることなる全４７８ヶ条から成る「新インド統治法（Ｃ／Ｄ-５）」を公布します。

　人は、嘘を吐くときその嘘を〝言葉の洪水〟の中に紛れさせようとするもの。

　心にやましさを抱く者がその追及を受けたとき、早口でまくし立てて弁明するのは「嘘」を隠そうとしているためです。

　こたびの「新インド統治法」もこれと同じで、一読すると「インドに自治が認められた」ように読めますが、よくよく読めば「従来から何ひとつ変わっていない」という〝嘘〟が散りばめられた内容となっていました^{（＊12）}。

インド統治法

- 全国：連邦制
- 地方：州議会・州内閣を通じて自治を付与
  　　　中央派遣の州知事が州内閣罷免権を保有
- 中央：財政・軍事・外交はイギリスが掌握

（＊12）たとえば「自治を認める」という文言があっても、「ただし、斯々然々の場合はその限りに非ず」という〝但し書き〟が随所に織り込まれており、全体的に読めば「何ひとつ認められていない」という内容になっていました。

　たとえば、地方には立法府として「州議会」、行政府として「州内閣」が創られ、「選挙によって選ばれたインド人議員による州議会に責任を負うインド人州内閣が州行政を担う」とありますから、ここだけ読めばインド人に自治が与えられているように見えます。

　しかし、よくよく読めば、その上に中央（総督〈ガバナー・ジェネラル〉）から任命された「州知事」がいて、これが監視の目を光らせ、気に入らないことがあれば一方的に州内閣を罷免することができることになっていました。

　これでは州内閣は身動きできません。

　しかも、国家の重要権限である財政・軍事・外交はすべて総督〈ガバナー・ジェネラル〉を頂点とする中央政府が牛耳り、結局インドは首根っこ押さえられて身動きできないようになっていました。

　いみじくも時のインド担当大臣 S.J.G.〈サミュエル ジョン ガーニー〉ホーアがこう述べています。

──インド人の目には、さも責任政府があるかのように見せかけておいて、

　　そのじつ、我々が政府を動かすハンドルを握りつづけるのだ。

　かようにして、新インド統治法は〝インド人の目に映る仮の姿〟と〝イギリス人が護る真の姿〟が乖離〈かいり〉していることを隠すため、そのゴマカシが随所に散りばめられることで「史上最長・史上最難の憲法」となりました。

　さらに、こたびの統治法では「インド帝国」からビルマを切り離します。

　これは、当時「インド帝国」内〝最大の穀倉地帯〟であったビルマを分離させ、これをイギリスの直轄植民地とすることでインドの首根っこを押さえようという魂胆です。

──これ以上、我が国〈イギリス〉に逆らうならば、米を輸出せぬぞ！

　ところで、この「新インド統治法」が公布・・されたのは1935年ですが、施行・・は37年(＊13)の予定でした。

　したがって、ビルマの独立も1937年に実施されることになりましたが、インド国内においては国民会議派の猛反発により施行に至らず、そうこうしているうちに1939年9月、「第二次世界大戦」が勃発してしまったため、時の

（＊13）公布：憲法を国民の誰もが読める状態に置くこと。まだ実施されたわけではない。
　　　　施行：憲法を現実社会に適用、実施すること。

　総　督 [ガバナー・ジェネラル] リンリスゴー卿は「 新インド統治法 延期宣言 」を発し、棚上げとされたまま、戦後の「 インド独立（ 1947 年 ）」を以 [もっ] て、正式に廃棄されることになったのでした。

　さて、歴史は佳境を迎えましたが、ここから先の歴史はまた「 次の段階 」に入り、新時代となるため、ここでいったん筆を置くことにします。

　それでは本書の締めくくりとして、最後にひとこと。

　天守台がしっかりしていなければ、そのうえに天守を上げる（ 建てる ）ことができないように、歴史というものは「 全体（ 世界史全史 ）」を俯瞰 [ふ かん] して理解していないかぎり、けっして「 個（ テーマ史 ）」の本質が見えるようにはなりません。

　たとえば、「 三國志（ 個 ）」などは私などよりよっぽど詳しいマニアはたくさんおられますが、その方がどんなに詳しい知識を持っていたとしても、三國志に特化された知識であって中国史全史（ 全体 ）に疎 [うと] いならば、その人が「 三國志を理解している 」ということはありません。

　本書のテーマである「 イスラーム史 」にしても同じことが言えます。

　本書では「 帝国主義段階に入った欧州 [ヨーロッパ] 列強に翻弄 [ほんろう] されるイスラーム諸国 」を俯瞰 [ふ かん] してまいりましたが、〝 ここだけ 〟を見ていると、イスラームのあまりの不甲斐なさに「 欧州 [ヨーロッパ] 文明よりイスラーム文明の方が劣っている 」かのような印象を持ってしまいがちです [（ ＊ 14 ）]。

　しかしながら、そうした見解は「 ひとつの時代だけを管見 [（ ＊ 15 ）] したことによる 謬見 [びゅうけん] 」であって、それは、時代を少し 遡 [さかのぼ] るだけでイスラームが欧州 [ヨーロッパ] を圧倒していた時代もあったことは、すでに本シリーズで学んできた読者諸兄はよくご存知の通りです。

（ ＊ 14 ）あるいは、現代の国際ニュースなどを見聞して、「 イスラームは恐ろしいテロ集団 」というイメージを持っている人も多い。

　７世紀にアラビアに生まれ落ちるや、それから1000年以上にわたって欧州・亜州・阿州の三大陸に君臨するなど、もしほんとうに「イスラームが劣っている」ならとても成し得る所業ではありません。

　しかし時は流れ、やがては"イスラーム最大の武器"であった宗教的熱狂も冷め、信仰は名目化していくにつれイスラームは急速に昔日の勢いを失っていきました。

　すなわち、欧州列強がイスラーム世界に大挙して襲いかかってくる前に、すでにイスラームは衰運に入っていたのです。

　そこに、「近代化」という"鎧"をまとった欧州列強が襲いかかってきて敗れ

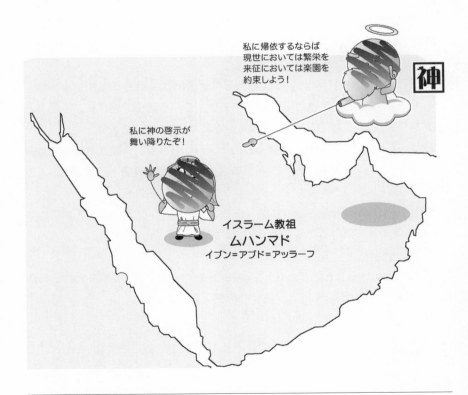

私に帰依するならば
現世においては繁栄を
来征においては楽園を
約束しよう！

神

私に神の啓示が
舞い降りたぞ！

イスラーム教祖
ムハンマド
イブン＝アブド＝アッラーフ

＿＿＿＿＿＿＿＿＿＿＿＿＿＿＿＿＿＿＿＿＿＿
（＊15）「管を通して見る」ことで、視野の狭い物の見方。

たからとて、イスラームが劣っていることにはなりません。

　喩えるなら、「齢78を迎えた(＊16)老境の佐々木小次郎（イスラーム）が脂の乗りきった壮齢（29歳）の宮本武蔵（ヨーロッパ）に敗れた」からとて、それを以て「武蔵の方が剣才が上」とは言えないのと同じです。

　イスラームが欧州列強に対抗するためには、今まとっている〝古い鎧（イスラーム）〟を脱ぎすて、〝新しい鎧（近代化）〟をまとわなければなりませんが、1000年という永い年月まといつづけた〝古い鎧〟はすっかり体(＊17)に凝着してしまってどうしても脱ぐことができない。

　イスラーム諸国が何度試みてもことごとく近代化に失敗したのはそのためで、これまで国の発展と繁栄を支えてきた「イスラーム」自体が、今や近代化の足枷となり、悶絶させることになったのでした。

　歴史とはたくさんの「時代」の集合体です。

　時の流れとともに「時代」は定期的にうねり、そして次代へと移ろいゆきます。

　そして、ひとつの「時代」にはそれぞれその時代に適合する制度・体制・機構・理念・民族性というものがあり、これらをその時代にぴったりと合致させることができた国がその時代に覇を唱えることができます。

　逆に、ある時代にどれほど隆盛を極めた王朝であろうと、繁栄を謳歌した帝国であろうと、時代が次の段階へと進めば、昨日までの隆盛・繁栄が嘘のように衰微・崩壊していきます。

　それは、一度定まった制度・体制・民族性はおいそれと変えることができないため、新時代に適応できなくなってしまうからです。

　さて。

　本書が扱った19世紀末から20世紀中葉にかけての「帝国主義」という時代は、まさに〝武力が無制限にモノをいう時代〟でした。

（＊16）多説のうちの一説ながら、有力な説のひとつとして「巌流島での佐々木小次郎は78歳だった」という説があります。「18歳説」は『二天記』に拠りますが、当時ひとつの流派（巌流）の創設者で、天下無双の藩指南役を務めていた小次郎が「18歳」などということはあり得ず、これは「七八歳」の誤記といわれています。

　そうした時代に欧州(ヨーロッパ)諸国が隆盛を極めることができたのは、彼らの民族性(アイデンティティ)がそうした時代にぴったりと合致(マッチ)したためであり、これとは対照的にＡＡ圏(アジア アフリカ)諸国が劣勢を強いられたのは、彼らの民族性が時代に合わなかったからです。

　あくまで「時代に適合した」か「しなかった」かの違いであって、「民族・制度・文化の優劣」ではありません[18]。

　このように、歴史の本質を正しく理解したうえで過去のイスラームがたどった歴史を学習することで、我々の目の前にある現状を客観的に理解することができ、近未来の姿を予見することが可能になってきます。

　すなわち。

　あれほどの強勢を誇ったイスラームですら"時代の波"にはひとたまりもなく潰(つい)えていったように、19世紀に栄華を誇った欧州(ヨーロッパ)列強もまた、「帝国主義時代」という礎(いしずえ)の上に立っていたからであって、時代が"次の段階"へと移った瞬間、"足場(ヨーロッパ)"を失った欧州列強は衰亡する宿命から逃れる術(すべ)はないという事実に気づきます。

　「帝国主義時代」は第一次世界大戦で限界に達し、第二次世界大戦で崩壊に向かいましたが、欧州(ヨーロッパ)列強がこれと連動するようにして急速に力を失っていったのはそのためです。

　彼らとて"時代の申し子"にすぎず、彼らに代わって「20世紀新時代の覇者」として君臨したのがアメリカ合衆国です。

　由是観之(これによりてこれをみるに)。

　歴史に疎(うと)い人は、根拠なく「21世紀に入ったこれからもずっとアメリカが世界の覇者として君臨しつづける」と思いがちですが、「アメリカ合衆国のみが人類史上唯一の例外」などということがあろうはずもなく、アメリカとて"時代の申し子"、新時代の到来とともに消えてゆく運命から逃れることはできません。

　事実、「21世紀」に入るや、アメリカは動揺に動揺を重ねています。

（＊17）この場合の「体」は、政治・経済・文化も含めたイスラーム社会全体を指します。

（＊18）当時、ヨーロッパ列強はＡＡ圏の人々に対して「お前たち有色人種が我々白人に勝てないのは、民主主義（制度差別）すら知らぬ劣等民族（人種差別）だからだ！」と喧伝していました。

筆者の推察するところ、21世紀は「アメリカが衰亡していく世紀」であり、欧州に至っては「ふたたび"地球の辺疆"へと戻っていく世紀」となるでしょう。

　2022年に起こった「ウクライナ戦争」はその"衰亡の起点"となる予感がします。

　そして、「旧時代の覇者」が歴史の表舞台から退場するときというのは、すでに「新時代の覇者」が育っているものです。

　では、次代の「覇者」は誰が担うことになるのか。

―― 且聴下文分解。(＊19)

またなっ！

（＊19）『三國志演義』の中で各回の最後に置かれた決め台詞。
　　　「以下次号」「つづく」「次回をお楽しみに」くらいの意味。

■ おもな参考文献（順不同）■

武井正教『武井の体系世界史』（栄光）

岩村忍編『世界の歴史 5　西域とイスラム』（中公文庫）

中山治一 編『世界の歴史 13　帝国主義の時代』（中公文庫）

江口朴郎 編『世界の歴史 14　第一次大戦後の世界』（中公文庫）

鈴木董『オスマン帝国の解体 文化世界と国民国家』（講談社）

鈴木董『オスマン帝国　イスラム世界の「柔らかい専制」』（講談社）

林佳世子『オスマン帝国 500 年の平和』（講談社）

辛島昇編『世界各国史 7　南アジア史』（山川出版社）

永田雄三編『世界各国史 9　西アジア史 II』（山川出版社）

歴史学研究会編『世界史史料 8　帝国主義と各地の抵抗 I』（岩波書店）

歴史学研究会編『世界史史料 10　二〇世紀の世界 I』（岩波書店）

坂本勉 / 鈴木董編『イスラーム復興はなるか』（講談社）

著者紹介

神野 正史（じんの・まさふみ）

▶河合塾世界史講師。世界史ドットコム主宰。学びエイド鉄人講師。ネットゼミ世界史編集顧問。ブロードバンド予備校世界史講師。歴史エヴァンジェリスト。1965 年、名古屋生まれ。出産時、超難産だったため、分娩麻痺を発症、生まれつき右腕が動かない。剛柔流空手初段、日本拳法弐段。立命館大学文学部史学科卒。既存のどんな学習法よりも「たのしくて」「最小の努力で」「絶大な効果」のある学習法の開発を永年にわたって研究。そして開発された『神野式世界史教授法』は、毎年、受講生から「歴史が "見える" という感覚が開眼する！」と、絶賛と感動を巻き起こす。「歴史エヴァンジェリスト」として、TV 出演、講演、雑誌取材、ゲーム監修など、多彩にこなす。「世界史劇場」シリーズ（ベレ出版）をはじめとして、『最強の成功哲学書 世界史』（ダイヤモンド社）、『暗記がいらない世界史の教科書』(PHP 研究所)、『ゲームチェンジの世界史』(日本経済新聞出版)など、著書多数。

◉── カバーデザイン　　川原田 良一（ロビンソン・ファクトリー）
◉── DTP　　　　　　　WAVE 清水 康広
◉── 校閲　　　　　　　有限会社蒼史社

せ かい し げきじょう　　　　　　　てい こく　　めつ ぼう　　ほん ろう　　　　　　　　　　　　せ かい
世界史劇場 オスマン帝国の滅亡と翻弄されるイスラーム世界

2023 年 5 月 25 日	初版発行
2023 年 7 月 23 日	第 2 刷発行

著者	じんの　まさふみ **神野 正史**
発行者	**内田 真介**
発行・発売	**ベレ出版** 〒162-0832　東京都新宿区岩戸町12 レベッカビル TEL.03-5225-4790 FAX.03-5225-4795 ホームページ　https://www.beret.co.jp/
印刷	**モリモト印刷株式会社**
製本	**根本製本株式会社**

ISBN 978-4-86064-726-1 C0022　　　　　　　　　　　　編集担当　森 岳人

神野正史 「世界史劇場」 シリーズ

（本体価格）